U0749386

混业经营下金融风险度量的相关研究
——基于风险度量的基本工具和方法

周　全　陈振龙　著

浙江工商大学出版社 | 杭州
ZHEJIANG GONGSHANG UNIVERSITY PRESS

图书在版编目(CIP)数据

混业经营下金融风险度量的相关研究 ：基于风险度量的基本工具和方法 / 周全，陈振龙著. —杭州 ：浙江工商大学出版社，2018.11

ISBN 978-7-5178-3038-2

Ⅰ.①混… Ⅱ.①周… ②陈… Ⅲ.①金融风险－度量－研究 Ⅳ.①F830.9

中国版本图书馆 CIP 数据核字(2018)第 261206 号

混业经营下金融风险度量的相关研究

——基于风险度量的基本工具和方法

周　全　陈振龙　著

责任编辑　吴岳婷
封面设计　李瑞敏
责任校对　陈维君
责任印制　包建辉
出版发行　浙江工商大学出版社
（杭州市教工路 198 号　邮政编码 310012）
（E-mail：zjgsupress@163.com）
（网址：http://www.zjgsupress.com）
电话：0571-88904980,88831806（传真）
排　　版　杭州朝曦图文设计有限公司
印　　刷　虎彩印艺股份有限公司
开　　本　710mm×1000mm　1/16
印　　张　10.75
字　　数　183 千
版 印 次　2018 年 11 月第 1 版　2018 年 11 月第 1 次印刷
书　　号　ISBN 978-7-5178-3038-2
定　　价　38.00 元

浙江工商大学出版社营销部邮购电话　0571-88904970

教育部人文社会科学研究规划基金项目(18YJA910001)
全国统计科学研究项目(2017LY51)
浙江省统计重点研究课题(18TJZZ08)
浙江省一流学科A类(浙江工商大学统计学)

前　言

自改革开放以来，我们国家的科学技术水平突飞猛进。科学技术是第一生产力，伴随着这个第一生产力的不断增强，我们的经济实力也越来越强，各行各业都铆足了劲地不断进行着生产效率的提高、生产质量的改善以及经营模式的创新。面对着越来越复杂多样化的金融市场，金融业的发展也日趋完善，同时，伴随着金融业的蓬勃发展，越来越多的学者对混业经营的相关研究感兴趣。混业经营指的是各金融行业(包括商业银行以及其他类型的金融企业)之间进行多种业务、多个品种、多种方式的交叉经营以及服务。关于商业银行的经营范围能否涉猎信托、证券、保险等业务和商业银行与非金融类公司能否交叉持股的问题，以及在允许的情况下最有效的监管方式的问题，自金融业产生以来就一直是金融监管者和学者们关注的主要问题。随着各管理者们不断地尝试以及学者们不断地论证，各个国家根据自身的实际情况和自身经济的发展状况选择了不同的经营方式。

相对于其他国家来说，我们国家在混业经营还是分业经营方面的关注和选择比较迟。以美国为例，美国经历了 20 世纪 30 年代到 20 世纪 70 年代从混业经营到分业经营、20 世纪 70 年代到 21 世纪从分业经营到混业经营，然后就是次贷危机后的所谓后危机时代的混业经营的过程。而我国对于金融业混业经营与分业经营的具体规定在 1995 年以前根本没有，但是实际上中国金融业所处的状态为混业经营状态。因此，由于这种规定(更别说是相关研究)的缺乏，使得我国的金融业在 1993 年左右极度混乱。在这之后，我们国家分别制定了《证券法》《商业银行法》等有关的法律，严格规定了保险公司、银行、证券公司等金融主体的经营种类，从而使得我国进入到了比较严格的分业经营模式。然而，自迈入新世纪以来，随着中国成为世界贸易组织的一员，国内许多金融机构为了在日益激烈的市场竞争中生存下来，也为了自身发展的需要开始采取了各种多元化的经营方式。

伴随着这种实际情况的产生，我们国家对于金融业经营范围等的规定也开始慢慢地有了些松动。可以说，混业经营已逐渐成为了中国金融业发展的必然趋势。同时，混业经营也已经成为了国际上金融业运行的发展趋势，同时也是许多发达国家金融机构的运作模式，如美国、日本、英国、德国和法国等。从这一点也可以看出，混业经营必将成为我国金融业的经营模式。在这种必然的趋势下，有关混业经营的研究自然而然的成为了各学者们必需的也是必然的课题。

金融风险一直以来既是金融机构的重要特征也是其固有的属性。任何金融机构想要长远平稳的发展，都必须对其风险做好把控。通过对近几年金融危机事件的分析，我们不难发现，在其爆发的过程中，风险隐患在最开始的时候都没有得到足够的重视，更别说对其有效及时的管理和控制。因此，当这些风险累积到一定的程度时危机就爆发了。而危机爆发的结果又引起了一连串的连锁反应，导致了金融业的巨大损失，金融业的大幅崩盘进而影响了整个社会的方方面面，最终扰乱了社会经济的秩序。由此可见，金融危机很可怕，而几乎每次金融危机发生的源头都是对风险的无效掌控，从而导致了最后悲剧的发生。因此，准确地对金融风险的成因以及其表现形式进行辨析，再用科学的方法对其进行测量，然后以测量的结果为依据寻找适合有效的风险管理办法对金融风险进行控制，是各国金融领域风险管理者需要重视并不断探索研究以寻求最新方法的重要课题。这就是近些年来各位学者都在研究的金融风险管理。

市场风险、操作风险以及信用风险是金融业三大主要的风险。虽然学术界对这三种风险研究的开始时间不同，但是，到目前为止有关这三种风险各方面内容的研究都不少，关于各风险不同方面内容形成的理论体系和得到的结论也都有很多。尽管如此，随着社会经济的发展，各行各业都呈现出了多元化的特征，金融业也不例外。在这种情况下，金融业的环境更加复杂，而在这种更加复杂的环境中，对上述三种主要风险的研究仍任重道远。应对新的社会大环境和新的社会经济形势，特别是如今更多高科技元素的加入等，各行业的运行模型、管理机制等必然会有所改变，而无论这些因素如何改变，对风险的预防和管理的紧迫性是不变的。因此，在已有的各风险各方面内容研究结论的基础上，对其另外一些方面内容的研究或者是在原来研究的基础上更深入、更符合目前实际情况的研究仍然是很有必要的。

就如前面所说，随着我国经济全球化的发展，混业经营已成为金融业发展的必然趋势。在混业经营的运营模式下，银行业与证券业等金融机构之间相互交叉经营，市场规模急速扩张，金融主体所面临的风险更加复杂，对金融风险进行准确度量的难度也显著增大。更重要的是，面对新的运营模式，管理者们需要在以往有关风险管理研究结论的基础上制定出新的、与当前运营模式更加匹配的风险预防措施和方针，以面对新的经营模式下各种新的突发情况。因此，针对这种特殊的实际情况，寻找新的更合理的方法对混业经营下金融主体所面临的各种风险进行度量是一个具有重要意义而又紧迫的课题。

本书的主要内容与结构安排如下：

前面两章主要对风险管理、风险度量的基本概念、风险度量的基本方法和工具，以及混业经营的基本概念等进行系统的介绍。其中，第 1 章对金融风险的定义、风险管理的基本概念、内容及混业经营的相关研究进行简要的介绍。第 2 章对风险度量的基本概念、风险度量中的方法工具，以及市场风险、操作风险度量的相关研究进行介绍。这两章的内容中包含了后面章节中所介绍的对混业经营下市场风险和操作风险进行度量时所用到的部分基础风险度量工具，同时也可以为风险管理初学者建立系统的风险管理概念及方法体系提供依据。

第 3 章主要对混业经营下市场风险的度量进行介绍。在本章中，基于混业经营下市场风险的特点，提出了对混业经营下市场风险进行度量的 Copula 分组模型。该模型是以 Copula 函数为基础建立的，故在本章中还对 Copula 函数的基本概念和性质等进行了介绍。利用该模型，将传统风险度量中利用单个高维 Copula 函数对所有风险因子之间的相依结构进行描述的方式，转化为利用多个低维 Copula 函数对各风险因子之间的相依结构进行描述。既与混业经营下市场风险的实际情况更加相符，也避免了高维 Copula 函数在实际应用中经常出现的"维数灾难"问题。此外，本章还给出了在该模型的基础上，对市场风险的 VaR 值进行求解的具体算法和步骤，并对该算法的收敛性进行了证明。

第 4 章主要介绍了利用藤 Copula 对混业经营下市场风险进行度量的方法、步骤及结果，并对结果进行了分析。在对藤 Copula 模型的基本理论和方法进行介绍后，分别利用 C 藤 Copula、D 藤 Copula 以及 R 藤 Copula 模型对混业经营下市场风险的 VaR 值进行了计算。给出了利用 C 藤 Copula 模型对多维数据之间的相依结构进行拟合的算法和步骤，以及利用蒙特卡罗模拟法求解多资产组合 VaR 值的步骤和方法，并对不同藤 Copula 模型下的市场风险 VaR 值进行了对比和分析。

第 5 章基于二元 Copula 模型对混业经营下商业银行操作风险度量的理论和方法进行了介绍。在考虑内部欺诈和外部欺诈间相依结构的情况下，分别对内部欺诈操作风险、外部欺诈操作风险以及商业银行总体操作风险的度量进行了研究。利用极值理论以及次指数分布的性质对边际分布函数进行了求解，给出了基于二阶近似的边际分布函数近似解析解。在内外部欺诈间相互独立的情形下，得到了总体操作风险损失的分布函数。在内外部欺诈间不独立的情形下，分别利用尾部特性不同的几种二元Copula模型对它们之间的相依结构进行描述，给出了不同模型下内外部欺诈联合分布函数的解析表达式。同时，给出了对总体操作风险VaR值进行求解的具体算法和步骤以及对不同二元Copula模型的参数进行估计的方法和步骤。

第6章在GPD-Copula模型的基础上，对混业经营下操作风险的度量进行了实证研究。先对边际分布函数以及各二元Copula模型中的参数进行了估计，再利用蒙特卡罗模拟法对样本数据的VaR值进行了计算。在对各二元Copula模型的参数进行估计的过程中，采用基于不同估计法下标准差的加权平均法，将不同估计法下各估计值的加权平均值作为各二元Copula模型的参数估计值。对不同二元Copula模型下的操作风险VaR值进行了对比和分析。在对各二元Copula模型中的参数进行估计以后，还利用参数Bootstrap法对各二元Copula的拟合优度进行了检验，并根据检验的结果对混业经营下操作风险中内部欺诈和外部欺诈间的相依程度和相依结构进行分析。

从风险管理的角度来说，市场风险和操作风险作为金融风险中的两类主要风险，对其度量方法和模型的研究一直以来都是各风险管理研究者无法回避的课题，也是各金融机构一直以来最关注的焦点。到目前为止，关于市场风险和操作风险度量的研究及成果有很多。其中，传统意义上的风险度量方法包括针对市场风险度量的均值方差法、VaR、极值理论、灵敏度分析法等，以及针对操作风险度量的基本指标法、标准法和高级计量法等。其中，由于有关市场风险研究的样本数据的获取相对于有关操作风险研究的样本数据的获取来说，难度相对低一些。因此，有关其度量方法和模型的研究成果较操作风险来说成熟一些，相关理论也相对系统和完整一些。而操作风险由于样本数据获取渠道的局限性等原因，导致对其研究的过程中，可利用的样本数据不够完备，样本数据量往往也不够大。从而使得有关其风险度量的模型和方法难以获得实证结果的支撑，进而在一定程度上阻碍了其模型和方法革新的进展，最终导致有关其度量的模型和方法相对于其他类型风险来说不够成熟和完备。尽管如此，有关对上述两种风险进行度量的方法和模型的研究成果仍有很多，只是这些方法和模型基本上是针对一般情况下这两种风险的度量提出的，而对于混业经营这种特殊情形下风险度量的研究较少。

由前面所介绍的混业经营概念可知，混业经营下金融机构所拥有或者经营的金融产品与一般情形下相比更加复杂化和多样化，这使得混业经营下其面临的风险与一般情形下相比更加复杂多样。对混业经营下的每个金融机构而言，其经营范围的扩大会直接导致其经营的基础金融产品增多，这种多不仅仅是产品数量的多，更重要的是金融产品种类的增多。在这种情况下，若仍然用针对一般情形下的风险度量的模型和方法来对其面临的风险进行度量，显然是不够准确的。针对这种更加复杂的情形，在对其面临的风险进行度量时要考虑的因素和解决的问题自然要更多。此外，对于风险管理的研究来说，不管过程中使用的是何种方法和手段，要达到的最终目的都是对当前情况下的风险进行更好的管理。因此，基于当前实际情况的风险管理方法和模型才是最具有说服力和效率的。从这一方面来说，对混业经营下市场风险和操作风险的度量进行研究是顺应当前实际情况的，也是具有重要意义的。

从混业经营相关研究的角度来说，混业经营已经成为国内外金融业发展的必然趋势。近几年，国内外在混业经营方面的研究也越来越多。相比国内来说，国外对混业经营的研究开始得早很多，从20世纪20年代就已经萌芽了。而国内有关混业经营的研究最近几年才开始慢慢多了起来。虽然国内外对混业经营研究的发展过程和发展速度不同，但是，到目前为止，国内外有关混业经营相关内容的研究都取得了不少的成果。不过，综观所有这些关于混业经营相关内容的研究可以发现，到目前为止，有关混业经营的研究主要集中在混业经营下的银行效率以及金融稳定两个方面。究其原因，主要是因为这两个方面是金融业最关心也最直接影响其所得利润的因素。而在已有的关于混业经营各方面内容的研究中，对混业经营下金融机构所面临的风险进行研究的内容比较少。且据笔者所知，在这些混业经营下金融机构所面临风险的相关研究内容中，基本上是对混业经营下金融机构面临的风险进行定性的分析，而对其进行定量分析，或者说对其风险进行度量的研究则几乎没有。特别是对混业经营下市场风险和操作风险进行度量的模型和方法等的系统研究更是不多。因此，从对混业经营相关内容进行研究的角度来说，对混业经营下金融机构所面临的风险进行度量的研究是具有重要意义的。

本书可作为高校风险管理、应用统计等专业研究生及实际风险管理工作者的参考用书。

在本书完成之际，我衷心感谢参与及帮助研究和撰写本书的人，感谢大家为本书的出版付出的努力。特别感谢我的导师陈振龙教授在本书主要内容研究过程中给予的指导,以及我的学生乔丹在书稿整理过程中的帮助。

感谢教育部人文社会科学研究规划基金项目(18YJA910001)、全国统计科学研究项目(2017LY51)、浙江省统计重点研究课题(18TJZZ08),及浙江省一流学科A类(浙江工商大学统计学)等对本书研究和出版给予的资助。

学无止境,研究亦是如此。对于一本好书而言,其写作与质量的提高是一个循序渐进的过程。虽然我们在这一过程中尽力完善,但由于水平有限,本书难免存在疏漏,敬请国内外学者和广大读者批评指正,并提出宝贵的意见与建议,共同推动该领域研究的发展。

周　全
2017年12月

目　录

第 1 章　风险管理及混业经营概述

1.1　金融风险定义及分类

本书中所讨论的风险主要指的是金融和保险环境下的风险(尽管所介绍方法的适用性远超于该环境)。下面首先对金融业中遇到的几种主要风险类型进行简要的概述。

在银行业中,最广为人知的风险类型应该是市场风险,它是指因其所依赖的股票债券价格、汇率、商品价格等基础金融产品价值的变动而导致的金融头寸价值的变化所带来的风险。其次是信用风险,它是指由于借贷者“违约”而导致贷款、债券等投资不能及时偿付,从而未能如约收到投资还款所带来的风险。另一种是近年来引起广泛关注的操作风险,它是指由于内部人为或系统不恰当的或错误的操作或者某些外部事件而导致损失的风险。

这三种类型风险的界限并不能清楚地界定,它们也无法涵盖影响金融机构所有可能的风险。但是,在几乎所有的风险种类中都会出现诸如流动风险和模型风险的概念。其中后者是与使用错误的或者不合适的风险测度模型相关的风险。比如,在与 Black-Scholes 模型对标的证券性质的基本假设(如假设其收益服从正态分布)相违背的情况下,利用 Black-Scholes 模型对新型期权进行定价。可以说,模型风险在某种程度上总是存在的。流动风险可以大致被定义为由于一份投资缺乏适销性无法及时足量地买进或卖出来预防或最小化损失的风险。流动性被认为是“健康市场的氧气”,市场需要它得以存活,虽然绝大部分时间我们并不能意识到它的存在,然而一旦灾难性的后果发生,它便能被人们立即发现。

接下来将会对上述三种基础风险:市场风险、信用风险以及操作风险相关的概念、技巧和工具进行介绍。需要强调的是,在对金融风险进行处理的过程中,往往需要在考虑所有类型风险及它们之间相互作用的基础上再来制定一套完整的方案。然而就目前而言,这只是一个尚未达到的目标，现有的模型还不足以完全满足该要求。

与银行业一样，长久以来保险行业同样与风险有着密切的关系。精算师协会对精算师行业有如下的定义：

精算师是在对公众利益负责的前提下，运用一系列新方法促成交易成功的受人尊敬的专业人士。精算师为金融问题寻找解决方案，通过对过往事件的分析、对现有风险的评定以及对未来可能会出现的状况进行模拟等方式来管理资产和债务。

保险业中还有一类风险叫作承保风险，它是每份销售的保单中所存在的固有风险。这类风险的诱因包括自然灾害的变化模式、(远期)寿险产品中人口结构表的改变或者客户行为方式的转变(如预付费模式的改变)等。

1.2 风险度量及风险管理概述

作为风险管理的一部分，风险度量及其相关技术将是本书主要探讨的内容，而对于风险管理的相关内容也会在本小节中进行介绍。

风险度量。假设我们持有由 d 个标的资产组成的一个投资组合，其中各标的资产的权重分别为 $w_1, w_2, \cdots, w_d$。由此该投资组合在给定时间段内的价值变化(也即 P&L，或收益与损失)就可以用 $x=\sum_{i=1}^{d} w_i x_i$ 表示，其中 x_i 表示第 i 标的资产的价值变化。对该投资组合的风险度量本质上就变成了对上式中 x 的分布函数 $F_X(x)=P(X\leqslant x)$ 的求解，或对描述其分布函数的一些特殊函数(如均值函数、方差函数或 99%分位数)的求解。

为了达到上述目标，我们需要找到合适的联合模型对标的资产组成的随机向量 $(x_1, x_2, \cdots, x_d)$ 进行描述。有关该问题的细节将会在本书的第二章中进行介绍。在这里，我们只需要理解关于风险度量的以下几个问题：首先，风险度量本质上是一个统计问题；其次，在给定历史观测值和特定模型的基础上，关于某个头寸价值变化的分布函数，或者上述提到的与分布相关的特殊函数的统计估计值将会被计算出来。上述问题是贯穿本书的主要问题，且对该问题的解决绝不是只有唯一答案的简单任务。

首先，我们应该清楚明白的一点就是对高效优良的风险度量的追求是绝对有必要的。如今，银行客户对其购买产品相关的客观、详细的信息需求越来越多，而银行一旦被发现提供不实的信息也会面临法律诉讼。银行需要对卖出去的任何金融产品所存在的潜在风险进行恰当、具体的量化并告知客户，以便客户根据自身的风险偏好决定是否购买所提供的产品。

风险管理。对于什么是风险管理这个问题，Kloman(1990)给出了非常普遍的一个答案。

对于许多分析师、政治家以及学者来说，它是对那些与现代技术相关的、威胁到我们人类存在的宏观风险(如环境风险及核风险)的管理。对于银行家及财务管理人员来说，它是对诸如货币对冲、利率互换等技术的复杂运用。对于保险购买者或者出售者来说，它是对可保风险的协调以及保险成本的减少。对于医院管理者来说，它可能意味着“品质保证”。对于安全专家来说，它是对事故和伤害的降低。总而言之，风险管理是与可能会导致不利影响的未来事件发生的可能性相关的一门学科。

尽管对金融机构来说，风险管理的含义可能不止如此，但在上一段的最后，我们概括了风险管理的普遍本质。银行对风险的态度并不是消极和拒绝的，相反，对于银行来说，它们总是积极并乐意地去承担风险。因为它们深知，没有风险就没有收益，或者说收益总是伴随着风险而存在的。事实上，风险管理可以看成是一个保险公司或一个银行的核心竞争力。金融机构利用自身专长、市场头寸及资本结构，通过特定的方式对风险进行重新分配或将其转移到市场中，从而实现对风险的管理。

由此可以看出，对风险的管理不仅与维持现有收益流有关，还与资产债务管理的相关技术有关。其中，资产债务管理可以定义为对金融机构进行管理以实现在所投资的基金上有合适的收益，同时在负债的资产之外能维持一定的剩余资金。

1.3 定量风险管理

这部分主要通过对定量风险管理过程中所遇到的挑战及其在未来将会适用的各个领域进行探讨，从而对定量风险管理所涉及的问题和方法及其应用领域进行介绍。

1.3.1 定量风险管理的挑战

对定量风险管理(QRM)这门新学科的建设主要是从以下两个方面进行的。首先，在该学科建设的过程中，以坚实的数学基础为根基，对诸如收益—损失分布、风险因子、风险度量、资产分配及风险集成等概念需给出正式的定义并用一致的符号表示出来。在解决这个问题的过程中，需要考虑的主要问题就是搞清楚对于大多数对风险管理感兴趣的人来说，有关定量风险管理的课程中哪些才是核心的课题。其次，在现有方法的基础上，寻求定量风险管理的新技术和工具并把它们整合起来，以及对被反复提到的一些缺陷进行说明。以下将会对其中的某些问题进行详细的说明。

极值问题。定量风险管理中的一大挑战是需要对意料之外的、反常的或极端的输出结果进行处理，而不像大多数经典的应用中一样，只需对预料之中的、正常的或普通的输出结果进行处理。这一挑战同时也是概率统计中非常有趣的一个领域，同时它也与 Alen Greenspan 的下述观点一致，即：

从风险管理者的观点(角度)出发，对正态分布的使用会导致对风险的保守估计，而这一点往往是需要与模型简化的显著优势进行权衡的。从央行的角度出发，后果甚至会更严重，因为通常情况下在制定最后贷款人政策中往往需要将关注的重点放在相关分布的左尾部分。因此，对极值分布的特性描述进行改进是至关重要的。

对该挑战进行回应的迫切需求随着 1998 年 LTCM 事件的发生而变得越来越清晰。作为对冲基金的创始人 John Meriwether 显然从这次极端金融动荡的经历中学到了不少，他说："随着全球化的不断加剧，人们将会遇到更多的危机。现在我们所有的关注点都在极值上(即在任何情境下可能会发生的最坏情况)，因为谁也不想再有一次那样的经历。"

在定量风险管理中，主要探讨的是不满足正态(或高斯)分布的那些风险因子所适合的模型，并试图对厚尾、波动性及极值相关的现象进行研究。

风险之间的相关性及风险集中。定量风险管理的另一挑战是由风险因子的多元特性所决定的。不管是对市场风险、信用风险还是整个企业范围内的风险来说，人们普遍感兴趣的是聚合风险的某些形式，而聚合风险总是依赖于各潜在风险因子(如市场风险中的单个资产价值，或信用风险中的信用利差、交易对手违约指标等)组成的高维向量。

在多变量模型中，当很多风险因子同时取极值的现象发生时，就特别需要考虑极值输出之间的相关性。同样的，关于 LTCM 的案例，美国《商业周刊》在 1998 年 9 月的这一期中评价道："在金融市场中，极值的同上同下虽然发生得并不频繁，但是它们确实发生了。而他们在建模的时候最大的问题就在于没有对大量事件同时出现问题的情形(也即'完美风暴'情形)给予足够的重视。"

在完美风暴情形中，风险管理者会发现他所谓的"风险分散"策略完全就是一个泡影，风险管理从业者们也将这种完美风暴称为风险集中。

对风险管理的发展做出突出贡献的 Myron Scholes 也曾提到，他反对在对市场压力监管的过程中面对更加重要的协同波动问题时，人们反而过分地强调 VaR。他说道："在过去的数年里，监管者们鼓励各金融主体利用资产组合理论来形成对风险的动态度量。作为资产组合的产物，VaR 被用于短期逐日的损益风险中。如今，是时候鼓励国际清算银行及其他监管机构支持有关压力测试和风险集中方法体系的研究了。对危机提前做好准备比对 VaR 进行分析更加重要。而这种新的方法体系是对目前金融行业的危机所作出的正确回应。"

规模问题。在定量风险管理中，还有一个挑战是所考虑的资产组合特有的规模问题。在大多数情况下，一个资产组合可能代表了某个金融机构所有风险资产的全部头寸。对所有风险因子的多变量模型进行细节的确定和校准几乎是不可能完成的任务，因此任何明智的策略都包括降维，也即确定关键风险诱因并集中对所有风险的主要特征进行建模。

简而言之，风险管理者们被迫采取一种非常"粗线条"的方式来处理这个问题。如利用金融收益序列模型等经济学的工具，对那些反映了主要波动现象，以及可用于某个较粗糙的多元风险因子模型的单个序列进行相对简单的描述。同样地，在投资组合信用风险中，人们更加关注的是找到合适的模型对各对手方的违约相依性进行描述，而不是对单个个体的违约机制进行确切的描述。因为人们深信在对一个规模很大的多元化投资组合的风险进行确定的过程中，相对于后者来说，前者至少是同等重要的。

跨学科性。在定量风险管理所面临的挑战中，还有一个方面就是事实上在许多相关定量学科中已存在的思路和方法在定量风险管理这门学科中都被放在了一起。毫无疑问，若想对未来的定量风险管理者提供理想的相关教育，则首先需要对给他们提供数理金融学、统计学、金融计量学、金融经济学和保险精算数学等领域中的相关概念、技术及工具。定量风险管理学科的建设者们坚信，现代统计和计量技术以及在保险精算方法体系中精心挑选出来的一部分相关内容，对建设一门具备较强实用性的定量风险管理学科是非常有必要的，而这一信念也是他们在不同学科领域中对相关主题进行选择的强有力依据。当然，定量风险管理不仅仅是关于金融数学和金融衍生品定价的学科，虽然这两项在该学科中也非常重要。

当然，定量风险管理者操作和管理的环境中，其他非定量技术和方法也是同等重要的。沟通交流当然是所有这些非定量技术和方法中最重要的一项，因为根据其职责，任何一个风险从业人员都不得不与其所在机构内处于不同水平、受过不同类型培训以及不同背景的同事进行沟通和交流。并且，定量风险管理者还需要快速地对所有重要的市场运作模式以及规章制度细节进行熟悉。最后，若想从更大的图景中来认识定量风险管理，一定程度的谦逊也是很有必要的。

1.3.2 定量风险管理的未来

不可否认，从总体上来看保险业和银行业中定量风险管理的应用确实对这些行业的发展有着积极的影响。然而，风险管理技术并不仅仅局限于金融服务型行业，在其他行业中风险管理技术也在发展。定量风险管理最开始时是应用于制造业，其中以可靠性及总体质量控制等名词形式给出了类似的概念和工具。工业公司最早对那些可能将劣质产品带入市场的风险有所警觉。特别地，日本的汽车制造业是这方面最早的驱动力。

最近，定量风险管理技术又被用于运输业和能源业中，当然这里只举这两个例子，定量风险管理技术的应用行业远不止这两个。在能源业的应用中显然是与在金融市场中的应用类似的：电力在能源交换的过程中进行交易，衍生工具合约被用来对冲未来价格的不确定性；而对于巴塞尔协议中的方法体系能在多大程度上用于能源行业中，目前仍在探讨之中。然而，除了上述相似性以外，由于能源行业的特性，定量风险管理技术在该行业中的应用与在金融市场中的应用相比，同样有一些重要的不同之处。更重要的是，该行业还存在对其基础商品即电力的储存和运输的成本问题，以及对由于国家界限和准垄断的存在而带来各种限制的物理网点进行建模的必要性。

除此之外，还有一个让大家感兴趣的领域涉及环保排放补贴市场的建立。如芝加哥气候交易所最近就提供二氧化硫排放的期货合同。这些合同主要的交易对象是在制造过程中会产生污染物的那些工业公司，同时，这种方式也会让这些公司将其污染物排放的成本当成是其面临的众多风险中的一种来进行考虑。

在考虑将定量风险管理应用到不同的行业中时，随着这一课题的发展和演化，一个自然的结果就是人们必然对风险在这些行业之间的传递或转移感兴趣。而这种不同行业风险之间的传递或转移就称为 ART(非传统风险转移)。其中最好的例子就是由芝加哥交易所 1992 年在巨灾期货的制定中所阐述的，保险业和银行业之间的风险传递。而这些都是飓风 Andrew 的发生所带来的结果，这次飓风的发生造成了美国东海岸 200 亿美元的保险损失。尽管对于保险业来说,这是涉及其综合再保险能力的相当大的事件,然而与全世界范围内金融交易所每天的交易量相比,它只是沧海一粟。这一事件让人们意识到,从今往后损失可以通过发行适当的、依赖于具有明确定义的巨灾事件(如风暴和地震等)的带息票和还本支出的结构化债券来覆盖。

关于定量风险管理的应用将会如何发展,Shille说道:将风险管理的发展和21世纪各方面技术的复杂性结合起来看,定量风险管理的方法体系势必会被社会上方方面面的受众用来处理他们所面临的风险,这里的受众包括公司、国家,也包括个人。对于个人来说,其面对的可能是失业、房价市场的贬值以及小孩教育投资等方面的风险。

1.4 混业经营基本概念及相关研究

混业经营指的是各金融行业(包括商业银行以及其他类型的金融企业)之间进行多种业务、多个品种、多种方式的交叉经营以及服务。自20世纪80年代以来,许多国家就成功地实行了银行业与其他金融行业的混业经营模式。而有关混业经营的研究也就从那时候开始吸引了各国学者的一致关注。到目前为止,关于混业经营各方面内容的研究有很多。所有这些有关混业经营的研究可以分为以下几个方面的内容。

首先,混业经营下银行效率及金融稳定方面的研究是其中一个重要的内容。对混业经营下银行效率及金融稳定方面的研究,也即有关混业经营对银行效率以及金融稳定是否有积极的或者消极的影响的研究。银行效率方面主要包括混业经营下的规模经济和范围经济等,在有关这方面内容的研究中,Allena等(1996)通过对国际银行全球范围的损失函数的估计,对其进出口的无效性进行了检验,并给出了相关建议。Lang和Welzel(1996)通过对德国以混业经营模式进行经营的银行制度进行分析得出,在混业经营下银行的范围经济由于科学技术等方面的原因确实存在。Allen等(1996)也从混业经营下银行成本与非混业经营下银行成本变化的角度,对混业经营在规模经济方面的特性进行了分析和研究。Santos(1998)则对银行在以混业经营为运营模式时对其顾客提供服务的成本进行了分析。Rime等(2003)通过对瑞士各银行1996年到1999年的绩效进行调查,发现这些银行中有很大一部分都存在成本和利润效率低下的问题。同时,还发现许多中小型银行的规模经济效率也很低下,而另外一些比较大的银行的规模效率同样不高。根据这些发现，得出了瑞士银行向规模更大、经营范围更广的银行模式发展并不能获得明显的优势的结论。此外，Barth 等(2000)从混业经营的规模经济以及范围经济实现的角度，对该模式下银行的运行、服务等方面的内容给出了建议。类似的研究还有 White(1986)、Asli 等(2003)等。混业经营对金融稳定的影响也可以看成是其对商业银行收益波动性等方面的影响。在各国商业银行实行混业经营，扩大其经营规模以后，就有很多学者对这种经营规模的扩张或者经营业务的多样化对商业银行绩效和风险方面的影响进行了研究，Stiroh 等(2004)就对美国商业银行通过扩张使其经营产品变得多样化以后的银行绩效和风险进行了分析和探讨。Deyoung 等(2004, 2006)则通过实证研究，对美国商业银行 1989 年到 2001 年间银行非利息收入、商业策略 、市场状况、技术变化以及财务业绩之间的关系进行了分析和研究。并通过研究表明，对商业银行来说，非利息收入只是与利息收入并存，并不是代替利息收入。Karakaya 等(2013)对土耳其市场上的银行营业能力的决定因素以及非利息收入与银行绩效之间的关系进行了研究。通过对所研究银行 2005 到 2010 六年间的实际数据进行分析，对资本充足率、银行规模、信贷利率、信贷供应率以及日用开支对银行绩效指标的影响进行了分析。国内学者薛鸿健(2006)通过对美国商业银行非利息收入的分析，得出其不能使得商业银行波动性减小的结论，并且由于非银行业务对监管资本的需求很少甚至没有而导致商业银行财务杠杆的升高。类似的研究还有 Chong 等(1996)，Fields 等(1999)，Frei 等(2000)等。

其次，混业经营模式下应该注意的风险和对这些风险进行防范的对策等相关内容的研究也是一个重要研究内容。如 Half(2002)对混业经营模式中金融集团模式的选择因素进行了分析，认为营业成本、存款保险制度以及破产处置等商业因素均为金融集团模式选择的因素，但是对金融集团模式的选择起决定性作用的还是监管当局的外在压力。此外，国内学者回春野(2008)也对商业银行混业经营的模式进行了研究。Charles 等(2004)通过对金融集团组织结构与道德风险的研究，得出了混业经营以金融控股公司为经营组织模式在监管套利的减少以及道德风险的防范上更有利的结论。有关混业经营是否有可能引起利益冲突，进而导致道德风险的研究是以 1993 年《格拉斯—斯蒂格尔法案》听证会上的批判为基础的。该听证会对实行混业经营的银行机构一系列有损证券市场正常运行的恶劣行为进行了揭露。其中，Edwards(1979)、Saunders(1985)以及 Saunders 等(1994)等通过研究表明，银行业对保险业、证券业以及不动产业的涉猎确实会导致利益冲突的出现。另一方面，混业经营可能会导致商业银行出现利益冲突，而这种利益冲突又可能会使得银行内部出现更多的典型违规或者越权操作行为。Boyd 等(1998)的研究就表明，在银行经营活动的范围更广泛的条件下，道德风险的产生会使得银行更大的风险行为成为可能。当然，上述结论只是通过理论层面的分析得出来的，通过实证研究结果发现，在混业经营下并没有道德风险导致的银行那些非道德行为。这一方面是由于投资者的理性，另一方面是由于银行对投资者考虑到这些道德风险的预期。因此，对上述理论层面的分析结果，也有不少学者们持不同的观点，如 Benston G J(1990)、Ang 等(1994)、Kroszner 等(1994)、Puri(1996)、Ramirez(1999)等都不认为实行混业经营的全能银行在上面提到的法案实施之前存在系统地滥用职权行为，而那些同时经营证券等业务的商业银行基本上也不应该对 1929 年大萧条中银行业的崩溃负任何责任。同时，Kroszner 等(1994)通过研究认为，混业经营下的商业银行由于在选择证券业务时偏向于那些历史悠久的大公司，使得他们在进行证券业务时销售的证券质量比一般投资银行的更好。Acharya 等(2002)则以 105 家意大利银行 1993 年到 1999 年间的数据为基础，就混业经营与分业经营对银行收益和风险的影响进行了分析。国内学者在该方面的研究也有很多，如车家伟(2010)对影响我国商业银行混业经营的模式及其在该模式下发展的各方面因素进行了定性分析，并通过该分析对我国商业银行实行混业经营的可能性、实行混业经营的模式以及实行混业经营的制度改革和约束等方面的问题进行了研究。

再次，对混业经营动因方面的研究也是对混业经营进行研究的主要内容之一。Kelly(1968)及 Hogarty(1970)对混业经营与盈利能力增长之间的关系进行了验证和分析，从而为混业经营的动机提供了依据。而 Berger(1997)则从消费者范围经济的角度间接地对混业经营的动因进行了分析，并指出了消费者范围经济的三个方面的来源。虽然 Amihud 等(1981)从风险防范的角度对企业集团合并的动因进行了研究，并认为风险防范是企业集团合并的主要原因之一。但实际上，混业经营是否真的可以分散经营风险，到目前为止仍是各国学者争论不休的问题，也是学者们仍在继续研究的课题。Canals(1997)将花旗银行作为实例，通过研究表明，金融机构业务范围的拓宽主要是因为竞争的日渐激烈和信息技术的日益提高。此外，由于其业务范围的拓宽，商业银行收入流中增加了证券业务的收入，这种收入流的增加即使没能降低其总体风险，也可以达到分散其经营风险的目的。Kwan 等(1997，1999)则通过研究发现，对于银行控股公司来说，其所拥有的商业银行业务和证券业务之间具有很低的盈利相关性。这种低盈利相关性使得商业银行具备从事其他投资银行业务的可行性，并且使得商业银行在从事其他投资银行业务时，恰好能够分散其经营风险。这也为实行混业经营的动因提供了依据。

总而言之，在对混业经营相关内容的研究中，各金融业研究者们普遍关心的问题是混业经营对风险是否确实有分散作用，若有的话混业经营是如何分散风险的，是否应该选择混业经营的模式、若选择的话应该选取何种方式进行混业经营以及在实行混业经营后，如何对金融业的相关制度进行改革以及对各金融机构的管理方式进行完善，来保证金融机构的效率以及金融的稳定等。类似的研究还有很多，但是综观这些研究可以发现，对混业经营下金融风险相关内容的研究很少。

第 2 章　风险度量基本概念、方法及相关研究概述

本章主要对定量风险管理中的基本概念进行介绍。首先，给出在概率框架下的金融风险模型，以及诸如风险、盈亏、风险因子、映射等符号的正式定义。然后，对市场风险和操作风险领域中的一系列案例进行讨论，并对在定量风险管理的总体框架下如何解决各典型的风险管理问题进行阐述。

在现代风险管理中，一个核心的问题就是风险的度量。就像前面章节中所描述的那样，对风险进行量化的需求在各种环境中均越来越迫切。如金融机构的管理者需要对其风险暴露进行度量，以便决定该机构应拥有的用以缓冲非预期损失的资产数量。类似地，一个证券交易所的清算部门也需要为在该交易所进行交易的投资者们设置法定保证金。在本章的第二节中，将会对风险度量中已有的一些方法进行简单的介绍，并对这些不同方法的优缺点进行讨论。

在本章的第三节，将会对金融行业中关于短期市场风险度量的标准方法进行介绍，如方差—协方差法、历史模拟法以及基于蒙特卡洛模拟的方法。除此之外，还会对将一期风险度量的估计转化为对时间周期更长的风险度量进行估计的缩放法则进行介绍，并对有关风险度量体系的优劣进行回测的方法进行探讨。最后，将会给出这些标准的方法体系在实际应用中的一些例子。

2.1　风险因子及损失分布

首先，用概率空间(Ω,F,P)表示未来状态的不确定性 ，这也是接下来我们所讨论的所有随机变量所在的域。考虑这样一个给定的交易组合，它可以是股票或债券的集合，也可以是一系列衍生工具或者风险债券的组合，甚至可以是金融机构风险资产的总头寸。我们将这个交易组合在时刻 s 的价值记为 $V(s)$，并假设随机变量 $V(s)$ 在 s 时刻可被观测。对于一个给

定的时间区间 Δ，如 1 天或者 10 天，在区间$[s,s+\Delta]$内交易组合的损失可表示为

$$L_{[s,s+\Delta]}:=-(V(s+\Delta)-V(s)),$$

尽管 $L_{[s,s+\Delta]}$ 在 $s+\Delta$ 时刻是可以被观测到的，但在 s 时刻来看它是随机的。$L_{[s,s+\Delta]}$ 分布被称为损失分布。

损失分布可分为条件损失分布和非条件损失分布。其中，条件损失分布指的是到时刻 s 为止的所有信息已知的条件下 $L_{[s,s+\Delta]}$ 的分布。以下将会对这两种分布进行详细的介绍。

注 2.1.1 风险管理从业者通常会关注所谓的盈亏分布（profit-and-loss distribution，P&L），也就是 $V(s+\Delta)-V(s)$ 的分布，或者可表示为随机变量 ——$L_{[s,s+\Delta]}$ 的分布。然而在风险管理中我们主要关注的那些比较大的损失的概率，因此在对损失分布的研究中主要关注的事损失分布的上尾部分。进而，我们在标记或者叙述的过程中经常忽略 P&L 中的 P，这是统计学中在表示分布的上尾估计结果时所采用的标准惯例。此外，精算风险理论是关于正随机变量的理论，因此我们对损失分布的关注也有助于这些领域技术的应用。

在本书中我们大多考虑的是一个固定的区间 Δ，这样就便于以 Δ 为单位对时间进行度量并引入一个时间序列符号。在引入的时间序列符号中，将一般过程 $Y(s)$ 转化成时间序列 $(Y_t)_{t\in\mathbb{N}}$ 中，其中，$Y_t:=Y(t\Delta)$。利用该符号可以将损失表示为：

$$L_{t+1}:=L_{[t\Delta,(t+1)\Delta]}=-(V_{t+1}-V_t). \tag{2.1.1}$$

例如在市场风险管理中，我们经常要处理时间单位为年且利率和波动率均为年率化的金融模型。如果需要考虑每日的损失，可设 $\Delta=1/365$ 或 $\Delta\approx 1/250$，其中后一种主要用于每年交易天数大约为 250 天的衍生品市场。随机变量 V_t 和 V_{t+1} 分别表示第 t 天和第 $t+1$ 天的交易组合市值，L_{t+1} 表示从第 t 天到第 $t+1$ 天的损失。

根据风险管理实践中的惯例，V_t 可以看作是关于时间和 d 维风险因子组成的随机向量 $\mathbf{Z}_t=(Z_{t,1},Z_{t,2},\cdots\cdots,Z_{t,d})'$ 的函数，我们用

$$V_t=f(t,\mathbf{Z}_t) \tag{2.1.2}$$

来表示某个可测函数 $f:\mathbb{R}_+\times\mathbb{R}^d\rightarrow\mathbb{R}$。通常情况下，假设风险因子是可被观测的，从而 Z_t 在 t 时刻是已知的。风险因子和函数 f 的选择显然是建模过程中要处理的问题，且依赖于掌控的交易组合以及对精确度的期望水平。最常用的几个风险因子包括金融资产的对数价格、投资效益以及对数汇率。上式中对交易组合市值的表示形式被称为风险的一个映射。下面

给出一些标准交易组合映射的例子。

为了方便起见，下面用 $\boldsymbol{X}_t := \boldsymbol{Z}_t - \boldsymbol{Z}_{t-1}$ 来定义风险因子变化的序列 $(\boldsymbol{X}_t)_{t\in\mathbb{N}}$，该序列是绝大多数关于金融时间序列的统计研究中各学者感兴趣的对象。运用上述交易组合市值的映射可将交易组合的损失写成：

$$L_{t+1} = -(f(t+1, \boldsymbol{Z}_t + \boldsymbol{X}_{t+1}) - f(t, \boldsymbol{Z}_t)), \tag{2.1.3}$$

由于 $\boldsymbol{Z}_t$ 在 t 时刻的值是已知的，故损失分布由风险因子的变化值 $\boldsymbol{X}_{t+1}$ 决定。因此，引入了一个新的符号，也就是损失算子 $l_{[t]} := \mathbb{R}^d \to \mathbb{R}$，它是从风险因子变化到损失的映射。其定义如下：

$$l_{[t]}(\boldsymbol{x}) := -(f(t+1, \boldsymbol{Z}_t + \boldsymbol{x}) - f(t, \boldsymbol{Z}_t)), \boldsymbol{x} \in \mathbb{R}^d, \tag{2.1.4}$$

显然，$L_{t+1} = l_{[t]}(\boldsymbol{X}_{t+1})$。

若 f 可微，考虑(2.1.3)式所表示损失的下述形式的一阶近似估计 L_{t+1}^{Δ}：

$$L_{t+1}^{\Delta} := -(f_t(t, \boldsymbol{Z}_t) + \sum_{i=1}^{d} f_{z_i}(t, \boldsymbol{Z}_t) X_{t+1,i}), \tag{2.1.5}$$

其中 f 的下标表示偏导数。符号 L^{Δ} 来源于用金融衍生品进行对冲时的标准 delta 术语。关于上式的线性化损失算子表示为

$$l_{[t]}^{\Delta}(x) := -(f_t(t, \boldsymbol{Z}_t) + \sum_{i=1}^{d} f_{z_i}(t, \boldsymbol{Z}_t) x_i), \tag{2.1.6}$$

一阶近似估计可以将损失看成是风险因子变化的线性函数。在风险因子的变化非常小(即在一个很短的时间区间内对风险进行度量)，并且交易组合的价值关于风险因子几乎是线性(即函数 f 具有非常小的二阶导数)的情况下，(2.1.5)式所表示的近似估计效果显然是最好的。

注 2.1.2　在式(2.1.2)到(2.1.6)中我们假设时间单位为区间 Δ。为了符合我们案例中的市场公约，有时需要考虑形如 $g(s, \boldsymbol{Z})$ 的映射，其中时间 s 的单位为年。在这种情况下，式子(2.1.2)和(2.1.3)就分别变成了 $V_t = f(t, \boldsymbol{Z}_t) = g(t\Delta, \boldsymbol{Z}_t)$ 及

$$L_{t+1} = -(g((t+1)\Delta, \boldsymbol{Z}_t + \boldsymbol{X}_{t+1}) - g(t\Delta, \boldsymbol{Z}_t)),$$

其中，Δ 表示以年为单位的风险管理区间长度。需要注意的还有(2.1.5)式所表示损失的线性化形式变为了：

$$L_{t+1}^{\Delta} := -(g_s(t\Delta, \boldsymbol{Z}_t)\Delta + \sum_{i=1}^{d} g_{z_i}(t\Delta, \boldsymbol{Z}_t) \boldsymbol{X}_{t+1,i}), \tag{2.1.7}$$

注意到，当所处理的是一段很短的时间区间 Δ 时，上式中项 $g_s(t\Delta, \boldsymbol{Z}_t)\Delta$ 的值非常小，因此在实际中通常忽略不计。

注 2.1.3　注意到，我们对交易组合损失的定义中都默认假设经过时

间区间 Δ 后交易组合的组成成分保持不变。这对于日损失问题很小，但对于较长的时间范围来说，这种假设就变得越来越不现实。对于像保险公司这样的非金融企业来说这是个问题，因为这类公司通常会以一年的时间区间为单位来对他们的金融交易组合风险进行度量，而该时间区间对于他们来说也是处理其日常商业风险合适的区间范围。需要注意的是，在巴塞尔协议的相关内容中，也会正式地要求银行业的风险计算需在交易组合的组成成分在其持有期 Δ（对于市场风险来说一般是 10 天）内保持不变的假设条件下进行。

2.1.1 条件损失分布及非条件损失分布

正如之前所提到的，在风险管理中我们经常要确定我们感兴趣的是条件损失分布还是非条件损失分布。虽然两者都与风险管理的目的相关，但这两个概念之间是有区别的，且对其区别进行深入的了解对于我们来说至关重要。

条件损失分布和非条件损失分布的差异与风险因子变化序列 $(\boldsymbol{X}_t)_{t\in\mathbb{N}}$ 的时间序列性密切相关。假设风险因子的变化形成了在 $\mathbb{R}^d$ 上具有平稳分布 $F_{\boldsymbol{X}}$ 的一个平稳时间序列。从本质上来说，这也就意味着 $(\boldsymbol{X}_t)_{t\in\mathbb{N}}$ 的分布随时间的变化保持不变，且在实际中用于对风险因子变化进行建模的大多数时间序列模型都满足该性质。现在固定一个时间点 t（当前时间），用 σ 域 $\mathcal{F}_t$ 表示到 t 时刻为止可获取的公开信息。特别地，$F_t=\sigma(\{\boldsymbol{X}_s:s\leqslant t\})$ 是由过去和现在风险因子的变化产生的 σ 域，通常被称作到时刻 t 为止且包含 t 时刻的“历史”。用 $F_{\boldsymbol{X}_{t+1}\mid\mathcal{F}_t}$ 表示对于给定当前信息 $\mathcal{F}_t$ 的条件下 $\boldsymbol{X}_{t+1}$ 的条件分布。在大多数与风险管理相关的平稳时间序列模型中，$F_{\boldsymbol{X}_{t+1}\mid\mathcal{F}_t}$ 与平稳分布 $\mathcal{F}_{\boldsymbol{X}}$ 并不相等。*GARCH* 族中应用非常广泛的各模型就是一个很好的例子。在这类模型中，$\boldsymbol{X}_{t+1}$ 的条件分布的方差是关于过去风险因子变化及其自身滞后值的函数。另一方面，如果 $(\boldsymbol{X}_t)_{t\in\mathbb{N}}$ 是独立同分布(*iid*)的序列，则显然有 $F_{\boldsymbol{X}_{t+1}\mid F_t}=\mathcal{F}_{\boldsymbol{X}}$ 。

确定与当前所考虑的交易组合相关的损失算子 $l_{[t]}$，则条件损失分布 $F_{L_{t+1}\mid\mathcal{F}_t}$ 被定义为 $F_{\boldsymbol{X}_{t+1}\mid\mathcal{F}_t}$ 下损失算子 $l_{[t]}(\cdot)$ 的分布。可将其写成：

$$F_{L_{t+1}\mid\mathcal{F}_t}(l)=P(l_{[t]}(\boldsymbol{X}_{t+1})\leqslant l\mid\mathcal{F}_t)=P(L_{t+1}\leqslant l\mid\mathcal{F}_t),$$

即条件损失分布给出了当前信息 F_t 已知的情况下未来一段时间内损失 L_{t+1} 的条件分布。条件分布在市场风险管理中尤其重要。

另一方面，非条件损失分布 $F_{L_{t+1}}$ 被定义为风险因子变化的平稳分布

F_X 下 $l_{[t]}(\cdot)$ 的分布。如果考虑的是与 $\boldsymbol{X}_1,\boldsymbol{X}_2,\cdots,\boldsymbol{X}_t$ 分布相同的一般的风险因子变化 $\boldsymbol{X}$，则它可以看成是交易组合损失的分布。非条件损失分布常常被用于我们想要度量的损失所在的时间区间非常大的情形中，这种情形在信用风险管理以及保险业中十分常见。

为了定义线性化损失的条件分布和非条件分布，我们只需用 $l_{[t]}^{\Delta}$ 来代替 $l_{[t]}$ 即可。当然，如果风险因子变化形成了一个独立同分布的序列，那么条件损失分布和非条件损失分布是一致的。

基于条件损失分布的风险管理技术通常被称为条件风险管理或者动态风险管理；基于非条件损失分布的技术通常被称为静态风险管理。关于这两种方法的不同之处感兴趣的可以参见 Mcneil(2005)。

2.1.2 风险映射的相关实例

现在我们用市场风险和信用风险中的一些例子来说明前几节的内容是如何应用于一些典型的风险管理问题的。

例 2.1.1(股票交易组合) 现考虑一个包含 d 只股票的固定投资组合，用 λ_i 来表示在 t 时刻股票 i 的股份数量。股票 i 的价格过程用 $(S_{t,i})_{t\in\mathbb{N}}$ 表示。按照标准惯例在金融和风险管理中我们用对数价格，即 $Z_{t,i}:=\ln S_{t,i},1\leqslant i\leqslant d$ 作为风险因子。则交易组合中风险因子的变化 $X_{t+1,i}=\ln S_{t+1,i}-\ln S_{t,i}$ 就与组合中股票的对数收益率相关。由此可得 $V_t=\sum\limits_{i=1}^{d}\lambda_i\exp(Z_{t,i})$，故有

$$L_{t+1}=-(V_{t+1}-V_t)=-\sum_{i=1}^{d}\lambda_i S_{t,i}(\exp(X_{t+1,i})-1).$$

线性化损失 L_{t+1}^{Δ} 则可表示为

$$L_{t+1}^{\Delta}=-\sum_{i=1}^{d}\lambda_i S_{t,i}X_{t+1,i}=-V_t\sum_{i=1}^{d}\omega_{t,i}X_{t+1,i}, \tag{2.1.8}$$

其中，权重 $\omega_{t,i}:=(\lambda_i S_{t,i})/V_t$ 表示在 t 时刻股票 i 的投资比例。与之对应的线性化损失算子可表示为 $l_{[t]}^{\Delta}(\boldsymbol{x})=-V_t\omega_t'\boldsymbol{x}:=-V_t\sum\limits_{i=1}^{d}\omega_{t,i}x_i$。在给定风险因子变化分布的均值向量和协方差矩阵后，我们可以很容易计算出线性损失 L^{Δ} 分布的一阶和二阶矩。若随机向量 $\boldsymbol{X}$ 分布的期望为 μ，协方差矩阵为 Σ，运用随机向量线性组合均值和方差计算的普遍规则，可以很快得到

$$E(l_{[t]}{}^{\Delta}(X)) = -V_t\omega'\mu \quad var(l_{[t]}{}^{\Delta}(X)) = V_t^2\omega'\sum\omega. \tag{2.1.9}$$

代入风险因子变化条件分布 $F_{X_{t+1}|F_t}$ 的均值向量 μ_t 和协方差矩阵 Σ_t，就可以由上式得到条件损失分布的前两阶矩。代入风险因子变化非条件分布 F_X 的期望向量 μ 和协方差矩阵 Σ，就可以由上式得到非条件损失分布的前两阶矩。

例 2.1.2(欧式看涨期权) 现在我们考虑衍生证券交易组合的一个简单例子，该衍生证券为以无股息股票 S 为基础资产的、期限为 T、执行价格为 K 的标准欧式看涨期权。我们用 Black-Scholes 期权定价公式来对我们的交易组合进行定价。定义函数 C^{BS} 如下：

$$C^{BS}(s,S;r,\sigma,K,T) := S\Phi(d_1) - Ke^{-r(T-s)}\Phi(d_2) \tag{2.1.10}$$

其中 Φ 表示标准正态分布函数，r 表示连续复利无风险利率，σ 表示标的股票的年化波动率，而

$$d_1 = \frac{\ln(S/K) + \left(r + \frac{1}{2}\sigma^2\right)(T-s)}{\sigma\sqrt{T-s}} \text{£} \neg d_2 = d_1 - \sigma\sqrt{T-s}. \tag{2.1.11}$$

遵照市场公约，C^{BS} 定义中的时间是以年为单位，正好与备注 2.1.2 中一致。但我们关心的是日损失，所以设 $\Delta = 1/250$ 。

该交易组合一个很显然的风险因子就是标的股票的对数价格。在 Black-Scholes 期权定价模型中我们假设利率和波动率均为常量，然而在真正的市场当中利率和隐含波动率都是时刻变化的，所以从业者通常用它作为波动率参数输入使用。因此我们用 $\boldsymbol{Z}_t = (\ln S_t, r_t, \sigma_t)'$ 来表示风险因子向量。根据 Black-Scholes 公式，第 t 天的看涨期权的价值为 $V_t = C^{BS}(t\Delta, S_t; r_t; \sigma_t, K, T)$ 。风险因子变化可表示为

$$\boldsymbol{X}_{t+1} = (\ln S_{t+1} - \ln S_t, r_{t+1} - r_t, \sigma_{t+1} - \sigma_t),$$

因此线性化损失可表示为

$$L_{t+1}^{\Delta} = -(C_s^{BS}\Delta + C_S^{BS}S_tX_{t+1,1} + C_r^{BS}X_{t+1,2} + C_\sigma^{BS}X_{t+1,3}),$$

其中下标表示偏导数。Black-Scholes 期权定价函数中的各导数通常被称为风险希腊值：C_S^{BS}（关于股票价格 S 的偏导数）称作期权的 delta 值；C_s^{BS}（关于时间 s 的偏导数）称作期权的 theta 值；C_r^{BS}（关于利率 r 的偏导数）称作期权的 rho 值；C_σ^{BS}（关于波动率 σ 的偏导数）称作期权的 vega 值。这些希腊字母在金融衍生品交易组合的风险管理中起到了重要的作用。

例 2.1.3(债券组合) 接下来我们来考虑一个由 d 个期限为 T_i，价格为 $p(s,T_i)$，$1 \leqslant i \leqslant d$ 的无风险零息债券组成的交易组合(同样这里时间以

年为单位，因此适用于备注 2.1.2)。我们用 λ_i 表示期限为 T_i 的债券的数量。虽然期限较长的零息债券在实际中相对比较罕见，但是由于许多固定收益证券例如附息债券或者标准互换可以看作是零息债券，因此本例仍具有重要的指导作用。

我们在现代利率理论中遵循标准公约将债券的面值 $p(T,T)$ 标准化为 1。零利率债券的连续复利收益可定义为 $y(s,T):=-(1/(T-s))\ln p(s,T)$，故下式成立

$$p(s,T)=\exp(-(T-s)y(s,T)).$$

映射 $T\rightarrow y(s,T)$ 被称作是 s 时刻的连续复利收益曲线。在对于债券交易组合价值变化更详细的分析中我们把所有收益 $y(s,T_i),1\leqslant i\leqslant d$ 都当作是风险因子。这样 s 时刻的交易组合价值可以表示为 $V(s)=\sum_{i=1}^{d}\lambda_i p(s,T_i)$，并且结合映射(2.2)有

$$V_t=\sum_{i=1}^{d}\lambda_i p(t\Delta,T_i)=\sum_{i=1}^{d}\lambda_i \exp(-(T_i-t\Delta)y(t\Delta,T_i)). \tag{2.1.12}$$

通过这个式子我们就可以很容易计算出损失 L_{t+1} 的值。对它求导并运用前面线性化损失 L_{t+1}^{Δ} 的定义同样可以得到

$$L_{t+1}^{\Delta}=-\sum_{i=1}^{d}\lambda_i p(t\Delta,T_i)(y(t\Delta,T_i)\Delta-(T_i-t\Delta)X_{t+1,i}), \tag{2.1.13}$$

其中，风险因子变化为 $X_{t+1,i}=y((t+1)\Delta,T_i)-y(t\Delta,T_i)$。

这个公式与经典的久期概念很接近。假设收益曲线是平的，也就是 $y(s,T)=y(s)$ 与 T 无关，并且利率唯一可能的变化就是收益曲线的平行移动，也就是对于所有的 T 都有 $y(s+\Delta,T)=y(s)+\delta$。这些假设显然不切实际，但经常应用于实践当中。由此 L_{t+1}^{Δ} 也可以写成

$$L_{t+1}^{\Delta}=-V_t(y_t\Delta-\sum_{i=1}^{d}\frac{\lambda_i p(t\Delta,T_i)}{V_t}(T_i-t\Delta)\delta)=-V_t(y_t\Delta-D\delta),$$

其中

$$D:=\sum_{i=1}^{d}\frac{\lambda_i p(t\Delta,T_i)}{V_t}(T_i-t\Delta)$$

是交易组合中不同现金流到期时间的加权和，权重是与现金流的折现值成正比的。D 通常被称为债券交易组合的久期。久期是传统债券交易组合和资产负债管理中的一个重要工具。这种基于久期的、用来处理债券交易

组合利率风险的标准策略被称为免疫策略。在该策略下，手握一定数量的资金准备投资于不同债券且确定在未来需要支付一定已知数量资产的资产经理会以特定的方式将手上的资金投入到不同的债券中去，这种特定的方式就是令所有债券投资和负债组成的投资组合的久期等于零。根据前面的分析可知，久期衡量的是交易组合的价值对于收益曲线平行移动的敏感性。因此，久期为零意味着交易组合的头寸对收益曲线这种类型的变化是免疫的。但是，该交易组合依然可能受到收益曲线其他类型变化的影响。

若考虑具有确定收入证券的较大交易组合，如主流银行所有具有固定收入头寸的总和，此时选择交易组合中每只债券的收益作为风险因子就变得不现实了：有太多的风险因子，使得最终不可能估计出风险因子变化的分布。为了克服这个问题，人们以国家为单位选出一些基准收益率，并运用特定的程序步骤将不同基准点之间时间段内的现金流映射到相邻两个基准点上。

例 2.1.4(远期货币) 现在我们考虑在远期货币中的一个多头映射。远期货币或者远期外汇是指双方约定在未来某个时间点 $T>s$ 以预先设定的汇率 $\bar{e}$ 买进(卖出)预先设定数量 $\bar{V}$ 的外汇。我们称未来的买家是合同中持有多头的一方，另一方为持有空头的一方。

我们利用以下事实来建立头寸之间的关系，那就是远期中的一个多头等价于外国零息债券的一个多头和本国零息债券的一个空头。为了更好地解释这一点，我们假设一个欧元投资者持有基于美元/欧元汇率远期货币的一个多头，持有量为 $\bar{V}$ 。用 $p^f(s,T)$ 表示一个美国(外国)零息债券的美元价格，$p^d(s,T)$ 表示对应的欧元(本国)零息债券价格。欧元与美元的即期汇率用 $e(s)$ 表示。则在 T 时刻由数量为 $\lambda_1:=\bar{V}$ 的外国零息债券和数量为 $\lambda_2:=-\bar{e}\bar{V}$ 的本国零息债券组成的一个交易组合的欧元价值为 $V_T=\bar{V}(e_T-\bar{e})$，这显然与远期合约中多头的收益相等。

下面对美国零息债券中的头寸进行探讨。显然，这里可以选择对数汇率取及美国零息债券的收益作为风险因子，即 $\boldsymbol{Z}_t=(\ln e_t, y^f(t\Delta,T))'$ 。因此外国债券头寸的价值就等于

$$V_t=\bar{V}\exp(Z_{t,1}-(T-t\Delta)Z_{t,2}),$$

由此可得

$$L_{t+1}^{\Delta}=-V_t(Z_{t,2}\Delta+X_{t+1,1}-(T-t\Delta)X_{t+1,2})$$

其中 $\boldsymbol{X}_{t+1}$ 通常代表风险因子变化。

例 2.1.5(高风险贷款的固定投资组合) 本例来自于信用风险管理领

域，在这里我们将要讨论如何将整体框架应用于贷款交易组合中。贷款交易组合通常包含很多风险，其中最重要的就是违约风险，即合同的一方无法偿还其贷款的风险；利率风险，即由于利率上涨导致投资组合未来现金流的当前价值贬值的风险；由信贷息差上涨而导致损失的风险。

我们考虑一个 m 方的贷款组合。第 i 方的仓位大小为 e_i。遵循信用风险管理的标准惯例，风险管理时间范围 Δ 设为一年，这样就不需要区分两个时间尺度了（如 t 和 s）。为了简化问题我们假设所有贷款都在同一日 $T > t$ 付清并且在 T 日之前没有任何付款。我们引入一个随机变量 $Y_{t,i}$ 表示 t 日第 i 方的违约状态。如果第 i 方在时间段$[0,t]$内违约则令 $Y_{t,i}=1$，否则 $Y_{t,i}=0$。同样为了简化问题我们假设回收率为零，即假设若第 i 个债务人违约则其对应的整个仓位 e_i 就都没了。

对一个有风险的贷款进行估价时，我们必须得考虑违约的概率。通常，我们通过将现金流 e_i 按照比无违约零息债券收益率 $y(t,T)$ 更高的利率进行贴现来完成。更确切地说，我们对这样的贷款在 t 时刻的价值建立如下的模型

$$\exp(-(T-t)(y(t,T)+c_i(t,T)))e_i,$$

其中，$c_i(t,T)$ 表示第 i 家公司关于到期日 T 的信用利差。为了简化问题，我们忽略信用质量的变化并假设对于所有的 i 都有 $c_i(t,T)=c(t,T)$。基于以上所有的简化假设，贷款交易组合在 t 时刻的价值等于

$$V_t=\sum_{i=1}^{m}(1-Y_{t,i})\exp(-(T-t)(y(t,T)+c(t,T)))e_i. \tag{2.1.14}$$

由此，就可以比较容易得到下列 $(m+2)$ 维随机向量组成的风险因子的 L_{t+1} 和 $l_{[t]}$ 的值了。

$$\mathbf{Z}_t=(Y_{t,1},\cdots,Y_{t,m},y(t,T),c(t,T))'. \tag{2.1.15}$$

由于默认指标的离散性且时间范围较长，在信用风险管理中，线性化损失的重要性很小。显然，由上述两个式子可以看出，在对贷款交易组合的损失分布进行建模的过程中，主要困难在于为违约指标 $Y_{t+1,i}, 1\leqslant i\leqslant m$ 的联合分布找到一个合适的模型。

本节介绍的风险管理框架是 Risk Metrics 公司所用模型的一种程式化版本。该公司将之前的成果汇总成了 Risk Metrics 技术文档(J. P. 摩根，1996)。Mina 和 Xiao(2001)在更新汇总中也讨论了一些学术层面上近期的发展。在 Jorion(2001)和 Dowd(1998)的著作中也讨论了关于头寸的映射问题。McNeil 和 Frey(2000 年)在他们的著作中重点讨论了条件风险管

理与非条件风险管理的区别。

尽管从理论上来说，基于久期的套保并不令人满意，但在从业人员中依然广受欢迎。如果读者需要了解更多关于久期以及其在利率风险管理中运用的知识，我们给读者推荐一些标准金融学的教材，例如 Jarrow 和 Turnbull(1999)的教材或者是 Hull (1997)的教材。

在 Duffie 和 Pan(1997)以及 Rouvinez(1997)(Duffie 和 Pan(2001)中也有提及)的著作中，对衍生品交易组合的一阶和二阶近似值(即所谓的 delta-gamma 近似)的求解进行了介绍。

2.2 风险度量的基本方法

2.2.1 风险度量工具简介

在这一节中，我们将简要介绍金融机构中现有的风险度量的方法，并从实践的角度出发对这些风险度量方法的优缺点进行讨论。

在实际中，风险度量的目的有很多，其中最重要的几点如下：

(1)决定风险储备及资本充足率

财政部门中风险管理的主要作用之一就是为了确定金融机构需要准备的作为缓冲资金的资本总量，以便应对其投资组合意外的未来损失，从而符合监管机构对其清偿能力的要求。与其类似的一个问题是对在有组织的证券交易所进行交易的投资者应缴纳的合适保证金进行确定，而这通常是由交易所的结算部门来完成的。

(2)作为风险管理工具

管理人员通常将风险度量作为限制一家公司某个单位所能承受风险大小的工具。比如，一家银行的交易者会被其日头寸 VaR 值的 95% 不能超过给定界限的规定所限制。

(3)保费的计算

保费可以作为保险公司承担保险理赔风险的补偿，该补偿的多少可以看成是对这些理赔风险的一个度量。

我们可以将已有的风险度量方法分为四种不同的类型：名义金额法、因子敏感性度量法、基于损失分布的风险度量法及基于情境分析的风险度量法。

名义金额法。这是对风险资产交易组合的风险进行量化的最古老方法。名义金额法中风险的定义为交易组合中各证券的名义金额之和，其中每个名义金额都以代表该证券所属资产类型的风险估计因子为权重。这种方法的变体仍旧应用于巴塞尔委员会关于银行监管的规定的标准化方法。

名义金额法的优点在于它简单直白。然而从经济学角度来看这种方法也存在一定缺陷。第一，该方法没有区分多头与空头之间的区别，也没有进行净额结算。例如，在外汇中一个多头的风险被一个远期货币中的短头寸抵消了从而实现了对冲，但是若用该方法对风险进行计算则会计算两次非对冲的货币头寸风险。其次，这种方法没有反映出交易组合对其整体风险具有分散性的好处。例如，当我们使用名义金额法对风险进行度量时，就会出现以下情形，即由 m 个不同公司的贷款组成的、各贷款的违约状态间几乎是全部独立的，且对总体风险具有有效分散性的一个信用交易组合的风险与将同等数量的资本借给某个单个公司的风险相同。第三，名义金额法在处理衍生品交易组合时会出现一些问题，比如基础资产的名义金额与衍生品头寸的经济价值间有很大的差别。

因子敏感性度量法。因子敏感性度量法给出当隐含的某个风险因子预先变化时，该交易组合价值的变化，在因子敏感性的计算方法上人们通常采用微分的形式。因子敏感性度量法主要包括债券交易组合的久期以及衍生品交易组合的希腊值。它的优点在于提供与某种明确事件相关的交易组合价值的稳健性信息，而缺点在于它不能度量头寸的整体风险。不仅如此，因子敏感性度量法在聚合风险度量中也存在问题：

首先，对于给定的交易组合，不能将不同风险因子变化的敏感性加以累积，比如简单地把期权的 delta 值和 vega 值相加是没有意义的。

其次，因子敏感性度量方法不能通过市场聚集来对某个金融机构的总体风险进行度量。

基于损失分布的风险度量法。大多现代的交易组合风险度量方法都是描述交易组合在某个确定的时间范围 Δ 内的条件或非条件损失分布，如方差、VaR(Value-at-Risk)以及预期亏损(Expected Shortfall)等。当然仅凭任意一个特殊的统计数据来描述某种分布中隐藏的风险肯定是有问题的，但在利用损失分布对交易组合的风险进行度量时有许多值得探讨和肯定的地方：

第一，损失是风险管理中最关注的对象，因此以损失分布为基础的度量是必然的；

第二，损失分布的概念对所有水平的聚合风险（从只包含单个资产的交易组合到包含某个金融机构所有头寸的交易组合）均有意义；

第三，若估计合理的话，它可以反映出对冲和风险分散的优点；

第四，最后，损失分布可以在不同交易组合之间对比。

例如，只要时间范围 Δ 相同，比较一系列固定收益证券和股票衍生品的损失分布都是有意义的。

然而这种方法也存在两个主要的问题。第一，任何对于损失分布的估计都是以历史数据为基础的。若金融市场的管理规则发生变化，则历史数据在预测未来风险上的作用有限。第二，这种方法在实践方面存在问题，即使是在固定不变的环境下也很难精确估计损失分布，特别是对于大的交易组合来说。而且许多看起来复杂的风险管理系统都是基于相对粗略的统计模型来估计损失分布的（例如正态分布就是一种站不住脚的假设）。

但是这并不是否定利用损失分布的原因。相反，这更需要我们在损失分布估计方法上的改进，基于损失分布估计的风险管理模型的实际应用也要更加谨慎。特别地，基于损失分布的风险度量法通常需要基于所假设的相关情境的信息。除此之外，前瞻性信息反映出了市场参与者的期望，例如隐含波动性应当被用来在统计估计中（必然要基于历史信息）测定损失分布模型。

基于情境分析的风险度量法。在基于情境分析的方法中度量交易组合的风险需要考虑风险因子一系列可能的未来变化，比如主要汇率上涨10%，或是主要股市指数同时下降20%，抑或是全球的主要利率同时上升。然后以在所有情境下交易组合的最大损失来作为该交易组合的风险度量，其中对某些极端情境赋予比较小的权重以减轻它们对结果的影响。

下面我们用较正式的数学方式对交易组合的风险进行描述。已知风险因子变化集合 $x = \boldsymbol{x}_1, \cdots, \boldsymbol{x}_n$ 以及权重向量 $\boldsymbol{\omega} = (\omega_1, w_2, \cdots, \omega_n)' \in [0,1]^n$ 。考虑一个风险证券的交易组合并用 $l_{[t]}$ 表示对应的损失算子。这个交易组合的风险可表示为

$$\Psi_{[x,\boldsymbol{\omega}]} := \max\{\omega_1 l_{[t]}(\boldsymbol{x}_1), w_1 l[t](x_2), \cdots, \omega_n l_{[t]}(x_n)\}. \quad (2.2.1)$$

在实际中许多风险度量都可以用上式来表示。例如芝加哥贸易交易所（CME）运用情境分析法决定所需保证金。未计算由一个期货合约中的头寸及该合约的看涨、看跌期权组成的简单交易组合的初始保证金，CME需要考虑16种不同的情境。前14种情形是波动率上升或下降与期货价格以一个固定幅度的1/3，2/3或3/3上升或下降或不变相结合。这些情境的

权重 ω_i ，$i=1,\cdots,14$ 均为 1。除此之外，还考虑两个极端情形，权重为 $\omega_{15}=\omega_{16}=0.35$ 。然后由上式可计算出该交易所所需要的作为该交易组合保证金的资金量。

注 2.2.1　对于上式我们可以给出一个略微不同的数学解释。假设 $l_{[t]}(0)=0$ ，即若所有的风险因子均无变化，则头寸的价值不变。该假设是合理的，至少对于一个短的风险管理范围 Δ 来说合理。在这种情况下，$\omega_i l_{[t]}(\boldsymbol{x}_i)$ 可以看成是 $l_{[t]}$ 在风险因子变化空间上的一个概率测度下的期望值。这个测度将 $\omega_i \in [0,1]$ 与点 $\boldsymbol{x}_i$ 联系起来，将 $1-\omega_i$ 与点 $\boldsymbol{O}$ 联系起来。我们用 δ_x 表示概率测度，该测度在点 $\boldsymbol{x}\in\mathbb{R}^d$ 下概率为 1。用 $\mathcal{P}\{[x,\omega\}$ 表示 $\mathbb{R}^d$ 上概率测度的集合

$$\mathcal{P}[x,\omega]=\{\omega_1\delta_{x_1}+(1-\omega_1)\delta_0,\cdots,\omega_n\delta_{x_n}+(1-\omega_n)\delta_0\}.$$

由此，$\Psi[x,\omega]$ 也可以写成

$$\Psi[x,\omega]=\max\{E^P(l_{[t]}(\boldsymbol{X})):P\in\mathcal{P}[x,\omega]\}. \quad (2.2.2)$$

当上式所表示的风险度量中，$\mathcal{P}[x,\omega]$ 被风险因子变化空间上所有概率测度集合的任意子集代替时，我们将其称为广义情境分析。广义情境分析在一致性风险度量理论中有很重要的作用。

从 CME 的例子中可以看出，基于情境分析的风险度量法是将交易组合暴露在一个相对较小的风险因子集合的一种非常有用的风险管理工具。不仅如此，它还会基于损失分布的统计信息提供有用的补充信息。其最主要的问题当然是如何决定一个合适的情境集合以及权重因子，而且对受不同风险因子影响的交易组合进行比较是很困难的。

2.2.2　VaR

风险价值(VaR)可能是金融机构在风险度量的过程中使用得最广泛的方法，并且它也包含在 Basel Ⅱ 的资本充足框架中，因此它值得被广泛地探讨。下面我们对 VaR 的相关概念进行介绍，并围绕相关的实际问题进行讨论。

考虑由风险资产组成的某交易组合及一个确定的时间范围 Δ，用 $F_L(l)=P(L\leqslant l)$. 表示对应损失分布的分布函数。我们不区分 L 和 L^Δ 或条件损失分布与非条件损失分布，而是假设在分析伊始就已经做出了选择，且 F_L 表示利率的分布。我们想要定义一个基于 F_L 的统计数据用来度量在时间范围 Δ 内交易组合的风险。一个很理所当然的选择就是最大可

能损失，表示为 $\inf\{l\in\mathbb{R}:F_L(l)=1\}$，它是再保险中一项重要的风险度量工具。然而在许多利率模型中 F_L 的支撑是无界限，这就导致最大损失为无穷值。不仅如此，最大损失也忽略了 F_L 的任意概率信息。风险价值(VaR)是考虑了最大损失的这些缺陷后，在其基础上的一个简单扩展。其中心思想是将“最大损失”替换为“不超过给定的某个较大概率的最大损失”，也就是所谓的置信度。

定义 2.2.1(风险价值) 给定某个置信水平 $\alpha\in(0,1)$，则置信水平为 α 的交易组合的 VaR 就是使得损失 L 大于 l 的概率不超过 $(1-\alpha)$ 的最小的 l 值。用公式表示为：

$$VaR_\alpha=\inf\{l\in\mathbb{R}:P(L>l)\leqslant 1-\alpha\}\\=\inf\{l\in\mathbb{R}:F_L(l)\geqslant\alpha\}.\tag{2.2.3}$$

用概率学术语来说，VaR 就是简单的损失分布的分位数。α 的值通常取 0.95 或 0.99；在市场风险管理中时间范围 Δ 通常取 1 到 10 天，在信用风险管理和操作管理风险中 Δ 通常取一年。注意到根据定义，置信水平 α 下的 VaR 并不能给出以小于 $1-\alpha$ 的概率发生的损失大小的任何信息。这显然是 VaR 作为风险度量的一个缺点，后面的部分将会用实例来说明这个问题。

注 2.2.1(均值 VaR) 用 μ 表示损失分布的均值。在某些情况下，我们用 $VaR_\alpha^{mean}:=VaR_\alpha-\mu$ 代替 VaR 来对资本充足率进行计算。如果时间范围 Δ 为一天，那么 VaR_α^{mean} 一般称为日风险收益。VaR 与 VaR_α^{mean} 的区别在市场风险管理中不明显，因为市场风险管理中时间范围短且 μ 接近于零。但在信用风险管理中由于时间范围较长，所以其区别也比较明显。特别地，在贷款定价中通常运用 VaR_α^{mean} 确定作为缓冲的经济资本，以便应对贷款交易组合可能的意外损失。在日益成长的资产风险管理领域中，考虑盈亏(P&L)分布的期望也是非常重要的。

由于分位数在风险管理中的重要性，下面我们来回顾一下它的准确定义。

定义 2.2.2(广义反函数及分位数函数)

(i)对给定的递增函数 $T:\mathbb{R}\to\mathbb{R}$，其广义反函数为 $T^{\leftarrow}(y):=\inf x\in\mathbb{R}:T(x)\geqslant y$，按照惯例空集的下确界记为 ∞。

(ii)对给定的分布函数 F，其广义反函数 $F^{\leftarrow}$ 称为 F 的分位数函数，对 $\alpha\in(0,1)$，F 的 α 分位数为

$$q_\alpha(F):=F^{\leftarrow}(\alpha)=\inf\{x\in\mathbb{R}:F(x)\geqslant\alpha\}.$$

对分布函数为 F 的随机变量 X，我们通常用符号 $q_\alpha(X):=q_\alpha(F)$ 表

示。若 F 连续且严格递增，则 $q_\alpha(F)=F^{-1}(\alpha)$，其中，$F^{-1}$ 是 F 的一般反函数。为了计算更一般情形下的分位数，我们需要用到以下引理。

引理 2.2.1　点 $x_0 \in \mathbb{R}$ 是某个分布函数 F 的 α 分位数当且仅当其满足以下两个条件：1) $F(x_0)\geqslant \alpha$；2)对所有的 $x<x_0$，$F(x)<\alpha$。

由广义反函数的定义及 F 的右连续性很容易得证该引理。

例 2.2.1(正态分布以及 t 分布的 VaR)　假设损失分布 F_L 为正态分布，均值为 μ，方差为 σ^2。则对于固定的 $\alpha\in(0,1)$，有：

$$VaR_\alpha=\mu+\sigma\Phi^{-1}(\alpha),\quad VaR_\alpha^{mean}=\sigma\Phi^{-1}(\alpha). \tag{2.2.4}$$

其中，Φ 表示标准正态分布的分布函数，$\Phi^{-1}(\alpha)$ 表示 Φ 的 α 分位数。证明很简单：由 F_L 严格单调递增，根据引理 2.2.1，我们只需要证明 $F_L(VaR_\alpha)=\alpha$。而

$$P(L\leqslant VaR_\alpha)=P\left(\frac{L-\mu}{\sigma}\leqslant\Phi^{-1}(\alpha)\right)=\Phi(\Phi^{(-1)}(\alpha))=\alpha.$$

该结果经常在方差协方差法(也称为 delta 正态法)中被用来计算风险度量的结果，关于这一点会在后面详细介绍。若处理的是线性化损失且假设风险因子的变化服从多元正态分布，则得到的损失分布为正态分布，此时即可用上面的式子计算出 VaR 的值。

当然对于任何位置一尺度分布族来说都会得到相似的结果，另一个例子就是学生 t 损失分布。假设损失 L 的变式 $(L-\mu)/\sigma$ 服从自由度为 ν 的标准 t 分布(对于这种损失模型，我们用 $L\sim t(\nu,\mu,\sigma^2)$ 来表示)，则当 $\nu>2$ 时，其各阶矩分别为 $E(L)=\mu$，$var(L)=\nu\sigma^2/(\nu-2)$。显然，$\sigma$ 不是该分布的标准差。由此可得：

$$VaR_\alpha=\mu+\sigma t_\nu^{-1}(\alpha), \tag{2.2.5}$$

其中，t_ν 表示标准 t 分布的分布函数，大多数统计计算软件包中都提供了该函数以及其反函数的相关程序。

2.2.3　VaR 的相关性质概述

由于 VaR 是最近几年使用最广泛的风险度量工具之一，同时也是本书后面章节中对市场风险和操作风险进行度量时所使用的风险度量工具，故这里对其相关性质进行简单的介绍。

非次可加性。一直以来，VaR 作为风险度量工具由于聚集性较差而被人诟病。这种评价最开始是由 Artzner 等(1997，1999)提出的，其在相关著作中指出 VaR 不是一致性风险度量工具，因为它不满足作为一个合理风险

度量应当具备的次可加性。

非次可加性意味着如果有两个交易组合的损失分布分别为 F_{L_1} 和 F_{L_2}，用 F_L 表示合并后的交易组合 $L=L_1+L_2$ 的总损失分布，我们不一定有 $q_\alpha(F_L)\leqslant q_\alpha(F_{L_1})+q_\alpha(F_{L_2})$，即合并后交易组合的 VaR 值不一定以两个单个交易组合 VaR 值的和为上界。这与合并交易组合可以分散风险的常识相矛盾，同时，它还意味利用 VaR 实现风险管理的分散化是很困难的，因为我们不能确定由不同交易组合或者业务单元的 VaR 值的总和是否可以得到企业总体风险的一个界。

模型风险及市场流动性。在实际中，对 VaR 值的解释通常是非常书面的，具有误导性的、甚至是危险的；通常将“某个特定交易组合在置信水平 $\alpha=99\%$ 下的日 VaR 值等于 l”的表述理解为“该头寸的损失将以 99%的概率小于 l”。

该解释具有误导性的原因有两个。首先，我们对损失分布的估计是有估计误差且存在模型风险问题的。模型风险即由于金融机构风险管理模型的错误使用或这些模型的假设条件实际并不满足而造成损失的风险。比如，我们认为损失服从正态分布模型，而实际的分布是重尾的，或者我们在对风险因子变化的分布进行建模时没有认识到波动集群的存在或尾部相关性。模型风险在任何风险管理模型中都是不同程度存在的。当然，当我们试图在一个非常高的置信水平（如 $\alpha=99.97$）下来估计 VaR 的值时，这些问题就显得尤为突出了，而在较高置信水平下来估计 VaR 的值也是我们在经济资本的确定中所需要做的。

其次，上述对 VaR 的解释中忽略了市场流动性相关的问题。不严格地说，若投资者可以在短时间内对某种证券进行大量买卖而不会对其价格有较大的影响，则说明该证券所对应的市场是流动的。相反，如果一个市场内的交易对其价格影响很大，或者没有交易对手导致交易无法进行，那么它就是不流动的。上述问题也引起了 Lawrence 和 Robinson(1995)及各风险管理者的注意。以下引自他们的论文：

如果问：“我们是否有 98%的把握确定在清算头寸时的损失不超过 l（即置信水平 $\alpha=98\%$下估计的 VaR 值）?”，那么答案一定是“不能”。想要知道原因，思考一下 VaR 这种风险度量工具对于风险管理过程以及金融市场性质意味着什么。在所考虑的上述清算方案中，隐含着下面一系列的事件：在 t 时刻决定清算头寸；接下来的 24 小时什么都不做；经过 24 小时的无行动后，头寸以事先确定的、不受清算过程影响的特定分布计算出来的价格进行清算。这个方案几乎是不可能让人信服的。特别的是，清算行动本身也会影响价格，从而对交易者买入多头卖出空头产生负面影响。对于大头寸以及非流动工具来说清算的成本是非常大的，尤其是速度要求很高时。

他们得出结论，“任何有用的 VaR 度量都必须考虑到预期损失的清算成本”。1998 年夏天对冲基金 LTCM 濒临破产的案例告诉我们上述考虑是很有必要的。事实上，市场的非流动性如今已被许多风险管理者看成是最重要的模型风险来源。

理想情况下，我们应该在正式模型中试着将市场不流动性的影响作为因素之一考虑在内，然而由于一些原因导致其实施起来十分困难。第一，在给定时间点交易特定数量的某种证券对价格的影响难以度量；因为这依赖于市场情绪或投资者间经济情报的分布等难以捉摸的因素。第二，非流动性市场中交易者被强制要求逐步平仓来使得价格对其交易的影响降到最小。显然，这种清算过程需要根据与市场相关的清算头寸的大小在不同的时间范围内完成。这反过来也会导致不同头寸有不同时间范围 Δ，使得不可能跨交易组合进行风险度量聚合。因此，在许多实际情况中，风险管理者所需要做的是在计算 VaR 值或相关风险度量时忽略市场的不流动性，并且在对结果进行解释时能意识到该问题。

VaR 参数的选择。当基于损失分布对风险进行度量时，我们需要选择一个合适的范围 Δ，同时在对 VaR 进行计算的过程中还需要确定置信水平 α。这些参数的选择当然没有单一的最优值，但仍然存在会影响我们选择的一系列因素。

风险管理的时间范围 Δ 应该反映一个金融机构持有交易组合的时间区间。这个区间受到合同及法律约束、流动性等影响，不同的市场其时间范围也不同；对企业范围内风险管理时间范围的确定，金融机构或财务公司只能根据核心商业活动中适合市场的时间范围来选择。例如，保险公司通常要求持有交易组合的时间为一年，也就是说，在这段时间内既不能改变交易组合中各证券的数量，也不能重新协商所收取的保费。因此，在公司范围的风险管理中，对于这种类型公司的投资组合进行市场风险度量时，一年也是一个比较合适的时间范围。

正如之前所提到的，若某资产的市场不是流动性的，即使没有合同约束，金融机构也会被迫持有某风险资产的某个会导致亏损的头寸。对于这种类型的头寸，选用相对较长的时间范围 Δ 是比较合适的。不同市场的流动性是不同的，对于全面风险管理来说，金融机构应该选择最能反映主要头寸的一个时间范围。

基于其他的、更实际的一些考虑，Δ 的选择应当相对较小：第一，为了简化计算的线性化损失算子的使用只有在风险因子的变化很小，也就是 Δ 较小时才更加合理。同样地，投资组合组成保持不变的假设只有当持有期很短时成立。第二，风险因子变化 $(X_t)_{t\in\mathbb{N}}$ 统计模型的校正和检验当 Δ 较小的时候更容易，因为这意味着我们在处理时有更多的数据。

关于置信水平 α 的选择问题很难给出一个明确的建议，因为不同问题适合的 α 值也不同。庆幸的是，只要对损失分布做出了估计，就可以同时算出不同置信水平下的分位数。在资本充足率的计算中，为了得到足够安全的保证金，显然需要设置较高的置信水平。例如，巴塞尔委员会对市场风险运用 99%的置信水平下，Δ 等于 10 天的 VaR 值。为了限制交易者，银行通常会选取 95%的置信水平，Δ 等于一天。回测模型在作出 VaR 图像时也会取较低的置信水平，从而能够得到更多的观测值，这样已实现的亏损通常比预测的 VaR 值要高。

VaR 到监管资本的转变。对于用内部模型法来对市场风险进行度量的银行来说，下面是其风险资本公式：

$$RC_{IM}^{t}=\max\left\{VaR_{0.99}^{t,10},\frac{k}{60}\sum_{i=1}^{60}VaR_{0.99}^{t-i+1,10}\right\}+C_{SR}\qquad(2.2.6)$$

其中，$VaR_{0.99}^{j,10}$ 代表的是在第 j 天计算的 99%置信水平下时间区间为 10 天的 VaR 值，t 表示当天。压力因子 $3\leqslant k\leqslant 4$ 是银行内部模型总体质量的一个函数。C_{SR} 表示特殊风险，即在考虑了所有市场因素后由证券发行机构特定的价格变动引起的风险。该特殊风险因子应当加到所有的 VaR 值中。

VaR 的相关术语。在实际中“VaR”这个词有各种各样的含义。在其最狭义的定义中，风险价值就如定义 2.2.1 中所描述的那样，表示的是损失分布的分位数。通常风险管理者将其看成是“VaR 过程”，如“delta-正态 VaR”。VaR 过程指的是一种估计损失分布模型的统计方法。显然，VaR 过程也可以用来估计其他基于损失分布的风险度量。最后，术语“风险管理中的 VaR 方法”也经常被使用，它通常表示的是利用 VaR 数值对一个公司进行指导的方法。在本书中，VaR 都是指它的狭义定义。

2.2.4 基于损失分布函数的其他风险度量工具

这部分的主要目的是对损失分布的一些其他统计特性进行探讨，这些统计特性在金融、保险及风险管理中被频繁用来对风险进行度量。就如前面两个部分一样，我们假设损失分布 F_l 在分析开始时就已经确定了。

(1)方差。在以往的研究中,盈亏分布(P&L distribution)的方差是最主要的金融风险度量工具。方差的使用在很大程度上归功于 Markowitz 投资组合理论对金融领域理论和应用的巨大影响,其在著作中就以方差作为风险的度量。方差是一个很好理解、也非常容易分析运用的概念。然而,作为风险度量工具,它存在两个主要的缺点。从技术的角度来看,若用方差来作为风险度量,则必须假设损失分布的二阶矩存在。尽管这对大多数金融收益分布来说问题不大,但在某些非寿险领域或操作损失的分析中仍存在问题。从概念的角度来看,由于它没有区分与均值之间的正负差距,因此它只对关于均值对称(或近似对称)的损失分布来说是比较好的度量,如正态分布或者(有限方差的)t 分布等。然而,在风险管理的许多领域,如信用风险及操作风险管理中,损失分布通常是高度不对称的。

(2)下偏距和上偏距。偏距是基于分布函数的上尾部和下尾部的风险度量。在风险管理的大多数文献中,主要关注的是盈亏(P&L)分布的下尾部中所隐含的风险,以便对该风险进行度量,故其主要关注的是下偏距。而在本书中,我们主要关注的是损失分布的上尾部中所隐含的风险,故主要关注的是上偏距。给定指数 $k \geqslant 0$ 及点 q ,上偏距 $UPM(k,q)$ 的定义如下:

$$UPM(k,q) = \int_q^{\infty} (l-q)^k \mathrm{d}F_L(l) \in [0,\infty]. \tag{2.2.7}$$

k 和 q 的某些取值具有特殊的意义:当 $k=0$ 时,可由上式得到 $P(L \geqslant q)$;当 $k=1$ 时,可得 $E((L-q)I_{L\geqslant q})$;当 $k=2$ 且 $q=E(L)$ 时,可得 L 的上半方差。当然,选择的 k 值越大,得到的风险度量值就越保守。这是因为越大的 k 值意味着对偏离 q 值的大偏差所赋予的权重越大。

(3)预期亏损。预期亏损与 VaR 紧密相关。以下是其定义:

定义 2.2.3(预期亏损)　对于满足 $E(|L|)<\infty$ 且分布函数为 F_L 的损失变量 L 来说,其置信水平为 $\alpha \in (0,1)$ 的预期亏损定义如下:

$$ES_\alpha = \frac{1}{1-\alpha}\int_\alpha^1 q_u(F_L)\mathrm{d}u. \tag{2.2.8}$$

其中, $q_u(F_L) = F_L^{\leftarrow}(u)$ 是分布函数 F_L 的分位数函数。

由此,预期亏损与 VaR 的关系可以表示为

$$ES_\alpha = \frac{1}{1-\alpha}\int_\alpha^1 VaR_u(L)\mathrm{d}u,$$

在预期亏损的计算中,我们不再只对固定的某个特殊置信水平 α 下的 VaR 值进行求解,而是对所有 $u \geqslant \alpha$ 水平下的 VaR 值求平均,即对损失分布的尾部进行“更深入的分析”。显然, ES_α 的值仅依赖于 L 的分布且 $ES_\alpha \geqslant$

VaR_α。

对于连续损失分布函数来说，预期亏损有更直观的表达式，且由该表达式看出预期亏损可以解释为超过 VaR 的损失的期望值。下面不加证明地给出相关引理。

引理 2.2.2 对于具有连续分布函数 F_L 的可积损失变量 L 及任意的 $\alpha \in (0,1)$ 有

$$ES_\alpha = \frac{E(L;L \geqslant q_\alpha(L))}{1-\alpha} = E(L \mid L \geqslant VaR_\alpha) \tag{2.2.9}$$

其中，$E(X;A):=E(XI_A)$。对该引理的证明只需利用连续分布函数反函数的相关性质即可，这里不再赘述。

下面的引理以次序统计量的形式给出了关于预期亏损的大数定律。

引理 2.2.3 对于分布函数为 $F\{L\}$ 独立同分布随机变量序列 G_t 来说，有下式成立

$$\lim_{n\to\infty} \frac{\sum_{i=1}^{[n(1-\alpha)]} L_{i,n}}{[n(1-\alpha)]} = ES_\alpha \quad a.s. \tag{2.2.10}$$

其中，$L_{1,n} \geqslant \cdots \geqslant L_{n,n}$ 是 $L_1,\cdots,L_n$ 的次序统计量，$[n(1-\alpha)]$ 表示不超过 $n(1-\alpha)$ 的最大整数。

也就是说，置信水平为 α 的预期亏损可以看成是损失分布的 n 个样本中上 $[n(1-\alpha)]$ 个次序统计量的极限均值。该表达式很显然给出了在拥有大量样本且 $[n(1-\alpha)]$ 为一个相对较大的数时，对预期亏损进行估计的一种方法。当然，在实际应用中这不太可能实现，除非用风险估计中的蒙特卡洛模拟法，该方法将会在后面进行介绍。对该引理的证明可以参考 Acerbi 及 Tasche(2002)中的性质 4.1。

由于 ES_α 可以看成是大于或等于 VaR_α 的所有损失的一个平均值，故其对超过 VaR_α 的损失大小很敏感。这是预期亏损的优点之一。

2.3 市场风险度量的标准方法及回测

本节我们主要介绍金融业中度量短期(如一天或两周)市场风险的一些标准方法。根据前面章节的介绍，这相当于对损失变量 $L_{t+h}^{(h)\Delta} = l_{[t]}^{\Delta}(\sum_{i=1}^{h} \boldsymbol{X}_{t+i}) = \sum_{i=1}^{h} \boldsymbol{b}'_t \boldsymbol{X}_{t+i}$. 的分布进行风险度量估计的问题，其中，$\boldsymbol{X}_{t+1}$ 表

示风险因子从时刻 t 到时刻 $t+1$ 的变化向量，$l_{[t]}$ 是 t 时刻基于交易组合的损失算子；我们所关注的风险度量工具是 VaR 和 ES。同时，由前面章节的内容可知，在风险度量的过程中，我们是基于 L_{t+1} 的非条件损失分布还是基于其在 $\mathcal{F}_t$ 所表示的已知信息条件下的条件损失分布来对风险进行度量的，是一个非常重要的问题。在对标准方法的同时我们也会说明哪些方法是经常被采用的。

2.3.1　方差—协方差法

我们首先给出该方法最一般的形式，在这种最一般的形式中，方差—协方差法可能会根据其对某些主要输入信息的估计过程的不同而成为非条件方法或条件方法。假设风险因子变化 $\boldsymbol{X}_{t+1}$ 的分布为多元正态分布（非条件的或条件的），即 $\boldsymbol{X}_{t+1} \sim N_d(\boldsymbol{\mu},\Sigma)$，其中 $\boldsymbol{\mu}$ 表示对应分布的均值向量，Σ 表示对应分布的协方差（或方差—协方差）矩阵。

假设风险因子的线性化损失是相对于实际损失来说足够精确的一个近似值，这样问题就可以简化为讨论 $L_{t+1}^{\Delta} = l_{[t]}^{\Delta}(\boldsymbol{X}_{t+1})$ 的分布，其中 $l_{[t]}^{\Delta}$ 定义在前面的章节中已经给出。线性化损失算子是具有以下结构的一个函数

$$l_{[t]}^{\Delta}(\boldsymbol{x}) = -(c_t + \boldsymbol{b}'_t\boldsymbol{x})m \qquad (2.3.1)$$

其中 c_t 和 $\boldsymbol{b}_t$ 是在 t 时刻已知的常数和常数向量。对于具体例子来说，考虑损失算子形式为 $l_{[t]}^{\Delta}(\boldsymbol{x}) = -V_t\boldsymbol{\omega}'_t\boldsymbol{x}$ 的一个股票交易组合，其中，$\boldsymbol{\omega}_t$ 表示的是 t 时刻交易组合的权重向量。

多元正态分布的一个重要性质使得上述 $\boldsymbol{X}_{t+1}$ 的线性函数具有单变量正态分布。由随机向量线性组合的均值和方差的一般性质可得，

$$L_{t+1}^{\Delta} = l_{[t]}^{\Delta}(\boldsymbol{X}_{t+1}) \sim N(-c_t - \boldsymbol{b}'_t\boldsymbol{\mu}, \boldsymbol{b}'_t\Sigma\boldsymbol{b}_t) \qquad (2.3.2)$$

由此，即可根据前面案例中的式子很快计算出该损失分布的 VaR 及预期亏损值。

在实际应用中，我们需要根据风险因子变化的历史数据 $\boldsymbol{X}_{t-n+1},\cdots,\boldsymbol{X}_t$ 来估计 $\boldsymbol{\mu}$ 和 Σ。若我们简单地由样本均值向量及样本协方差矩阵来估计 $\boldsymbol{\mu}$ 与 Σ 的值，那么这就相当于在风险因子的变化为平稳序列的隐含假设前提下，对非条件损失分布进行分析。

若将数据看成是来源于某个多元时间序列，且假设 $\boldsymbol{X}_{t+1} \mid \mathcal{F}_t \sim N_d(\boldsymbol{\mu}_{t+1},\Sigma_{t+1})$（其中，$\boldsymbol{\mu}_{t+1}$ 和 Σ_{t+1} 表示到时刻 t 为止所有信息已知的条件下，分布的条件均值和条件协方差矩阵），则该方法就变成了与条件分布相关的方法了。我们用预测的方法得到这些矩的估计值来代替(2.3.2)中的

值。这可能会涉及时间序列模型的估计方法，如多元 GARCH 模型，及基于模型的预测方法的运用。或者在 J. P. 摩根的 Risk Metrics 中广为使用的指数加权移动平均(EMMA)方法的使用。

该方法有以下缺点。方差—协方差法给风险度量问题提供了一个简单的分析方法，但它是以两个粗糙的、简化的假设条件为前提的。第一，在前面的章节中已经提到过，真实损失分布与风险因子变化之间并非呈线性关系。第二，对于日数据来说，对其风险因子的变化服从正态分布的假设显然是不现实的，且这种假设对于周数据甚至是月数据也有可能是不合理的。金融实证分析中的事实表明，金融风险因子收益的分布相对于高斯分布来说往往都是尖峰厚尾的。这说明对风险因子服从高斯分布的假设将会低估损失分布的尾部及基于该尾部的风险度量(如 VaR 和 ES)的值。

该缺点在方差—协方差法作为与条件分布相关的方法时同样存在。即使用确定的时间序列来对收益数据进行建模，大多数分析仍表明，在给定到现在时刻为止所有信息的条件下，下一时间段风险因子变化的条件分布并不服从多元高斯分布，而是边际分布具有厚尾特性的某种分布。换句话说，时间序列模型的更新分布相对于正态分布来说，是一种厚尾分布。

该方法扩展如下。该方法的便利性体现在多元高斯向量的线性组合服从单变量高斯分布。然而，还有很多其他的多元分布族在线性算子下也具有封闭性，因此，方差—协方差法对于这些类型的分布族也是适用的。如多元 t 分布和多元广义双曲线分布等。

下面我们来看这样一个例子。假设用服从多元 t 分布的随机向量 $\boldsymbol{X}_{t+1} \sim t_d(\nu,\boldsymbol{\mu},\Sigma)$ 来对风险因子的变化(无论是非条件的还是条件的)进行建模，则有

$$L_{t+1}^{\Delta} = l_{[t]}^{\Delta}(\boldsymbol{X}_{t+1}) \sim t(\nu, -c_t - \boldsymbol{b}'_t\boldsymbol{\mu}, \boldsymbol{b}'_t\Sigma\boldsymbol{b}_t), \tag{2.3.3}$$

且可由式(2.2.5)和(2.2.9)计算得到其风险度量的值。

2.3.2 历史模拟法

与基于 $\boldsymbol{X}_{t+1}$ 的某种具体参数模型对 $L = l_{[t]}(\boldsymbol{X}_{t+1})$ 的分布进行估计不同，历史模拟法可以看成是在数据 $\boldsymbol{X}_{t-n+1}, \cdots, \boldsymbol{X}_t$ 的经验分布下，对损失算子的分布进行估计。该方法可以利用损失算子的相关符号进行简单的描述，我们通过将算子应用到风险因子变化向量的每个历史观测值中来构造一个单变量数据集，从而得到历史模拟的一系列损失：

$$\{\widetilde{L}_s = l_{[t]}(\boldsymbol{X}_s): s = t-n+1,\cdots,t\}. \tag{2.3.4}$$

L_s 的值表示第 s 天的风险因子变化再次发生的条件下，当前交易组合将会发生的变化。利用这些历史模拟数据，我们可以对损失分布及风险度量的值进行推断。

历史模拟法是一种非条件方法。如果我们假设风险因子变化过程是具有分布函数 $F_{\boldsymbol{X}}$ 的平稳过程，则（在进一步的技术条件下）该数据的经验分布函数是 $F_{\boldsymbol{X}}$ 的一个一致估计。因此数据 $\widetilde{L}_{t-n+1,\cdots,t}$ 的经验分布函数是 $F_{\boldsymbol{X}}$ 下 $l_{[t]}(\boldsymbol{X})$ 分布函数的一个一致估计。更正式地，可以利用关于时间序列的强大数定律表示如下：当 $n \to \infty$ 时，

$$\begin{aligned} F_n(l) := \frac{1}{n}\sum_{s=t-n+1}^{t} I_{\{\widetilde{L}_s \leqslant l\}} = \frac{1}{n}\sum_{s=t-n+1}^{t} I_{\{l_{[t]}(\boldsymbol{X}_s)\leqslant l\}} \\ \to P(l_{[t]}(\boldsymbol{X}) \leqslant l) = F_L(l), \end{aligned}$$

其中 $\boldsymbol{X}$ 是分布为 $F_{\boldsymbol{X}}$ 的风险因子变化的一个一般向量，$L := l_{[t]}(\boldsymbol{X})$ 。

在实践中，利用历史模拟损失数据的方式有很多。利用经验分位数估计法对 VaR 的值进行估计是常见的一种方式，在这种方式中，我们利用数据的样本分位数来对损失分布的理论分位数进行估计。若用 $\widetilde{L}_{n,n} \leqslant \cdots \leqslant \widetilde{L}_{1,n}$ 表示（2.3.4）中数据的次序值，则 $VaR_\alpha(L)$ 的估计值可写成 $\widetilde{L}_{[n(1-\alpha)],n}$ ，其中 $[n(1-\alpha)]$ 表示不超过 $n(1-\alpha)$ 的最大整数。

例如，若 $n=1000$ ，$\alpha=0.99$ ，我们就可以用上述数据从大到小排列后的第十个数值来作为 VaR 的估计值。为了估计对应的 ES 值，由（2.2.10）式可知，我们可以利用该数据从大到小排列的前十个数值的平均值来对其进行估计。作为替代方法，对于足够大的 n ，可以拟合出（2.3.4）式中数据的参数单变量分布，并以此计算风险度量。

方法的优缺点。历史模拟法有着明显的优点：简单易行，将风险度量估计问题简化为一维问题；不需要估计 $\boldsymbol{X}$ 的多元分布，也不需要对风险因子变化之间的相依结构进行假设。

然而，这个方法成功与否极大程度上要依赖于我们大量采集所有风险因子同期相关数据的能力。当风险因子的历史数据存在缺口，或者建模过程中有新的风险因子加入时，就存在对缺口进行填补及对历史数据进行补充的问题。这些问题会导致 n 的有效值减少，也就意味着对 VaR 和 ES 的经验估计精确度很差。由于该方法是一种非条件方法，故在理想情况下，我们希望 n 足够大且历史数据的记录中存在较多极端情况，从而能够提供

损失分布尾部估计的更多信息。该方法的这个显著缺点在所有纯粹的统计方法都存在，它可以通过将历史极端事件加入到已知数据库中或构造相关极端情境来解决。

该方法是一种非条件方法，这一事实可以看作是其另一个缺点，因为在前面的章节中我们已经讲过，在日常的市场风险管理中，条件方法通常更适用。

方法扩展。VaR 和 ES(特别是 ES)的简单经验估计很大程度上是不准确的，尤其当 n 不足够大(也就是说只有几年时间内的历史日数据)时。不仅如此，对历史模拟数据的单变量参数分布进行拟合的做法可能无法得到对尾部估计效果特别好的模型，而我们对风险度量的估计正好是通过尾部来计算的。对该问题的一个可行解决方案就是利用极值理论(EVT)的相关技术来对损失分布的尾部进行估计，在估计的过程中，尽可能地将大多数极端数据利用起来，并根据该理论运用参数形式来进行估计。

在历史模拟的基本模板下发展条件方法是可能的。其中一个简单的方法就是对式(2.3.4)中的历史模拟数据建立一个单变量时间序列模型，并利用该模型对损失 $L_{t+1} = ;_{[t]}(\boldsymbol{X}_{t+1})$ 的条件估计进行计算。确切地说，这并不是我们前面定义的严格的条件方法，因为在这里我们考虑的不是由 $(\boldsymbol{X}_s)_{s\leqslant t}$ 生成的 σ 域 $\mathcal{F}_t$ 已知的条件下 L_{t+1} 的条件分布，而是由 $(l_{[t]}(\boldsymbol{X}_s))_{s\leqslant t}$ 生成的 σ 域 G_t 已知的条件下的条件分布，而后一 σ 域比前者所包含的信息要少。然而在实际中，这种简单的方法通常有较好的效果。

2.3.3 蒙特卡罗法

蒙特卡罗法是一个通用名词，该名词适用于任何涉及对风险因子变化的具体参数模型进行模拟的风险度量方法。由此，该方法既可以是条件的，也可以是非条件的，这取决于对风险因子变化所采用的模型是动态时间序列模型还是静态分布模型。

该方法的第一步是对风险因子变化的历史数据 $\boldsymbol{X}_{t-n+1},\cdots,\boldsymbol{X}_t$ 进行模型选择并对该模型进行优化。显然，所选择的模型应该是一个比较容易对其进行模拟的模型，因为在第二步我们要产生下一时间段风险因子变化的 m 个相互独立的数据 $\widetilde{\boldsymbol{X}}_{t+1}^{(1)},\cdots,\widetilde{\boldsymbol{X}}_{t+1}^{(m)}$ 。

与历史模拟法类似，我们将损失算子应用到上述模拟产生的各风险因子变化向量中，从而得到损失分布的模拟数据 $\{\widetilde{L}_{t+1}^{(i)} = l_{[t]}(\widetilde{\boldsymbol{X}}_{t+1}^{(i)}: i = 1,\cdots,$

$m\}$ 。这些模拟的损失数据用于对风险度量进行估计，通常情况下，可以通过前面介绍的简单经验分位数以及经验损失来估计，同时我们也可以通过对模拟损失数据的尾部进行单变量分布拟合，或利用极值模型对其进行建模的方式来估计。在蒙特卡罗法的使用过程中，我们可以在限定的计算时间范围内自由选择 m 的值。一般情况下，可以选择远大于 n 的 m 值，以便得到比历史模拟法中更精确的经验 VaR 和经验 ES 的估计值。

方法的缺点。该方法没有对 $\boldsymbol{X}_{t+1}$ 建立多元变量模型，因此所得到的任何结果的好坏均依赖于所选取的模型。在市场风险环境下，需要构建动态模型，此时可以考虑具有厚尾多元条件分布的类似于 GARCH 的结构模型，如多元 t 模型等。

对于大的交易组合，蒙特卡罗法的运算成本很大，因为每一次模拟都需要重新计算交易组合的价值。该问题在交易组合包含许多衍生品而不能以封闭形式定价时显得尤为突出。

2.3.4　多期损失分布的风险度量及缩放

迄今为止我们已经讨论了单期损失的分布及相应的风险度量问题。很多情况下，我们需要通过单期损失的风险度量模型推出针对多期损失分布的风险度量模型。例如，假设我们对日风险因子变化进行建模，以便对日 VaR 和预期亏损的值进行计算。同时，我们也想要得到交易组合在该时间段内保持不变的假设条件下，一周或者一个月损失分布的 VaR 和 ES 估计值。

显然，我们可以将风险因子变化的多期日数据聚集起来得到频率较低的风险因子变化数据，再利用这些数据得到上述一周或一个月损失分布的一期估计值。这会导致数据量的减少，同时也需要对聚集的数据进行额外的分析。对于前一个问题，可以通过构造重叠的风险因子收益来解决，但我们并不推荐这种方法，因为这需要对数据序列间的相关性进行度量，从而极大地增加统计建模的复杂度。

缩放。若能找到将单期风险度量转化为 $h(h>1)$ 期风险度量的简单规则，这对所有风险管理者来说都具有极大的吸引力。将从时刻 t 开始，到时刻 $t+h$ 之间的损失用 $L_{t+h}^{(h)}$ 来表示，则有

$$
\begin{aligned}
L_{t+h}^{(h)} &= -(V_{t+h} - V_t) = -(f(t+h, \boldsymbol{Z}_{t+h}) - f(t, \boldsymbol{Z}_t)) \\
&= -(f(t+h, \boldsymbol{Z}_t + \boldsymbol{X}_{t+1} + \cdots + \boldsymbol{X}_{t+h}) - f(t, \boldsymbol{Z}_t)) \\
&=: l_{[t]}^{(h)}\left(\sum_{i=1}^{h} \boldsymbol{X}_{t+i}\right)
\end{aligned}
$$

其中，$l_{[t]}^{(h)}$ 表示在 t 时刻时间区间为 h 的损失算子。但是怎样将风险度量应用到跨越了 h 个时间段的损失 $L_{t+h}^{(h)}$ 的分布中去，除了一些特殊的例子外，该问题还没有合适的解决方案。

若风险度量的映射很明显地依赖于时间（如衍生品交易组合），则 h 期的损失算子与一期的损失算子不同。为了简化，我们假设映射不依赖于时间，即有 $l_{[t]}^{(h)}(\boldsymbol{x}) = l_{[t]}(\boldsymbol{x})$ 。则该算子的线性形式为 $l_{[t]}^{\Delta}(\boldsymbol{x}) = \boldsymbol{b}'_t\boldsymbol{x}$ ，其中 $\boldsymbol{b}_t$ 在时刻 t 已知。现在我们来看一个较为简单的、将风险度量的缩放应用到线性化损失分布中的问题：

$$
L_{t+h}^{(h)\Delta} = l_{[t]}^{\Delta}\left(\sum_{i=1}^{h} \boldsymbol{X}_{t+i}\right) = \sum_{i=1}^{h} \boldsymbol{b}'_t\boldsymbol{X}_{t+i}.
$$

下面的例子给出了特殊情况下，一个较为简单的缩放规则，我们将其称为时间平方根缩放规则。

例 2.3.1（时间平方根缩放） 假设风险因子变化向量是独立同分布的，分布为 $N_d(\boldsymbol{0}, \Sigma)$ 。则 $\sum_{i=1}^{h} \boldsymbol{X}_{t+i} \sim N_d(\boldsymbol{0}, h\Sigma)$ ，且（2.3.3）式中 $L_{t+h}^{(h)\Delta}$ 的分布（无论是条件的还是非条件的）满足 $L_{t+h}^{(h)\Delta} \sim N(0, h\,\boldsymbol{b}'_t\Sigma\boldsymbol{b}_t)$ 。由（2.1.9）及（2.2.8）式，再根据时间的平方根 $(\sqrt{h})$ 即可得到该分布分位数和预期亏损的缩放值。如用 $ES_\alpha^{(h)}$ 表示预期亏损，则有

$$
ES_\alpha^{(h)} = \sqrt{h}\sigma\,\frac{\phi(\Phi^{-1}(\alpha))}{1-\alpha},
$$

其中 $\sigma^2 = \boldsymbol{b}'_t\Sigma\boldsymbol{b}_t$ 。显然，$ES_\alpha^{(h)} = \sqrt{h}ES_\alpha^{(1)}$ ，且运用类似的符号，我们可以得到有 $VaR_\alpha^{(h)} = \sqrt{h}VaR_\alpha^{(1)}$ 。

该缩放规则在实际中经常用到，且在方差—协方差方法中很容易实施。然而，一般情况下风险因子变化的实际数据往往既不满足高斯分布的假设也不满足独立同分布的假设。在实证金融中，尽管金融风险因子的变化序列之间具有很低的相关性，但它们的波动率是变化的，这与独立同分布的模型是不一致的。为了对风险因子变化的数据建立合适模型，我们需要利用动态时间序列模型，如 GARCH 族的相关模型。然而，对这些模型下的风险度量如何缩放的问题知之甚少。若考虑 h 期损失 $L_{t+h}^{(h)}$（或其线性形式）的分布，则将风险度量的缩放应用到该分布中还依赖于我们考虑的

是无条件分布还是给定 $\mathcal{F}_t$ 条件下的条件分布。尽管几乎没有现存的理论可以对上述任何一个问题进行解释，但实证研究表明真正的缩放规则与时间平方根缩放是很不一样的。

我们可以利用蒙特卡罗法来选择 h 期损失分布的风险度量。假设有一个风险因子变化的模型，这个模型在非条件分析中为分布模型，条件分析中为动态模型。

在动态模型中，我们对过程 $\widetilde{\boldsymbol{X}}_{t+1}^{(j)},\cdots,\widetilde{\boldsymbol{X}}_{t+h}^{(j)}(j=1,\cdots,m)$ 的未来路径进行模拟，其中，m 是一个事先确定的表示重复次数的较大值。(在非条件情况下，只需要对某个多元分布进行简单的模拟。)再将这些模拟数据代入 h 期损失算子中，得到基于蒙特卡罗法的模拟损失数据为：

$$\{\widetilde{L}_{t+h}^{(h)(i)}=l_{[t]}^{(h)}(\widetilde{\boldsymbol{X}}_{t+1}^{(i)}+\cdots+\widetilde{\boldsymbol{X}}_{t+h}^{(i)}):i=1,\cdots,m\}$$

与前面章节中介绍的一样，我们可以利用这些模拟的损失数据对损失分布及相关的风险度量进行统计推断。

2.3.5　回测

关于在 t 时刻对下一时间段内损失分布的风险度量进行估计的标准方法，我们已经在前面的章节中探讨过。当这些方法不断地被应用于实际中时，我们就可以对这些方法的性能进行检测，并对它们的相关性能进行比较。这种检测过程称之为回测。

假设在 t 时刻我们对一期和 h 期的 VaR 和预期亏损都进行了估计，并用 VaR_α^t 和 ES_α^t 表示一期风险度量的真实值，$VaR_\alpha^{t,h}$ 和 $ES_\alpha^{t,h}$ 表示 h 期风险度量的真实值。它们可能是非条件的风险度量，也可能是条件的风险度量，但在这里我们不做具体的说明。在 $t+1$ 时刻我们可以将一期估计值与真实值进行比较；同样地，在 $t+h$ 时刻我们也可以将 h 期的估计值与真实值进行比较。

由 VaR 的定义(且假设损失分布连续)，我们有 $P(L_{t+h}>VaR_\alpha^{t,h})=1-\alpha$，因此大于 VaR 的概率为 $1-\alpha$。实际中，需要利用数据对风险度量进行估计，记 $\widehat{VaR}_\alpha^t$ 及 $\widehat{VaR}_\alpha^{t,h}$ 分别为 $V_aR_\alpha^t$ 及 $V_aR_\alpha^{t,h}$ 的估计值，下面我们引入拒绝 VaR 估计的示性符号：

$$\hat{I}_{t+1}:=I_{\{L_{t+1}>\widehat{VaR}_\alpha^t\}},\hat{I}_{t+h}^{(h)}:=I_{\{L_{t+h}^{(h)}>\widehat{VaR}_\alpha^{t,h}\}}$$

我们希望在估计方法合理的条件下，这些示性变量类似于成功率(即大于 VaR 值)接近 $1-\alpha$ 的伯努利随机变量。若将 VaR 的预测值与对应的真实损失值进行比较，则我们期望真是损失值超过 VaR 预测值的比例大约是 $1-\alpha$ 。

我们可以在更具体的情形下对此做进一步的解释。例如，若利用动态方法对一期条件 VaR 进行一步估计，则我们期望上式中的示性变量类似于期望为 $1-\alpha$ 的独立同分布伯努利随机变量；m 期估计值对应的示性变量应为期望值为 $m(1-\alpha)$ 的二项分布。

我们同样希望能对预期亏损的估计值进行回测。为了简化问题，我们考虑一期预期亏损的估计值，由前面的引理可知，对于连续性损失分布，有

$$E((L_{t+1}-ES_{\alpha}^{t})I_{\{L_{t+1}>VaR_{\alpha}^{t}\}})=0,$$

即我们只需关注大于 VaR 的那些损失值与 $\widehat{ES}_{\alpha}^{t}$ 的差 $L_{t+1}-\widehat{ES}_{\alpha}^{t}$ 。

2.4 几种不同类型风险度量的相关研究

2.4.1 市场风险度量的相关研究

对市场风险度量的研究自金融市场的形成就开始了。在有关市场风险度量的研究中，随着对各种度量方法、工具和模型研究的不断深入，得到的结论逐渐增多，形成的理论体系也日益成熟。当然，其中有很多度量工具和方法在对其他风险进行度量的过程中也是适用的。关于风险度量工具的发展过程，可以以 Markowitz(1952)提出的均方差模型为起点。在该模型中，资产组合的风险由其方差来表示。随后，又相继出现了灵敏度法、VaR 法、ES 法等。所有这些风险度量的工具都适用于市场风险，只是在应用的过程中，采取的模型和计算的方法过程不一样而已。

由于市场的波动通常体现在市场中各基础金融产品(股票指数、证券价格等)收益率的波动上，因此，在对市场风险度量进行研究的过程中，经常会用到时间序列中的模型来对市场波动率或者基础金融产品的收益率进行建模。如 Fama(1981)以及 Umstead(1997)就在 GARCH(1,1) 模型的基础上对股价与美国通货膨胀率之间的关系进行了研究，并得出了它们之间呈负相关关系以及股价与 GDP 之间的关系为正相关的结论。以该结论为基础，可以对市场风险的影响因素进行推断和分析。Morelli(1998)在对股票市场的波动受宏观经济变量的影响状况进行研究的过程中，也利用

ARCH模型对英国数据进行了分析，得到就英国数据而言，股价波动受宏观经济变量的影响不大的结论。此外，Melike等(2009)、Agnolucci(2009)以及Nadarajah等(2015)等均利用GARCH模型对原油市场、股票市场、黄金市场等的波动性及不同商品收益波动之间的关系进行了研究。Hou等(2010)还利用非参数GARCH模型对石油价格收益率的波动进行了研究。Wang等(2012)以GARCH模型为基础，对能源市场的波动性进行了分析和预测，并将多元模型与单变量模型进行了对比。在对市场风险进行研究的过程中，一般都是以时间序列数据为样本数据进行研究的。因此，利用时间序列模型对市场风险相关问题进行研究的成果非常多，远远不只上面几个。本文在对混业经营下市场风险度量的实证研究中，也用到了时间序列模型对相关数据进行了处理。除了时间序列模型以外，在对市场风险进行度量的过程中，还经常会以统计中的贝叶斯方法为基础建立合适的模型来对风险度量各方面的内容进行分析和探讨。这些研究通常是以Box(1973)以及Tiao (1992)给出的有关统计分析中的贝叶斯推断的相关内容为基础的。其中，Fernandez (1998)利用贝叶斯模型对市场风险度量中经常会遇到的具有厚尾有偏特性的分布函数进行建模。类似的研究还有Naranjo (2014)、Chan (2006)、Dowd(2005)、胡俊娟(2015)、Hu (2016)等，其中，Dowd(2005)对市场风险度量的相关内容进行了比较详细的介绍。

在对各金融风险进行度量的过程中，常常以前面介绍过的VaR作为风险的度量。对市场风险和操作风险度量的研究也是如此。到目前为止，以VaR为工具对市场风险度量进行研究的成果也有很多。其中，Cassidy(1997)对市场风险度量中VaR模型的应用及其在市场风险度量中的表现进行了研究。Suarez(2003)则对包括VaR在内的市场风险度量和管理工具进行了分析和研究。Tardivo(2002)提出了一套利用VaR方法对市场风险进行管理的标准程序。Giot (2003)提出了与商品市场中具有长头寸和短头寸的大宗商品员相关的VaR模型，并根据对实际样本数据的实证研究，对风险度量工具等模型进行了评估。Harald (2014)在市场波动的长记忆具有不变性的前提下，对多期市场风险进行了预测。提出了对市场波动率进行预测的模型和方法，并根据该方法对市场波动的历史数据进行了实证分析，得到市场风险的VaR值。而Sitima (2015)则对VaR以及ES两种风险度量方法在新兴市场的投资组合分配中的灵敏度进行了研究，利用基于不同场景的模型对VaR以及ES进行了计算，并对这些模型在不同市场条件下的预测能力进行了分析。得出在相同情形下的市场风险度量中，ES法比VaR法对风险的容忍度差的结论。Andriosopoulos等(2015)通过对能源价格风险的 VaR 值和 ES 值的计算，提出了一系列的 VaR 模型。在对 VaR 的计算中，引入了蒙特卡罗模拟法和给予历史模拟的混合 MC 方法，并通过实证研究对文中提出的所有 VaR 模型进行了验证。类似的研究还有 Cabedo (2003)、Giot (2004)以及 Hung (2008)等。

此外，在对市场风险进行度量的过程中，也常常会利用 Copula 函数的性质，对不同风险因子间的相关关系进行刻画，并将其与一般的风险度量工具相结合，得到最终的风险值。在后面的章节将会对 Copula 函数的定义和性质进行介绍。在对混业经营下金融机构面临的市场风险进行度量的研究过程中，也用到了 Copula 函数的性质，并将其与 VaR 结合起来，得到对市场风险进行度量的模型。在大多数将 Copula 函数应用到风险度量的研究中，都是将其与 VaR 结合来对风险进行度量的。如 Ruschendorf (1982)、Denuit (1999)和 Embrechts (2003)等都是利用 Copula 函数的性质，对不同情形下相依风险因子和的分布函数进行研究的。根据 Copula 函数的性质，得到不同情形下相依风险因子和的分布函数界，再由分布函数的界得到对应的 VaR 值的范围。类似地，Kaas (2009)根据 Copula 函数的性质，对边际分布已知且相依结构的非参数信息也可获取的二维随机变量函数的 VaR 上界进行了研究。还对尾部 VaR 的相同问题进行了简要的探讨。Wang 等(2011)在边际分布函数相同，且其密度函数在其支撑上不仅单调还满足均值条件的情形下，也利用 Copula 函数对 n 维相依风险因子和的分布函数进行了计算，得到了其分布函数及对应的 VaR 值的界。Puccetti(2012)对边际分布函数已知的相依随机变量函数的分布上下界进行了研究。

在 Copula 函数的基础上，给出了计算其分布函数更加精确的上下界的新算法，且证实与已有的相关文献相比，该算法得到的上下界更具有适用性，更加准确，也更加容易获取。Hennessy(2002)则对阿基米德 Copula 在资产配置模型中的应用进行了研究。与其类似地，Vacca(2008)则对于给定指数投资组合的损失分布函数对应的阿基米德 Copula 族进行了探讨。并在此基础上给出了相关的结论和寻找适合指定投资组合损失分布函数的 Copula 的方法。最近几年，有关 Copula 函数在风险度量研究中的应用仍然受到了广泛的关注，其中，Embrechts 等(2013)利用 Copula 函数的性质以及数理统计的方法，计算得到了二维相依风险因子和的 VaR 的上下界，以及齐次情形下和非齐次情形下三维及以上相依风险因子和的 VaR 的上界。在此基础上，Wang 等(2013)得到了任意边际分布函数下 n 维相依风险因子和的分布函数的界，并提出了联合可混分布函数的概念，以及借助于此分布函数使得上述相依风险因子和的分布函数达到其上下界的充分必要条件。Luo 等(2015)更是针对非对称的相依结构以及结构转换过程,建立了对金融风险传递进行度量的动态马尔可夫结构转换 Copula (MRS-Copula)模型。利用该模型对 1997 到 2015 年间国际股票市场的指数数据的日下尾部相依进行了分析,并通过分析表明在中国的人民币汇率系统改革后,中国股票市场与其他国际股票市场之间的金融风险传递性是存在的。且对中国股票市场内的金融风险传递渠道来说,基本的经济联系比流动性、信息及其他因素起着更重要的作用。类似的研究还有 Joe (2010), Heilpern (2011), Skoglund (2013), Hashorva (2013), Bernard (2014)以及 Zhou (2016)等。另外,McNeil 等(2005)给出了定量风险管理的各种方法和模型,对包括 Copula 函数、极值理论等风险度量中用到的各种方法和工具进行了比较详细的介绍。

除了上述介绍的有关 Copula 函数在风险度量中的应用研究以外,最近几年来,还有一种比较特殊的 Copula 函数在风险度量中的应用也越来越广泛,那就是藤 Copula 函数。作为一种结构特殊的 Copula 函数(其定义和性质将会在下面的章节中详细介绍),由于其相对于传统的多元 Copula 函数来说,在对多元变量之间的相依结构进行描述时更加灵活,也更能够反映实际情况,并且操作也很简单直观,除此之外,它还可以反映出两两变量之间相依结构的不一致性和非对称性等特征。因此,其在风险度量的相关研究中应用得越来越频繁。Bedford 和 Cooke(2001,2002)以及 Aas (2009)等对藤 Copula 的构建、参数估计以及数据模拟方法分别作了详细的介绍。Mendes 等(2010)利用 D 藤 Copula 结构构建多变量联合分布,对投资组合有效边界问题做了尝试性研究。Guo(2013)在藤 Copula 的基础上,对中国股票市场中不同风格资产之间的相依关系进行了实证研究,并根据 C 藤 Copula 模型和 D 藤 Copula 模型的拟合效果对这两种藤 Copula 模型进行了综合比较,以选出最好的模型。由实证结果得到,中国股票市场中这些不同风格资产的相依具有结构差异性,D 藤 Copula 模型对这些风格资产间的相依结构描述得最好。李磊等(2013)将 C 藤 Copula 应用到了对市场风险进行度量和预测的实证研究中,给出了以 C 藤 Copula 为基础的对风险度量工具条件 VaR 进行估计的模型和方法,并通过对不同股票指数和贵金属价格的实证研究表明,该模型对 VaR 的计算和预测方面比传统的历史模拟法等更好。杜子平等(2013)也以 C 藤 Copula 为基础,以 VaR 为度量工具,并结合蒙特卡罗模拟法对外汇资产组合的风险值进行了度量。类似的研究还有 Berg(2009)、Fischer (2009)以及 Brechmann (2012)等,他们都对藤 Copula 的相关内容进行了研究。通过各研究分析表明，由 Pair-Copula 构建的 Vine-Copula 模型可以更好地拟合多变量金融数据。在对混业经营下市场风险进行度量的实证研究中，就是以藤 Copula 为基础来建立模型的。

2.4.2 聚合风险及其度量的相关研究

在对混业经营下市场风险进行度量的过程中，还用到了聚合风险的概念及相关内容的研究结论。所谓聚合风险指的是投资组合或者说资产组合的总体风险，且该资产组合所包含的内容往往比较丰富，甚至为一整个金融企业的所有类型风险资产的所有头寸的组合。对聚合风险的研究主要包括对聚合风险度量的研究以及聚合风险下资产分配的研究等。由于在混业经营下，金融机构所面临的风险头寸数量更加庞大，种类更加繁多，因此，根据聚合风险的定义以及混业经营下金融机构所面临风险的特征，将混业经营下市场风险的度量看成是对聚合风险进行度量的问题是合理的。对聚合风险度量的相关研究主要是以 VaR 为风险度量的工具，将 Copula 函数作为度量模型和方法来进行的。

如 Junker 等(2005)就以 Copula 函数为基础，提出了一种转换的 Copula 模型对聚合金融风险的度量进行了研究。该转换的 Copula 模型不仅能够较好地对数据进行拟合，还能够对样本数据分布的尾部进行准确的预测。研究结果表明，该新模型在以 VaR 或者 ES 为工具的风险度量中，比一般的模型如 *t Copula* 或者 *Clayton Copula* 模型更好。除此之外，还利用不同的方法对拟合优度进行了检验，从而对估计的结果进行了评估。*Côte* 等(2014)提出了对聚合风险进行研究和分析的一种比较灵活的模型。该模型由树结构、双变量 Copula 以及边际分布函数组成，其构建依赖于条件相依的假设。对该模型的估计、模拟以及模型有效性等方面的内容都进行了研究和分析。Dhaene 等(2014)给出了对聚合风险度量中，对多元相依进行度量的一种新的方法。该方法与其他多元相依度量的不同之处是，其关注的焦点是聚合风险而不是 Copula 或者联合分布函数本身。对该新的度量方法的几个特殊的性质进行了证明，且对该方法与其他相依度量方法之间的关系进行了讨论。同时，有关该度量的估计以及实例和数值结果也在文中给出。Wang 等(2015)提出了具有给定边际分布的随机变量的极值负相依序列的概念。该新概念及由其推导的结果可用于计算相依结构未知的聚合风险的近似界。Li 等(2015)则对银行业包括信用风险、市场风险、操作风险在内的聚合风险进行了度量。对该聚合风险度量的方法和模型进行了分析和探讨，并将简单的求和法、方法—协方差法以及 Copula 方法进行了综合的比较。除此之外，还通过实证分析对一些已知的事实进行了确认并得到了一些有趣的结论，这些结论和事实表明简单的求和方法过于保守，方差—协方差法过于乐观，而 Copula 方法才是银行聚合风险研究的未来发展趋势。Mainik(2015)对聚合风险度量中常用到的多元分布模型的收敛性进行了研究。该多元分布模型是以边际分布函数为经验分布的 Copula 函数为基础建立的。类似的有关聚合风险度量的研究还有很多，如 Leonard (2012)、Chen (2012)、Brockmann (2010)等。

2.4.3　操作风险及其度量的相关研究

一般情况下，操作风险都是对商业银行而言的。根据巴塞尔银行监管委员会的定义，它指的是由于不完善或者有问题的内部操作过程、人员、系统或外部事件而导致的直接或间接损失的风险。对商业银行来说，操作风险是伴随着它的存在而存在的，因此，自世界上第一所银行成立开始，操作风险就随之产生。然而，与市场风险相比，人们对操作风险的注意和研究相对较晚，直到 20 世纪 80 年代人们才开始对其重视起来。由于有关操作风险发生的原因、规模、损失程度等各方面的信息往往只能通过报纸、电视新闻等公共媒体渠道或者相关机构专门调查的结果来获取，因此，对于操作风险来说，能获取的可以用来进行研究和分析的相关数据或者信息与市场风险比起来要少得多。不过，仅仅从这些能获取的数量并不十分庞大的信息中，就足可以看出操作风险的发生给银行机构带来的不可忽视的甚至是毁灭性的影响。

2008 年，巴塞尔委员会(BCBS，2009)对全世界 17 个不同国家共计 121 所银行机构的操作风险损失事件进行了调查。调查显示，所有这些被调查的银行报告的操作风险损失事件一共有 1060 万次，比 2002 年的 47 269 次要多得多。仅从这种事件发生的数量上来看，在短短几年内由几万次增长到一千多万次的大幅度增量就足以让人们震惊，而事件发生给银行机构带来的惨重损失，更是成功地吸引了人们的注意，让人不得不对其足够的重视。1995 年巴林银行因为操作风险事件而倒闭，2008 年法国兴业银行由于操作风险事件的发生而导致其蒙受了 49 亿欧元的损失。上述两个事件是整个国际金融界内操作风险损失事件中最具有代表性的。虽然并不是每次操作风险发生时都会给银行机构造成如此惨烈的损失，但是操作风险事件对银行机构的破坏力绝对是不容小觑的。Hull(2007)在其专著中就提到过,由于操作风险而给银行带来的损失超过1亿美元的事件就曾发生过100多次。当然,这些事件包括上面提到的两个最具代表性的事件。当然,也可以通过各公共媒体渠道,如电视、网络新闻、报纸等获得有关操作风险的各种信息。但是,由于新闻媒体对所报道的新闻具有选择性,在同期新闻中可能不会对有关银行操作风险损失事件的新闻进行报道,或者银行机构出于保护自身信誉等原因对银行内发生的操作风险损失事件进行隐瞒或回避,导致获取相关资料的难度性增大,能获取到的相关资料较少。根据谢恒等(2010)所撰写的文章可知,就中国农业银行而言,其每年由于操作风险而造成的损失就有几百亿元。另外,裴晓兰(2010)报道指出,北京农商行被贷款人骗贷7.08亿元。而根据邵蔚(2011)的报道,2010年齐鲁银行由于外部人士伪造金融票据等犯罪手段陷入金额高达10亿到15亿元的操作风险事件中。

上面提到的各银行操作风险损失事件只能算是所有此类事件中的九牛一毛,然而,仅从这些触目惊心的事件中就可以看出对操作风险进行恰当的管理是银行业不可忽视和亟待解决的问题。由此,《巴塞尔新资本协议》的最后版本中,特意将操作风险也纳入到了银行资本的监管中,并将其与另外两个主要风险(市场风险和信用风险)并列,使得这三种风险成为金融机构面临的主要风险。从操作风险的提出至今,关于其度量的研究有很多。许多学者一直致力于为操作风险的度量提供更有效的方法,如Cornalba等(2004)在贝叶斯网络的基础上,提出了对操作风险进行度量和预测的统计方法,并给出了自己的建议。Chapelle等(2008)则以高级度量方法(AMA)为基础,对操作风险度量和管理的实用方法进行了研究,给出了对操作风险进行度量的实证研究,并以实证研究的结果为依据,给出了对操作风险进行管理的建议。Figini等(2013)将贝叶斯方法与损失数据的自我风险评估相结合,对操作风险的度量和评估进行了研究。此外,Cruz(2002)、Degen等(2007)、Director等(2012)等都对操作风险度量的模型和方法进行了研究。

近年来,各研究者们在对操作风险度量的研究中,使用得最多的是极值理论和损失分布法。本文在对混业经营下商业银行操作风险的度量中,也是以极值理论为基础的。有关极值理论在操作风险度量中应用的研究有很多,如Embrechts(2003, 2006)利用多维极值理论对操作风险进行了度量,并得出极值理论对操作风险的度量效果较好的结论。Moscadelli(2004)则在极值理论的基础上,对巴塞尔银行监管委员会统计的47000个操作风险损失事件的数据进行了分析，得到 GPD 对操作风险上尾分布拟合性很好的结论。Patrick(2006)基于极值理论和公开的极值数据对操作风险进行了度量，并得出与市场风险资本金相比，操作风险资本金要大得多的结论。Yao 等(2013)基于极值理论中的峰值方法对 CVaR 风险度量模型和商业银行操作风险的度量进行了研究。此外，Embrechts 等(2007)以及 Li 等(2013)都对极值理论在商业银行操作风险度量中的应用进行了研究。其中，Li 等(2013)还对极值理论在操作风险中的整个应用过程和方法体系进行了详细介绍。Rocco(2014)也对极值理论在实际中的应用进行了探讨，利用极值理论对样本数据的 VaR 和 ES 值进行了计算，并对特殊情况下的市场间风险传递性和相依性进行了分析。类似的研究还有很多，如 Omar (2008)、Teply(2012)、Yao (2012)等。而在 Annalisa 等(2003)的研究中，通过将极值理论与 Copula 函数结合起来，给出了对银行操作风险进行度量的模型，并运用蒙特卡罗模拟法，对操作风险的损失分布函数以及相应的风险值(VaR、ES)进行了计算。将极值理论与 Copula 函数相结合，在对商业银行操作风险进行度量的研究中并不罕见。特别是在对操作风险事件按其事件类型或者其他因素进行分类，再对总体操作风险进行度量的研究过程中，这种方法应用得很广泛。

在对混业经营下商业银行操作风险度量的研究中，也是将极值理论和 Copula 函数结合起来对总体操作风险进行度量的。在研究的过程中，充分借鉴了已有的关于 Copula 函数在操作风险度量中的应用以及 Copula 函数与极值理论结合起来在操作风险度量中的应用等研究的结论。到目前为止，有关 Copula 函数在操作风险度量中应用的研究有很多，如 Dalla 等(2008)对操作风险度量的统计方法进行了研究和探讨，提出利用 Copula 分布对高维操作风险变量之间的相依关系进行描述的方法。Luciana(2009)对贝叶斯 Copula 分布进行了研究，并将其运用到了操作风险管理中。Danae 等(2009)也将操作风险看成多元变量，利用 Copula 函数对其进行建模，提出了一种新的对操作风险进行建模以及对所需资本进行估计的方法体系。并将该方法体系应用到了意大利银行的历史损失数据中，以对其进行分析和探讨。Arbenz(2013)则在已有 Valle(2009)关于贝叶斯 Copulae 分布及其在操作风险管理中的应用研究结果的基础上，对该研究结果中存在的一些问题进行了指正，并对贝叶斯 Copulae 分布及其在操作风险管理中的应用进行了说明。明瑞星等(2013)利用尾相关 Copula 对商业银行的操作风险进行了度量。类似的研究还有 Valle(2012)、Zhou (2011)、周艳菊(2011)以及 Vukovic(2015)等。除此之外，将 Copula 函数与极值理论结合起来对操作风险进行度量的研究也有很多。Gregoriou 等(2011)在其有关操作风险的著作中给出了将极值理论与Copula 函数相结合,建立对操作风险进行度量的多元模型的思路和方法。Jing 等(2013)也基于极值理论和多元Copula 函数,提出了对商业银行操作风险进行度量的方法和模型。而Abbate 等(2008)则分别从理论和实证的角度对极值理论和Copula 函数在操作风险度量中的应用进行了分析和研究,既给出了利用极值理论和 copul 函数对操作风险进行度量的理论方法体系,也给出了对应的实证分析和结果。与该问题相关的研究还有 Szkutnik (2013)、Damico (2014)、陈振龙(2016)等。

当然,在用 Copula 函数对商业银行的操作风险进行度量前,先要根据操作风险损失强度(即操作风险损失金额的大小)的历史数据对其分布函数(即边际分布)进行估计。已有的相关研究表明,操作风险损失数据的分布往往具有尖峰厚尾的特性,且其性质与次指数分布族相似。因此,在对其分布函数进行估计时,通常都会用到次指数分布的相关性质。本文在对混业经营下商业银行操作风险损失强度的分布函数进行估计时,也用到已有的关于次指数分布性质的研究结果,如 Stam(1973)、Omey (1986、2006)、Yang (2011)等。另外,本文在对混业经营下商业银行操作风险度量的实证研究中,利用 Copula 函数对内部欺诈和外部欺诈损失之间的相依结构进行了描述。在利用 Copula 函数对样本数据进行拟合以后,还要对其拟合的效果进行检验,这就涉及对 Copula 函数的拟合优度进行检验的问题。有关该问题的研究有很多,如 Dobric 等(2007)对基于 Rosenblatt 转换的 Copula 拟合优度检验进行了探讨,发现当边际分布函数已知且将其用在检验统计量中时,该检验方法的效果比较好,但是当边际分布函数未知,且在检验统计量的计算中用其经验分布的估计值代替时,该检验性质有显著的改变。通过对一些特殊实例的模拟对该结论进行了验证。Christian 等(2011)也提出了一种基于 Cramér-von Mises 统计量的、检验双变量分布函数是否属于给定的参数极值 Copula 族的方法和步骤。在检验的过程中,利用了参数 bootstrap 以及蒙特卡罗模拟的方法,且对参数 bootstrap 法的有效性进行了探讨。Gayraud 等(2011)则对二维随机样本数据的 Copula 密度假设检验的问题进行了研究,提出了一种平滑度不受约束的统计量,该统计量可以达到使得收敛速度的最大值最小的目的。除此之外,Ma 等(2013)还利用数学的方法,将基于 Rosenblatt 转换的二维 Copula 拟合优度检验方法推广到了三维。同时,给出了基于 bootstrap 的检验方法,并通过先模拟再检验的实证研究对该方法进行了验证,得到了该方法适用的 Copula 类型以及该方法在使用过程中的注意事项等结论。Huang 等(2014)则提出了一种基于等级排列的对 Copula 的拟合优度进行检验的方法,并且将该方法应用到了两只股票的 Copula 拟合优度检验中。类似的研究还有很多,如 Emura (2010)、Touboul(2011)、Genes (2009)、Chen (2015)等。

第3章　基于Copula分组模型的混业经营下市场风险的度量

3.1　市场风险的传统度量方法

市场风险指的是由无法事先预料的各种不确定性因素导致的、各金融或者非金融机构经济主体实际收益与预期收益发生的偏差。市场风险具有广泛性、传导性、规则性、可控性等特征。由于对市场风险进行研究的相关数据比较容易获取，因此，有关市场风险度量方法的研究成果比较多，也比较成熟。如灵敏度分析法、波动性分析法以及VaR(Value-at-Risk)等。下面对传统市场风险度量的这几种主要方法进行介绍。

3.1.1　灵敏度法

在对市场风险的研究中，金融市场中各种利率、外汇市场中的各种汇率以及金融市场上各金融产品(股票、债券等各种证券以及各种商品价格等)的指数都为对市场风险度量进行研究的基础指标。这些基础指标通常被称为市场风险的基础风险因子或者市场因子。基础风险因子或者说市场因子是每时每刻都在变动着的。所有这些基础风险因子的变动都会导致包含这些基础风险因子的资产组合总价值的变动。这种由基础风险因子变动导致的资产组合总价值的变动称为敏感度或者灵敏度。基于这种灵敏度的对市场风险进行度量的方法即为“灵敏度法”。该方法可以表示如下。

若P为某资产组合的总体价值，$x_1,x_2,\cdots,x_n$为该资产组合所包含的所有基础风险因子或者市场因子。显然，总体价值P为所有因子$x_1,x_2,\cdots,x_n$的函数，且有

$$\frac{\Delta P}{P}=\sum_{i=1}^{n}D_i\frac{\Delta x_i}{x_i},\qquad(3.1.1)$$

其中，$D_1, D_2, \cdots, D_n$ 资产组合总价值对应的各市场因子的“弹性”，也称为资产组合对各市场因子的敏感度或者说灵敏度。这种灵敏度也通常被认为是风险暴露。

根据灵敏度的定义及上述表达式可知，资产组合的灵敏度 $D_i, i=1, \cdots, n$ 可以表示为

$$D_i = \frac{1}{P}\frac{\partial P}{\partial x_i}, \tag{3.1.2}$$

也就是说，资产组合的灵敏度可以看成是其价值的变化率与对应的某个市场因子的变化率的比值。显然，资产组合的灵敏度越大，该资产组合受市场风险因素的影响就越大，其对应的市场风险也越大。

灵敏度方法的特点是简单直观。根据基础金融产品的种类以及市场因子的不同，其指标也不同，这些不同的指标对应着不同的基础金融产品的风险特性。灵敏度方法中包含以下几个主要指标。

第一，凸度和久期。凸度和久期主要对应的是利率性的工具或者债券市场的风险。久期是对利率风险的度量，它表示的是债券价值由于单位市场利率的变动而产生的变化。凸度则表示的是久期由于单位市场利率的变动而产生的变化，即久期对市场利率的敏感度。

第二，希腊字母 β。β 对应的是股票市场的风险。它表示的是股票或者股票组合中股票价格指数的变动导致的系统性风险。

第三，希腊字母 δ、γ 等。δ 和 γ 主要针对的是金融衍生产品的风险。其中，δ 表示的是标的资产价值的变化引起的其对应金融衍生品价值的变化，即金融衍生品价值对其标的资产价值变化的敏感度。γ 表示的是 δ 由于单位标的资产价值的变动而导致的变化，即希腊值 δ 对标的资产的敏感度。

由上面介绍的几种灵敏度方法的定义可知，灵敏度方法主要针对的是金融市场中各基础金融产品收益率的变化对各基础风险因子的“弹性”，或者说是各基础金融产品针对某一市场因子的敏感度。敏感度越大，该市场因子导致的风险也越大。虽然该方法简单又直观，但是由其定义可知，其定义的基础是各基础金融产品的收益率变化与各市场因子的变化呈线性关系。就是说，该方法是以各金融产品收益率的变化与各市场因子的变化之间的关系可以用一个线性方程来表示为前提的。故当该前提不成立时，也即两者之间呈非线性关系时，灵敏度方法就显得不那么适用，也不那么准确了。而这种非线性关系的金融产品是确实存在的，如金融期权等。另一方面，在考虑市场因子的变化时，还要考虑各市场因子变化不同步导致的时间差异对其造成的影响。

因此，对于市场因子变化较小，并且金融产品相对简单的情况来说，灵敏度方法的适用性是不错的。但是，在市场因子的变化较大，以及风险测量对象也即金融产品为衍生品等的情况下，利用灵敏度方法就会导致测量结果的准确性较差或者该方法已不再适用当前情况等问题。

3.1.2 波动性法

波动性法主要针对的是金融资产或其组合收益的波动率测量。其中，波动率主要指的是金融资产实际收益与其预期收益之间的差离程度。一般情况下都是用方差或者标准差来对其进行度量。对波动率进行描述的主要指标有以下几种。

(1)方差

若用 $P=\{1,2,\cdots,n\}$ 表示某个资产组合，随机变量 X 表示其收益，$\mu_X=E(X)$ 表示其期望收益。则实际收益 X 与其预期收益 μ_X 之间差离程度可以用 X 的方差来表示。即

$$\sigma_X^2=Var(X)=E(X-\mu_X)^2=\sum_{i=1}^{n}\sum_{j=1}^{n}\omega_i\omega_j\sigma_{ij}\,, \tag{3.1.3}$$

其中，$\omega_i, i=1,2,\cdots,n$ 是第 i 个金融资产的投资权重，σ_{ij} 是第 i 个金融资产收益 X_i 与第 j 个金融资产收益 X_j 的协方差，即 $\sigma_{ij}=cov(X_i,X_j)$，$i=1,2,\cdots,n$，$j=1,2,\cdots,n$。

此外，标准差也是对风险进行度量的常用指标之一。根据其定义，可以将其表示为 $\sigma_X=\sqrt{Var(X)}$。若金融资产或其组合的风险越小，则标准差也越小。

方差或者标准差作为波动率的指标具有简单明了的特点，但是同时也存在很多缺陷，如对标准差来说，无论金融资产的实际收益与预期收益之间的差为正值还是负值，都将其视为风险并进行计算。而这显然与实际情况中风险真正的含义是不相符的，与投资者的实际心理也是不符的。标准差的计算方法会使其在实际的应用中，将超额的收益当成风险，进而增加了风险的值。另一方面，研究发现，金融资产及其组合的收益数据往往并不是呈正态分布形态的，即不是对称分布的。这种情况下，仅用方差或者标准差对其分布的特征进行描述是不够的，还需要利用其他的指标对分布的偏度等特性进行描述。另外，金融资产或其组合的波动率总是不断变化的，可以将其看成是时间的连续函数。且这种波动具有时间聚集性，即金融资产或其组合的波动在某段时间内可能特别明显，其范围还是固定的。

但是在另外某段时间内，波动的特性可能不是特别明显，波动的幅度比较小。要将波动率的所有这些特征都表述出来，方差和标准差显然是远远不够的。

(2)条件异方差

为了对波动的时变性进行描述，1982 年学者提出了自回归条件异方差模型，即 ARCH 模型。该模型主要针对非线性的时间序列。在该模型的基础上，1986 年广义的自回归条件异方差模型(即 GARCH 模型)被提出。随后又出现了以该模型为基础的各种其他条件异方差模型，如指数 GARCH 模型等。有关时间序列模型的具体介绍将在下一章利用藤 Copula 模型对混业经营下市场风险进行度量的研究中给出，这里先不给出详细的介绍。

然而，不管是方差还是条件异方差，有关波动率的方法都有上述所说的弊端，就是对风险度量的过程中，无法分清楚上下偏离的区别。这会导致对风险的度量严重不准确。因此，学者们提出了利用金融资产收益率的分布函数来对其风险进行度量的方法，即下面要介绍的 VaR 法。

3.1.3　VaR 法

VaR 即 Value at Risk，指的是金融资产或其组合的价值中，暴露在风险内的部分，也称为在险价值。在上一章节中我们已经对其进行了详细的介绍，这里只对其进行简单的回顾。对 VaR 最严格的定义包括风险变量、持有期、置信水平等几个因素。即 VaR 表示的是在通常的市场条件和给定的置信水平下，金融资产或其组合在某一特定时期内可能的最大损失。也可以用数学表达式表示为

$$\mathrm{VaR}_\alpha(S) = \inf\{s \in \mathbb{R} \mid P(S < s) \geqslant \alpha\}, \tag{3.1.4}$$

其中，S 为风险变量，α 为置信水平，持有期表示的是要计算的风险变量风险值所处的时间段，一般在其数学表达式中不给出，而是在对风险进行度量前进行说明。当然，将持有期放在 VaR 数学公式中的表达方式也是有的，这里仅给出上述比较简单的表达方式。置信水平 α 一般反映的是对风险进行度量的主体，如金融机构或者风险管理者等对风险的偏好。越大的置信水平表示对风险的厌恶程度越高，故而希望能够得到准确度较高的结果。

由 VaR 的数学表达式可知，该方法可以看成是金融资产或其组合在一定时期内分布函数的分位数。因此，对 VaR 的求解一般是通过对金融资产

或其组合的未来一段时期内可能的价值的分布函数进行求解的。而对VaR的求解方法有很多,包括方差—协方差法、Δ—正态分布法、历史模拟法、蒙特卡罗模拟法等。到目前为止,VaR方法为市场风险度量中用得比较频繁的一种方法,该方法同时可以作为风险度量的工具,用于对金融市场中其他的风险进行度量。

本章对混业经营下市场风险进行度量的研究中,就是以VaR为风险度量工具的。在对总体风险的VaR值进行求解的过程中,使用的是蒙特卡罗模拟法。该方法已经在上一章节中进行了介绍。

3.2 问题描述及预备知识

3.2.1 混业经营下市场风险的特点

对混业经营最简单的定义是:各金融行业(包括商业银行以及其他类型的金融企业)之间进行多种业务、多个品种、多种方式的交叉经营以及服务。具体来讲,对混业经营的定义有广义和狭义之分。广义的混业经营指的是银行、保险、证券、信托机构等所有金融行业之间的经营关系。也就是说,在广义的混业经营下,所有上述金融机构都可以进入任何一个金融业务领域甚至非金融业务领域,进行多元化的经营。狭义的混业经营主要指的是银行和证券两个金融机构之间的经营关系,即在狭义的混业经营下,银行和证券两个机构可以同时经营自己和对方业务领域范围内的任何业务。不管是广义的混业经营还是狭义的混业经营,都是金融机构之间不同程度和范围的交叉经营方式。在这种经营方式之下,各金融机构所经营的业务范围比传统分散经营方式下要大。从所经营的基础金融产品来看,由于混业经营下金融机构经营和拥有的金融产品不仅有其本身所处行业的金融产品,还有其他金融行业的金融产品。因此,混业经营下金融机构经营和拥有的基础金融产品具有种类多样、数量庞大的特点。例如,在混业经营下,银行机构不仅有自身所经营的传统基础金融产品类型和数目,同时还有证券业特有的基础金融产品类型和数目,甚至保险、信托等其他金融机构特有的基础金融产品类型和数目。

由于市场风险通常是通过股票指数、汇率、利率及商品价格等的波动来反映的,因此,在研究市场风险时,一般都以基础金融产品的日收益率或者商品的价格等数据作为风险研究的载体，以收益率或者价格的波动来体现市场的波动，这种由各种原因引起的波动就是我们所谓的风险。而基础金融产品指的就是股票、债券、基金等。由于市场风险的传导性，各基础金融产品收益率之间往往存在着某种关系，而不是各自独立的。因此，在对金融机构或者金融主体所面临的市场风险进行研究时，除了要考虑各基础金融产品收益率的波动特性，还要考虑各基础金融产品收益率之间的相互关系。在考虑基础金融产品收益率之间相关性的基础上，对总体风险进行度量的研究即为对相依风险因子和的研究。

就如前面所述，VaR 是目前对市场风险进行度量的研究中用得最多的方法。本书也是以 VaR 为工具来对市场风险进行度量的。鉴于 VaR 定义的本质（即风险变量分布函数的分位数），只要能得到所有风险因子和的分布函数，便可以求出总体风险的 VaR 值。这里的风险因子即为各基础金融产品的收益率，每个基础金融产品的收益率都具有自己的波动性，这种波动性就是市场风险的体现。因此，将其看成是基础风险因子是合理的。由此，可以将有关相依风险因子和的研究应用到混业经营下市场风险度量的研究中来，利用传统求解相依风险因子和分布函数的方法来对混业经营下市场风险的度量进行研究。此外，由混业经营下金融机构或者金融主体面临的市场风险及其经营和拥有的基础金融产品的上述特性，以及聚合风险的概念（即某个资产组合或者某个金融机构所有风险资产的所有头寸的风险），在对混业经营下金融机构或者金融主体面临的市场风险进行度量的过程中，也可以利用已有的聚合风险相关研究结论或者对聚合风险度量进行研究的各种方法对其进行度量。有关聚合风险的研究在前面已经给出。

但是，在一般情形下的相依风险因子和的研究中，往往是利用某种度量相关性的函数（如 Copula 函数等）来对所有的基础金融产品收益率之间的相依关系进行描述。而在混业经营下，金融机构或者金融主体所经营和拥有的基础金融产品的种类和数量大大增加，这使得对其用一般情形下的方法进行处理是不适合也不准确的。首先，混业经营下金融机构或者金融主体所拥有的基础金融产品的数量往往非常庞大，若单纯地利用某个 Copula 函数来对它们之间的相依关系进行度量，将会出现“维数灾难”，实际中难以操作。其次，混业经营下金融机构或者金融主体所拥有的基础金融产品的种类也很繁多，若只用某一个 Copula 函数来对所有的基础金融产品收益率之间的相依关系进行度量也不合理。在混业经营下，金融机构或者金融主体所拥有的基础风险产品若按其所属行业的不同划分为不同的组，则这些不同的组内各基础金融产品收益率之间的相依关系和相依程度很可能是不一样的。并且由于不同行业收益率之间也存在着某种相互影响的关系，这种关系与上面所说的行业内部各基础金融产品之间的相依关系又不同。因此，在这种情况下，对属于同一个行业的基础金融产品之间以及不同行业金融产品之间的相依关系分别进行度量，然后再对所有基础金融产品总和的风险（即混业经营下金融机构或者金融主体面临的总体市场风险）进行度量是合理的也是必要的。

3.2.2 本章研究问题的数学描述

在用数学的方式对本章研究的问题进行描述之前，先给出聚合风险的数学表达式。聚合风险由 $\Psi(X)$ 表示，其中，$X=(X_1,X_2,\cdots,X_d)$ 表示由 d 个基础风险因子组成的 d 维随机向量，可测函数 $\Psi:\mathbb{R}^d\rightarrow\mathbb{R}$ 表示聚合算子。最近几年，有关聚合风险度量的研究有很多。就如前面所说，根据聚合风险的概念以及混业经营下金融主体所经营和拥有的基础金融产品的特征，也可以将混业经营下的市场风险看成是聚合风险，并利用聚合风险的表达方式对其进行表示。从另外一个角度来说，根据上述聚合风险的数学表达式，当聚合算子 $\Psi(X)=\sum_{i=1}^{d}X_i$ 时，聚合风险可以看成是各基础风险因子的和。因此，令 $X=(X_1,X_2,\cdots,X_n)$ 表示 n 个基础风险因子组成的随机向量，这里的基础风险因子可以看成是混业经营下金融机构或者金融主体所经营和拥有的各基础金融产品的收益率。即 $X_1,X_2\cdots,X_n$ 表示 n 个基础风险因子，也即 n 个基础金融产品的收益率。$S=X_1+\cdots+X_n$ 是这 n 个基础风险因子的和，即各基础金融产品的聚合风险，也即本章要研究的混业经营下的市场风险。由此可知，本章对混业经营下市场风险的度量也可以看成是对聚合风险 $S=X_1+\cdots+X_n$ 的求解。由于 VaR 是本文风险度量的工具，因此，根据前面给出的置信水平为 α 的 VaR 的定义可知，风险变量 S 的 VaR 值即为其分布函数的分位数，要得到聚合风险 S 的 VaR 值，只需求出其分布函数即可。因此，令

$$m_+(s)=\inf\{P(S<s)\mid X_i\sim F_i,i=1,2,\cdots,n,C_X\in C\} \tag{3.2.1}$$

$$M_+(s)=\sup\{P(S<s)\mid X_i\sim F_i,i=1,2,\cdots,n,C_X\in C\} \tag{3.2.2}$$

其中，C_X 是 $X=(X_1,X_2,\cdots,X_n)$ 的 Copula 函数，C 表示所有可能的 Copula 函数的集合。$m_+(s)$ 及 $M_+(s)$ 分别表示基础风险因子组成的向量

$X=(X_1,X_2,\cdots,X_n)$ 的边际分布函数已知，$X_1,X_2,\cdots,X_n$ 之间的相依结构未知的情形下，聚合风险 S 的分布函数的下界和上界。有关多元随机变量的 Copula 函数定义以及 Copula 函数的定义和性质将在后面给出比较详细的介绍。

根据 VaR 的定义可知，只要能求出 $m_+(s)$ 及 $M_+(s)$ 的值，就可以得到聚合风险 SVaR 值的范围。因此，对这两个分布函数界的求解成了对聚合风险进行求解的主要研究方向和内容，也是本章对混业经营下市场风险进行度量的主要研究内容。也就是说，本章要研究的是各基础风险因子 X_1，$X_2,\cdots,X_n$（即各基础金融产品的收益率）的分布函数已知，但其相互之间的相依结构未知的情形下，聚合风险（也即各基础风险因子和）$S=X_1+X_2+\cdots+X_n$ 的分布函数的界 $m_+(s)$ 及 $M_+(s)$。由于对 $M_+(s)$ 进行求解的方法与对 $m_+(s)$ 进行求解的方法类似，因此，本文只给出对 $m_+(s)$ 进行求解的方法，依照类似的原理和方法步骤即可得到 $M_+(s)$ 的值。

3.2.3　Copula 函数的定义及相关性质

在上述聚合风险分布函数上下界的表达式中以及对其进行求解的过程中，Copula 函数起着重要的作用。作为聚合风险度量的一个重要工具，Copula 函数主要用来对相依风险因子之间的相依关系进行度量，对其定义和相关性质的介绍如下。这些定义及相关性质主要来自于 McNeil 等(2005)。

定义 3.2.1　边际分布函数为标准均匀分布的 $[0,1]^d$ 上的分布函数 $C(\boldsymbol{u})=C(u_1,\cdots,u_d)$ 即为 d 维 Copula 函数。

将 C 写成映射的形式即为：$C:[0,1]^d\rightarrow[0,1]$，且该映射需满足下列性质：

(1) $C(u_1,\cdots,u_d)$ 对每一个分量 u_i 是递增的；

(2) $C(1,\cdots,1,u_i,1,\cdots,1)=u_i$ 对所有的 $i\in\{1,2,\cdots,d\}$，$u_i\in[0,1]$ 都成立；

(3) 对所有满足 $a_i\leqslant b_i$ 的 $(a_1,a_2,\cdots,a_d)$ 以及 $(b_1,b_2,\cdots,b_d)$ 都有下式成立：

$$\sum\nolimits_{i_1=1}^{2}\cdots\sum\nolimits_{i_d=1}^{2}(-1)^{i_1+\cdots+i_d}C(u_{1i_1},\cdots,u_{di_d})\geqslant 0,$$

其中，$u_{j1}=a_j$，$u_{j2}=b_j$（$j\in\{1,\cdots,d\}$）。

在 Copula 函数的相关性质中，最重要的就是 1959 年提出的 Sklar 定理。正是由于该定理的存在，才使得 Copula 函数在多元随机变量分布函数的研究中得到了广泛的应用。

Sklar 定理的主要内容为：若$ F $为边际分布函数分别为 $F_1,F_2,\cdots,F_d$ 的联合分布函数，则存在某个 Copula 函数 $C:[0,1]^d \to [0,1]$，使得对所有 $\overline{\mathbb{R}}=[-\infty,\infty]$ 上的 $x_1,\cdots,x_d$，都有

$$F(x_1,\cdots,x_d)=C(F_1(x_1),\cdots,F_d(x_d)) \tag{3.2.3}$$

成立。若边际分布函数为连续的，则 C 是唯一的；否则，C 在 $Ran\ F_1 \times Ran\ F_2 \times \cdots \times Ran\ F_d$ 上是唯一确定的。其中，$Ran\ F_i = F_i(\overline{\mathbb{R}})$ 表示分布函数 F_i 的取值范围。反之，若 C 为一个 Copula 函数，$F_1,\cdots,F_d$ 为单变量分布函数，则由上式定义的函数 F 为边际分布函数为 $F_1,\cdots,F_d$ 的联合分布函数。对该定理的证明在很多与 Copula 函数相关的文献中均有比较详细的介绍，这里就不再赘述。

Sklar 定理主要表达了两个方面的意思。一是所有的多元随机变量分布函数均可以写成 Copula 函数的形式。二是 Copula 函数可以与单变量分布函数结合起来，构建边际分布函数为任意单变量分布的多元随机变量分布函数。根据 Sklar 定理，可以定义联合分布函数 F（或者随机向量 $\boldsymbol{X}$）的 Copula 函数如下。

定义 3.2.2 若随机向量 $\boldsymbol{X}$ 的联合分布函数为 F，边际分布函数为 $F_1,\cdots,F_d$，则联合分布函数 F（或随机向量 $\boldsymbol{X}$）的 Copula 函数为 $(F_1(X_1),\cdots,F_d(X_d))$ 的分布函数 C。

此外，根据 Copula 函数 Frechet 界的定义，对于任一 Copula 函数 $C(u_1,\cdots,u_d)$（其中，u_i，$i=1,2,\cdots,d$ 为[0,1]上均匀分布的随机变量）来说，都有

$$\max\{\sum_{i=1}^{d} u_i + 1 - d, 0\} \leqslant C(\boldsymbol{u}) \leqslant \min\{u_1,u_2,\cdots,u_d\} \tag{3.2.4}$$

对 $\forall \boldsymbol{u} \in [0,1]^d$ 成立。其中，Frechet 上下界分别用 $M(u_1,u_2,\cdots,u_d)$ 和 $W(u_1,\cdots,u_d)$ 表示。由已有的研究成果可知，Copula 函数的 Frechet 上下界作为两个特殊的 Copula 函数在对多元随机变量之间的相依关系进行解释时，具有重要的作用。根据 Copula 函数的定义，不同的 Copula 函数所描述的多元随机变量中各分量之间的相依关系不同，下面给出本章会用到的几种比较常见的 Copula 函数。

(1) $\Pi(u_1,u_2,\cdots,u_d)=\prod_{i=1}^{d} u_i$ 表示独立 Copula(independent Copula)。由 Sklar 定理可知，分布函数为单变量连续分布函数的各随机变量之间相

互独立的充分必要条件是其相依结构可以用该式表示出来。

(2)上式中的 Frechet 上界为共单调 Copula(Comonotonicity Copula)，表示为 $M(u_1,u_2,\cdots,u_d)=\min\{u_1,u_2,\cdots,u_d\}$ 。随机变量间的相依结构可以用该 *Copula* 函数表示的充分条件是这些随机变量具有连续的单变量分布函数且完全正相依，即满足 $X_i=T_i(X_1),i=2,\cdots,d$ 。其中，$T_i(i=2,\cdots,d)$ 为几乎处处严格单调递增的函数。

(3) 与共单调 Copula 的定义类似，上式中的 Frechet 下界为反单调 Copula(Countermonotonicity Copula)，表示为 $W(u_1,u_2)=\max\{u_1+u_2-1,0\}$ 。但是，与共单调 Copula 不同的是，上述反单调 Copula 的定义只在 $d=2$ 时才有意义，因为当 $d\geqslant 3$ 时，上述表达式不一定满足 Copula 函数定义的条件。若随机变量 X_1 、X_2 的分布函数连续且是完全负相关的，即 X_2 几乎处处是 X_1 的一个严格单调递减函数，则它们之间的相依结构就可以用该 Copula 函数来表示。

3.2.4　聚合风险度量的相关理论和方法

有关聚合风险(即相依风险因子和 $S=X_1+\cdots+X_n$)度量的研究成果有很多，本节将给出后面会用到的一些结论。根据 VaR 的定义，对聚合风险度量的研究也可以看成是对聚合风险 S 分布函数的研究。由于对聚合风险 S 分布函数上界的求解方法与对其下界的求解方法类似，因此，这里主要给出(3.2.1)中定义的 $m_+(s)$ 的研究结果，这些研究结果主要来源于 Wang 等(2013)。

首先，定义 $\{X_i,i=1,2,\cdots,n\}$ 的条件均值和如下：

$$\Phi(t)=\sum_{i=1}^{n}\mathrm{E}(X_i \mid X_i\geqslant F_i^{-1}(t)) \tag{3.2.5}$$

其中，$t\in(0,1)$ ，$F^{-1}(t)=\inf\{s\in\mathbb{R}\mid F(s)\geqslant t\}$ 。令 $\Phi(1)=\lim\limits_{t\to 1-}\Phi(t)$，$\Phi(0)=\lim\limits_{t\to 0+}\Phi(t)$ ，$\Phi(0)=\lim\limits_{t\to 0+}\Phi(t)$ 。显然，若 $\{F_i,i=1,\cdots,n\}$ 连续，则 $\Phi(t)$ 是一个连续递增的函数。对满足 $x\leqslant\Phi(1)$ 的 x ，定义

$$\Phi^{-1}(x)=\inf\{t\in[0,1]\mid \Phi(t)\geqslant x\}, \tag{3.2.6}$$

对满足 $x>\Phi(1)$ 的 x 定义 $\Phi^{-1}(x)=1$ 。此外，对所有的 $x\in\mathbb{R}$ ，令 $\widetilde{F}_a(x)=\max\left\{\dfrac{F(x)-a}{1-a},0\right\}$ 表示 F 在 $[F^{-1}(a),\infty)$ 上的条件分布函数，其中，$a\in[0,1)$ 。当 $a=1$ 时，令 $\widetilde{F}_1(x)=\lim\limits_{a\to 1-}\widetilde{F}_a(x)$ 。为了对本文将用到的已有定理进行介绍，下面给出联合可混函数的定义。

设 $F_1, F_2, \cdots, F_n$ 均为单变量分布函数，若存在分布函数分别为 F_1，$F_2, \cdots, F_n$ 的随机变量 $X_1, X_2 \cdots, X_n$，使得对于某个常数 $C \in \mathbb{R}$，有

$$P(X_1 + \cdots + X_n = C) = 1 \tag{3.2.7}$$

成立，则 $F_1, F_2, \cdots, F_n$ 即为联合可混的(jointly mixable)。

引理 3.2.1 若 $F_1, \cdots, F_n$ 均为连续的分布函数，则

$$m_+(s) \geqslant \Phi^{-1}(s) \tag{3.2.8}$$

对任意确定的 $s \geqslant \Phi(0)$ 成立，且 $m_+(s) = \Phi^{-1}(s)$ 的充分必要条件是条件分布函数 $\tilde{F}_{1,a}, F_{2,a}, \cdots, \tilde{F}_{n,a}$ 是联合可混的。

3.3 模型建立

3.3.1 建模思路及模型描述

本章研究的是混业经营下金融机构或者金融主体所面临的市场风险的度量，根据聚合风险的定义以及混业经营下金融机构或者金融主体经营和拥有的基础金融产品的特征，也可以将其看成是对聚合风险的度量。前面已经有过比较详细的介绍，在混业经营的模式下，各金融机构或者金融主体所拥有和经营的金融产品的种类增多，且每种金融产品所包含的基础金融产品数量也有很多。也就是说，其面临的市场风险包含了数量庞大、相互之间的关系错综复杂的基础风险因子。为了对这些风险因子的总和，即聚合风险进行准确的度量，故建立以下模型。

该模型建立的大体思路如下：首先，按照所属的金融产品类型将所有基础风险因子（即基础金融产品收益率）进行分类。然后，对各组基础风险因子进行求和，得到各组风险因子的子和，并对其分布函数进行求解。最后，以上述子和为新的风险变量，对所有这些子和风险变量进行求和，得到总体风险（即聚合风险）分布函数的界。依据该思路，将聚合风险 S 写成下列形式：

$$S = \sum_{i=1}^{N} X_i = \sum_{i=1}^{N} \sum_{k=1}^{n_i} X_{ik} \tag{3.3.1}$$

式中，N 表示混业经营下金融机构或者金融主体所拥有的不同类型金融产品的种类数，n_i 表示第 i 种类型金融产品中所包含的基础金融产品的个数，X_{ik} 表示属于第 i 种类型金融产品的第 k 个基础金融产品收益率，也称为第

k 个基础风险因子。$X_i = \sum_{k=1}^{n_i} X_{ik}, i = 1,2,\cdots,N$。根据前面对本章所研究问题的描述，各基础风险因子的分布函数是已知的，用 $\{F_{ik}: i = 1,2,\cdots,N, k = 1,2,\cdots,n_i\}$ 表示，但是它们之间的相依关系是未知的，这种未知的相依关系用 C_S 表示。

与已有的研究中对基础风险因子之间的相依关系进行处理的方式不同，这里采用多个不同的较低维 Copula 函数来代替传统聚合风险研究中的一个较高维 Copula 函数来对所有基础风险因子之间的相依关系进行度量。所谓的较低维和较高维指的是，与传统聚合风险度量的研究中，仅使用某一个 Copula 函数来对所有基础风险因子之间的相依关系进行度量的方法不同，这里所用的模型和方法是：对所有的基础风险因子分类后，采用不同的 Copula 函数对每组内基础风险因子之间的相依关系进行度量。因此，该模型和方法中用到的 Copula 函数的维数较传统方法中用到的 Copula 函数的维数要低，传统方法中用到的 Copula 函数的维数较本章混业经营情形下所用模型中 Copula 函数的维数要高。

用 $\{C_X, C_{X_i}, i = 1,2,\cdots,N\}$ 分别表示 $N+1$ 个风险因子向量 $(X_1, x_1\cdots, X_N)$，$(X_{1,1},\cdots,X_{1,n_1})$，$(X_{2,1},\cdots,X_{2,n_2})$，$\cdots$，$(X_{N,1},\cdots,X_{N,n_N})$ 的 Copula 函数，则传统方法中的 $(\sum_{i=1}^{N} n_i)$ 维 Copula 函数 C_S 被 N 维 CopulaC_X 以及 n_i 维 Copula $\{C_{X_i}, i = 1,\cdots,N\}$ 代替。由于每组基础风险因子 $\{X_{i,1}, \cdots, X_{i,n_1}\}$（$i = 1,2,\cdots,N$）都属于同一种类型的金融产品，因此，属于不同类型金融产品的各组内基础风险因子之间的相依关系应该是不同的。这些不同的组内基础风险因子之间的相依关系分别用 Copula $\{C_{X_i}, i = 1,2,\cdots,N\}$ 来表示。即 C_{X_i} 表示第 i 组内各基础风险因子之间的相依关系。对每组内各基础风险因子进行求和后，分别得到各子和形成的新风险变量 $\{X_1, X_2,\cdots,X_N\}$。这些新的风险变量分别代表了不同类型金融产品的风险，因此，它们之间的相依关系与属于同一类型金融产品的各基础风险因子之间的相依关系是不一样的。从另外一个角度，这些因子和形成的新风险变量之间的相依关系属于基础风险因子组间的相依关系，而同一类型金融产品内 各基础风险因子之间的相依关系属于基础风险因子组内的相依关系，组间的相依关系与组内的相依关系通常都是不一样的。用 Copula 函数 C_X 表示各子和形成的新风险变量之间的相依关系。为了更好地对该模型进行理解，下面给出一个简单的例子。

假设混业经营下某金融机构或金融主体所拥有或者经营的基础金融

产品来自股票、债券以及基金 3 个不同的金融产品类型，即 $N = 3$ 。其中每种类型金融产品所包含的基础风险因子的数量分别为 n_1 ，n_2 和 n_3 。这些基础风险因子分别用变量 $X_{11},\cdots,X_{1n_1},X_{21},\cdots,X_{2n_2},X_{31},\cdots,X_{3n_3}$ 来表示，它们可以看成是基础金融产品的收益率或者损失等。在假设所有这些基础风险因子的分布函数已知，但其相依关系未知的情况下，记金融机构或者金融主体所面临的市场风险为 $e(S)$ ，其中，$S = \sum_{i=1}^{3}\sum_{k=1}^{n_i} X_{ik}$ 为所有基础风险因子的总和，e 为某种风险度量工具。本文采用的风险度量工具为 VaR。

根据上述模型建立的思路和方法，在对这种情形下金融机构或者金融主体所面临的市场风险(按照前面所述，也可以称之为聚合风险)进行度量时，首先将所有的基础风险因子按照它们所属的金融产品类型分成三组，每组用向量表示出来分别为：$(X_{11},\cdots,X_{1n_1})$ ，$(X_{21},\cdots,X_{2n_2})$ 以及 $(X_{31},\cdots,X_{3n_3})$ 。与传统聚合风险研究中对基础风险因子间的相依关系进行处理的方式不同，这里先对每组基础风险因子和的分布函数进行求解，即分别得到所有股票类、所有债券类和所有基金类基础风险因子和的分布函数。再用 X_1,X_2,X_3 分别表示对每组风险因子求和后得到的新的风险变量，其分布函数分别为上述求得的三种不同类型金融产品内各基础风险因子和的分布函数。最后对三种新的风险变量和的分布函数进行求解，即可得到所有基础风险因子和的分布函数及其对应的风险 VaR 值。在计算的过程中，利用四种低维 Copula 函数分别对新的风险向量 (X_1,X_2,X_3) 和不同组内基础风险因子随机向量 $(X_{11},\cdots,X_{1n_1})$ ，$(X_{21},\cdots,X_{2n_2})$ 以及 $(X_{31},\cdots,X_{3n_3})$ 中各分量之间的相依关系进行描述。而不是像传统聚合风险度量中那样，利用一个高维 Copula 函数来对所有的基础风险因子 $X_{11},\cdots,X_{1n_1},X_{21},\cdots,X_{2n_2},X_{31},\cdots,X_{3n_3}$ 之间的相依关系进行描述。

由前面对混业经营下金融机构或者金融主体所拥有或者经营的基础金融产品收益率之间相依关系的分析可以看出，该分组模型是基于实际情况建立的。它不仅与所研究的实际情形更相符，而且还可以避免使用高维 Copula 函数时出现的“维数灾难”问题。在实际操作中，所有基础风险因子的分布函数可以通过曲线拟合或者极大似然估计的方法进行求解。对所有未知的 Copula 函数，可以利用经验 Copula 来代替真实的 Copula，然后根据与后面给出的模拟算法类似的计算过程得到最终的结果。

3.3.2　模型结构图

为了更好地对上述基于 Copula 函数的分组模型进行理解,如图 3-1 所示中给出了对该模型进行描述的结构图。其中,随机变量 $X_{11},\cdots,X_{1n_1}$,$\cdots,X_{N1},\cdots,X_{Nn_N}$ 的含义在前面已经解释过,$F_{11},\cdots,F_{1n_1},\cdots,F_{N1},\cdots,F_{Nn_N}$ 分别是它们的分布函数,$X_i(i=1,2,\cdots,N)$ 表示第 i 组基础风险因子和的风险变量,$C_{X_i}(i=1,2,\cdots,N)$ 是第 i 组内所有基础风险因子组成的随机风险向量的 Copula 函数,即 $(X_{i1},\cdots,X_{in_i})(i=1,\cdots,N)$ 的联合分布函数对应的 Copula 函数。S 是 $X_1,X_2,\cdots,X_N$ 的和,同时也可以看成是所有基础风险因子 $X_{11},\cdots,X_{1n_1},\cdots,X_{N1},\cdots,X_{Nn_N}$ 的和,即最终的聚合风险变量。C_X 为随机风险向量 $(X_1,X_2,\cdots,X_N)$ 的 Copula 函数。

$$
\begin{array}{l}
\text{第一组}\left\{\begin{array}{l} X_{11}(F_{11}) \\ \vdots \\ X_{1n1}(F_{1n1}) \end{array}\right\} X_1(C_{X1}) \\
\qquad\qquad\qquad \vdots \qquad\qquad \vdots \qquad\qquad\Bigg\} S(C_X) \\
\text{第N组}\left\{\begin{array}{l} X_{N1}(F_{N1}) \\ \vdots \\ X_{NnN}(F_{NnN}) \end{array}\right\} X_N(C_{XN})
\end{array}
$$

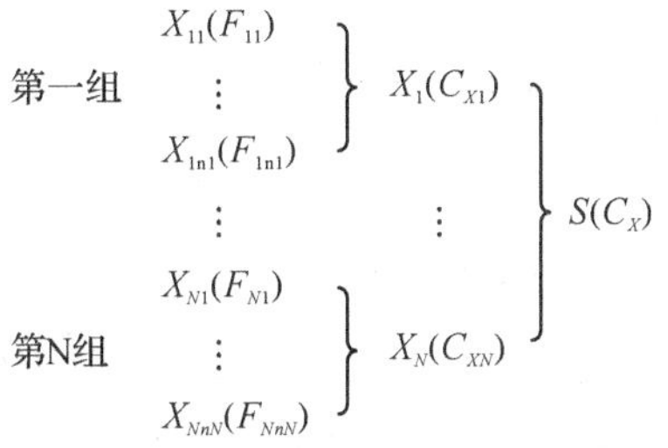

图 3-1　分组模型的结构图

3.4　混业经营下市场风险的分布函数界

根据前面对本章所研究问题的描述,本章中对混业经营下市场风险度量的研究也可以看成是对混业经营下聚合风险度量的研究,所用到的风险度量工具为 VaR。根据其定义,对 VaR 的求解可以转换为对聚合风险分布函数的求解,即对 $m_+(s)$ 和 $M_+(s)$ 进行求解。下面给出求解 $m_+(s)$ 的方法和结果,对 $M_+(s)$ 的求解与其类似。

设 $\sum_{i=1}^N n_i$ 个基础风险因子的边际分布函数 $\{F_{ik}:i=1,2,\cdots,N,k=1,2,\cdots,n_i\}$ 均为一般的连续分布函数。这些基础风险因子之间的相依结构是未知的。在对其聚合风险的分布函数进行求解时,首先利用 2.3 节中介绍的 Wang 等(2013)中有关聚合风险度量研究的方法和结论,得到新的风

险变量 $\left\{X_i = \sum_{k=1}^{n_i} X_{ik}, i = 1,2,\cdots,N\right\}$ 分布函数的下界，再对聚合风险 S，也即风险变量 $\{X_i, i = 1,2,\cdots,N\}$ 和的分布函数界进行求解。

下面分别对两种情形下聚合风险 S 的分布函数界进行求解。第一种情形是 $X_1, X_2\cdots, X_N$ 之间相互独立，第二种情形是 $X_1, X_2, \cdots, X_N$ 之间不独立。由引理 3.2.1 可知，X_i，$i = 1,2,\cdots,N$ 的分布函数满足 $F_{X_i}(x) = P(X_i \leqslant x) \geqslant \Phi_{X_i}^{-1}(x)$，其中 $\Phi_{X_i}(t) = \sum_{k=1}^{n_i} E[X_{ik} \mid X_{ik} \geqslant F_{X_{ik}}^{-1}(t)]\backslash\Phi_{X_i}^{-1}(x) = \inf\{t \in [0,1] \mid \Phi_{X_i}(t) \geqslant x\}$。

在上式的基础上，对 S 分布函数的下界 $m_+(s)$ 的求解如下。

3.4.1　各基础风险因子之间相互独立的情形

由 $X_1, X_2, \cdots, X_N$ 之间相互独立可知，对满足 $a_1, a_2, \cdots, a_N \in (0,1)$ 以及 $\sum_{i=1}^{N} a_i = 1$ 的常数 $a_1, a_2, \cdots, a_N$，有

$$\begin{aligned} F_S(s) &= P(X_1 + X_2 + \cdots + X_N \leqslant s) \\ &\geqslant P(X_1 \leqslant a_1 s, X_2 \leqslant a_2 s, \cdots, X_N \leqslant a_N s) \\ &= F_{X_1}(a_1 s) F_{X_2}(a_2 s) \cdots F_{X_N}(a_N s) \\ &\geqslant \Phi_{X_1}^{-1}(a_1 s) \Phi_{X_2}^{-1}(a_2 s) \cdots \Phi_{X_N}^{-1}(a_N s), \end{aligned}$$

其中 $a_1, a_2, \cdots, a_N$ 表示混业经营下金融机构或者金融主体对不同类型金融产品的投资比例，或者对不同类型金融产品可承受的相对风险系数。由于上述不等式对任意满足 $\sum_{i=1}^{N} a_i = 1$ 的 $a_1, a_2, \cdots, a_N \in (0,1)$ 都成立，因此有

$$\begin{aligned} F_S(s) &= P(X_1 + X_2 + \cdots + X_N \leqslant s) \\ &\geqslant \sup_{a_1, \cdots, a_N \in (0,1), \sum_{i=1}^{N} a_i = 1} \Phi_{X_1}^{-1}(a_1 s) \Phi_{X_2}^{-1}(a_2 s) \cdots \Phi_{X_N}^{-1}(a_N s). \end{aligned}$$

根据 $m_+(s)$ 的定义，有

$$m_+(s) \geqslant \sup_{a_1, \cdots, a_N \in (0,1), \sum_{i=1}^{N} a_i = 1} \Phi_{X_1}^{-1}(a_1 s) \Phi_{X_2}^{-1}(a_2 s) \cdots \Phi_{X_N}^{-1}(a_N s).$$

3.4.2　各基础风险因子之间相依的情形

在相依的情形下，用 Copula 函数 C_S 表示 $X_1, X_2, \cdots, X_N$ 之间的相依关

系,则由式子(2.3.3)和(2.3.4)可得

$$\begin{aligned}F_S(s) &= P(X_1 + X_2 + \cdots + X_N \leqslant s)\\ &\geqslant P(X_1 \leqslant a_1 s, X_2 \leqslant a_2 s, \cdots, X_N \leqslant a_N s)\\ &= P(F_{X_1}(X_1) \leqslant F_{X_1}(a_1 s), F_{X_2}(X_2)\\ &\leqslant F_{X_2}(a_2 s), \cdots, F_{X_N}(X_N) \leqslant F_{X_N}(a_N s))\\ &= C_S(F_{X_1}(a_1 s), F_{X_2}(a_2 s), \cdots, F_{X_N}(a_N s))\\ &\geqslant \sup_{a_1, \cdots, a_N \in (0,1), \sum_{i=1}^N a_i = 1} \{\sum_{i=1}^N \Phi_{X_i}^{-1}(a_i) + N - 1\},\end{aligned}$$

其中,$a_1, a_2, \cdots, a_N$ 的定义与 2.4.1 节中相同。上式中的第二个不等式由(2.3.4)可得。此外,可以用某个特定的 Copula 函数来代替未知的 Copula 函数 C_S,以便获得聚合风险 S 分布函数的下界。类似地,由 $m_+(s)$ 的定义有

$$m_+(s) \geqslant \sup_{a_1, \cdots, a_N \in (0,1), \sum_{i=1}^N a_i = 1} \{\sum_{i=1}^N \Phi_{X_i}^{-1}(a_i s) + 1 - N\}.$$

3.5 数值模拟算法及其收敛性

3.5.1 数值模拟算法

根据上面给出的基于 Copula 函数的分组模型,以及不同情形中混业经营下市场风险分布函数的界,可以利用本节给出的数值模拟算法对混业经营下市场风险的 VaR 进行计算。该算法在 Arbenz 等(2012) 给出的算法基础上,利用经验 Copula 的原理,通过对基础风险因子变量的样本数据重排序使其具有某种特定的相依关系。再将重排序后的样本数据相加,得到具有某种特定相依关系的基础风险因子变量和的样本数据。最后对这些变量和的样本数据重复前面的步骤,得到最后的聚合风险变量的样本数据。根据 VaR 的定义,以总体风险变量的样本分位数作为总体风险的 VaR 值。具体算法如下:

算法 3.1 给定 $M \in \mathbb{N}$。

步骤 1 对任意的 $i \in \{1, 2, \cdots, N\}$,产生 n_i 维随机变量 $(U_{i1}, \cdots, U_{in_i})$

的 M 个独立样本，记为 $\{(u_{i1},\cdots,u_{in_i})_j, j=1,2,\cdots,M\}$ 。其中，n_i 维随机变量 $(U_{i1},\cdots,U_{in_i})$ 的相依结构与 $(X_{i1},\cdots,X_{in_i})$ 的相依结构相同，即其 Copula 为 C_{X_i} 。$\{U_{i1},\cdots,U_{in_i}, i=1,2,\cdots,N\}$ 为[0,1]上均匀分布的随机变量。

步骤 2　对任意的 $i \in \{1,2,\cdots,N\}$ ，令 $(x_{ik})_j = F_{ik}^{-1}[(u_{ik})_j], k=1, 2,\cdots,n_i$ ，$j=1,2,\cdots,M$ 。其中 $(u_{ik})_j$ 是 $(U_{i1},\cdots,U_{in_i})$ 的第 j 个样本中 U_{ik} 的值，即样本 $(u_{i1},\cdots,u_{in_i})_j$ 的第 k 个分量。由此可以得到 Copula 为 C_{X_i} 的随机向量 $(X_{i1},\cdots,X_{in_i})$ 的 M 个样本 $\{(x_{i1},2,\cdots,x_{in_i})_j, j=1,\cdots,M\}$ 。

步骤 3　对所有的 $i \in \{1,2,\cdots,N\}$ ，令 $(x_i)_j = \sum_{k=1}^{n_i}(x_{ik})_j$ ，$j=1,2,\cdots,M$ 。其中，$(x_{ik})_j$ 表示 $(X_{i1},\cdots,X_{in_i})$ 的第 j 个样本中 X_{ik} 的值，也即样本 $(x_{i1},\cdots,x_{in_i})_j$ 的第 k 个分量。由此可以得到 X_i 的 M 个样本 $\{(x_i)_j, j=1,2,\cdots,M\}$ 。

步骤 4　由 Copula 函数为 C_S 的 N 维随机向量 $(U_1,U_2,\cdots,U_N)$ 产生 M 个独立的样本。其中，$U_i \sim U[0,1], i=1,2,\cdots,N$ ，且这里的 Copula 函数是未知的，但是可以根据所要研究的不同相依情形给出。

步骤 5　对所有的 $i \in \{1,\cdots,N\}$ ，通过对 $\{(x_i)_j, j=1,2,\cdots,M\}$ 重新排序，得到一个显得样本序列 $\{(x_i)^j, j=1,2,\cdots,M\}$ 。其中，$(x_i)^j$ 表示 $\{(x_i)_j, j=1,\cdots,M\}$ 的第 j 个次序统计量。

步骤 6　对任意的 $i \in \{1,2,\cdots,N\}$ ，令 $(x'_i)_j = (x_i)^{[M\cdot(u_i)_j+1]}$ 。其中，$(u_i)_j$ 是 $(U_1,U_2\cdots,U_N)$ 的第 j 个样本中 U_i 的值，即样本 $(u_i,\cdots u_N)_j$ 的第 i 个分量，$[x]$ 表示 x 的整数部分。由此便可得到对原始样本序列 $\{(x_i)_j, j=1,2,\cdots,M\}$ 重新排序后的新的样本序列 $\{(x'_i)_j, j=1,2,\cdots,M\}$ 。这些新的样本序列 $\{(x'_1)_j, j=1,2,\cdots,M\},\cdots,\{(x'_N)_j, j=1,2,\cdots,M\}$ 即为 $(X_1,X_2,\cdots,X_N)$ 的 M 个样本，记为 $\{(x'_1,x'_2,\cdots,x'_N)_j = ((x'_1)_j,x'_2)_j,\cdots,(x'_N)_j), j=1,2,\cdots,M\}$ 。且它们之间不再是独立的，而是相依的，其相依结构与 $(U_1,U_2\cdots,U_N)$ 的相依结构相同。

步骤 7　令 $s_j = \sum_{i=1}^{N}(x'_i)_j, j=1,2,\cdots,M$ ，即可得到随机向量 $S = \sum_{i=1}^{N}X_i$ 的 M 个样本，用 $\{s_1,s_2\cdots,s_M\}$ 表示。将这些样本按照从小到大的顺序进行排列，便可由 VaR 的定义得到 $\mathrm{VaR}_\alpha(S) = s^{([M\cdot\alpha+1])}$ ，其中 $s^{(j)}$ 表示 $\{s_j, j=1,2,\cdots,M\}$ 的第 j 个次序统计量，$[x]$ 上均匀分布的随机变量，且与 $(y_i^{(1)},y_i^{(2)},\cdots,y_i^{(m)})$ 相互独立。

3.5.2 模拟算法的收敛性

在利用收集到的数据进行实证分析时，由于上述算法中用到的$\{X_i, i=1,\cdots,N\}$的分布函数是未知的，因此利用这种算法进行实证分析时往往是用其经验分布函数来代替实际分布。这就需要在用经验分布代替真实分布的条件下对算法 3.1 的收敛性进行证明，证明结果如下。

引理 3.5.1 对$i=1,\cdots,n$，令Y_i为具有连续分布函数F_i的随机变量，且由Y_i产生m个独立的随机数$y_i^{(1)},\cdots,y_i^{(m)}$。用$G_{mi}$表示这些随机数的经验分布函数，则当$m\to\infty$时，有$\sum_{i=1}^{n} G_{mi}^{-1}(F_i(Y_i))\xrightarrow{P}\sum_{i=1}^{n} Y_i$。

证明 由茆诗松(2006)可知，对$\forall x\in[0,1]$，$G_{mi}^{-1}(x)\xrightarrow{a.s.}F_i^{-1}(x)$。则$G_{mi}^{-1}(x)\xrightarrow{P}F_i^{-1}(x)$，也就是说，对$\forall x\in[0,1]$，$\lim_{m\to\infty}P[\mid G_{mi}^{-1}(x)-F_i^{-1}(x)\mid >\varepsilon]=0$。

令$a_m(x)=P[\mid G_{mi}^{-1}(x)-F_i^{-1}(x)\mid >\varepsilon]$。由于对$\forall x\in[0,1]$均有$\mid a_m(x)\mid \leqslant 1$成立，

且$\lim_{m\to\infty}a_m(x)=0$，故由控制收敛定理可得

$$\lim_{m\to\infty}\int_0^1 a_m(x)\mathrm{d}x=\int_0^1 \lim_{m\to\infty}a_m(x)\mathrm{d}x=0.$$

即

$$\lim_{m\to\infty}P[\mid G_{mi}^{-1}(X)-F_i^{-1}(X)\mid >\varepsilon]=\lim_{m\to\infty}\int_0^1 P[\mid G_{mi}^{-1}(x)-F_i^{-1}(x)\mid >\varepsilon]\mathrm{d}x=0.$$

其中，X是$[0,1]$上均匀分布的随机变量，且与$(y_i^{(1)},\cdots,y_i^{(m)})$相互独立。

由以上结果可知，对标准均匀分布的随机变量X来说，当$m\to\infty$时，$G_{mi}^{-1}(X)\xrightarrow{P}F_i^{-1}(X)$。令$X=F_i(Y_i)$，则有$G_{mi}^{-1}(F_i(Y_i))\xrightarrow{P}F_i^{-1}(F_i(Y_i))$。因此，当$m\to\infty$时，有

$$\sum_{i=1}^{n} G_{mi}^{-1}(F_i(Y_i))\xrightarrow{P}\sum_{i=1}^{n} Y_i.$$

引理 3.5.2 X为连续随机变量，$\{X_n\}$为随机变量序列。若$X_n\xrightarrow{P}X$，则$VaR_\alpha(X_n)\to VaR_\alpha(X)$。

证明 令$a_n=VaR_\alpha(X_n)$，$a=VaR_\alpha(X)$。利用反证法，若该结论不成立，则可以找到一个子序列a_{n_k}满足$a_{n_k}>a+\varepsilon$或者$a_{n_k}<a-\varepsilon$对某个$\varepsilon>0$成立。在满足$a_{n_k}>a+\varepsilon$的情况下，可得

$$\alpha = P(X_{n_k} \leqslant a_{n_k}) > P\left(X_{n_k} \leqslant a + \frac{\varepsilon}{2}\right).$$

令 k 趋向于 ∞，则有

$$\alpha \geqslant P\left(X \leqslant a + \frac{\varepsilon}{2}\right),$$

进一步可得 $P\left(X \leqslant a + \frac{\varepsilon}{2}\right) \leqslant \alpha$，这与事实 $P\left(X \leqslant a + \frac{\varepsilon}{2}\right) > \alpha$ 不符。

在满足另外一种情况 $a_{n_k} < a - \varepsilon$ 下，有

$$\alpha \leqslant P(X_{n_k} \leqslant a_{n_k} + \frac{\varepsilon}{4}) < P(X_{n_k} \leqslant a - \frac{\varepsilon}{2}).$$

令 k 趋向于 ∞，则有

$$\alpha \leqslant P\left(X < a - \frac{\varepsilon}{2}\right),$$

这与 $P\left(X \leqslant a - \frac{\varepsilon}{2}\right) < \alpha$ 不相符。

综上所述，该结论是成立的。

定理 3.5.1 算法 3.1 中由 $\{s_j, j = 1,2,\cdots,M\}$ 得到的模拟 VaR 的值收敛于 S 的真实 VaR 的值，即 $VaR_\alpha(S_M) \to VaR_\alpha(S)$，其中，$S_M = \{s_j, j = 1,2,\cdots,M\}$。

证明 由引理 3.5.1 和引理 3.5.2 可得

$$VaR_\alpha(\sum_{i=1}^{n} G_{mi}^{-1}(F_i(X_i))) \to VaR_\alpha(\sum_{i=1}^{n} X_i),$$

其中，$F_i(X_i)$ 是 X_i 的分布函数。上式即为 $VaR_\alpha(S_M) \to VaR_\alpha(S)$。

证毕。

3.6 数值模拟实例及结果分析

本节将给出 $N = n_1 = n_2 = 2$ 时上述算法的模拟结果。在 X_{11}，X_{12}，X_{21}，X_{22} 的分布函数以及 (X_{11}, X_{12})，(X_{21}, X_{22}) 和 (X_1, X_2) 的 Copula 函数各种不同情形的组合下，根据上述模拟算法的步骤计算出 S 的不同模拟 VaR 值。记 (X_{11}, X_{12}) 的 Copula 为 C_{X_1}，(X_{21}, X_{22}) 的 Copula 为 C_{X_2}。假设基础风险因子的分布函数分别为正态分布和 t 分布，C_{X_1} 是参数为 $\rho = 0.3$ 的 Gauss Copula C_ρ^{Ga}，C_{X_2} 是参数为 $\rho = 0.5, \nu = 4$ 的 t Copula $C_{\nu,\rho}$。分别假设 (X_1, X_2) 的 Copula 为独立 Copula、共单调 Copula 以及反单调 Copula，并在这 3 种情形下分别计算出

VaR 的值。其中，VaR 的置信水平为 0.95。

令 $M = 10\ 000$，在上述不同情形下通过模拟计算得到的 VaR 的值以及聚合风险 S 的经验分布函数图分别在如表 3-1 和图 3-2 所示中给出。

由表 3-1 中的模拟结果可以看出，当相依结构相同、边际分布不同时，得到的风险值不同。同样的，当边际分布相同、相依结构不同时，得到的风险值也不同。很明显可以看出，聚合风险的值是由边际分布函数和联合分布函数共同决定的，这里的 Copula 函数即代替了联合分布函数。由情形 1(case 1)和情形 2(case 2)的 VaR 值可以看出，当 (X_{11}, X_{12})，(X_{21}, X_{22}) 和 (X_1, X_2) 之间的相依结构相同、各基础风险因子的边际分布函数不同时，得到的风险值也不同。尽管风险值与边际分布函数之间的特定关系并不清楚，但是它们之间的关系确实存在，这由表 3-1 中情形 1 和情形 2 下 VaR 值的大不相同即可看出。通过情形 2、情形 3 和情形 4 下 VaR 值的对比可以看出，当边际分布函数及 (X_{11}, X_{12}) 和 (X_{21}, X_{22}) 的联合分布函数相同，而 (X_1, X_2) 之间的联合分布函数不同时，得到的风险值也不相同。由前面对 X_1 和 X_2 的定义可知，它们代表的是不同类型金融产品的风险随机变量，也就是说，当边际分布函数以及每组内各基础风险因子之间的相依结构已知时，两种不同类型金融产品收益之间的相依结构不同即可得到不同的 VaR 值。由表 3-1 可以明显看出，VaR 的值在两种不同类型金融产品收益完全正相关时最大，在两种不同类型金融产品收益完全负相关时最小，在两种不同类型金融产片收益相互独立时处在最大值和最小值之间，虽然这些不同值之间的差异不大，但是仍然是不可忽视的。

表 3-1　不同边际分布及相依结构下 VaR 的值

cases	1	2	3	4
X_{11}	$N(2,1)$	$t(10)$	$t(10)$	$t(10)$
X_{12}	$N(3,4)$	$t(5)$	$t(5)$	$t(5)$
C_{X_1}	C_ρ^{Ga}	C_ρ^{Ga}	$C^{Ga} W_\rho$	C_ρ^{Ga}
X_{21}	$t(3)$	$N(3,5)$	$N(3,5)$	$N(3,5)$
X_{22}	$t(5)$	$N(10,15)$	$N(10,15)$	$N(10,15)$
C_{X_2}	$C_{\nu,\rho}^t$	$C_{\nu,\rho}^t$	$C_{\nu,\rho}^t$	$C_{\nu,\rho}^t$
C_S	Π	Π	W	M
VaR	41.6757	30.3916	26.3456	32.6293

通过将表 3-1 中的结果进行对比可以看出，边际分布函数，即基础风险因子的分布函数以及最主要的 Copula，即不同类型金融产品收益之间的 Copula 都对 VaR 的值产生了影响，并且边际分布函数是 VaR 值的主要影响因素。尽管最主要的 Copula 对最终风险值的影响相对来说要小一些，但其影响仍然是不能忽略不计的，特别是在实际应用中。在前面的章节里已经讲过，混业经营下金融机构或者金融主体所拥有或者经营的金融产品是由不同种类的基础金融产品组成的，这些基础金融产品属于不同的金融产品类型，如股票、基金、债券等。将其与上述模拟结果和分析结合起来可知，在混业经营下，金融机构或者金融主体在投资之前应该对金融市场和不同类型的金融产品进行有效的分析，以达到风险分散的目的。另外，金融机构或者金融主体还应该尽量投资那些具有负相依关系的不同类型金融产品以达到降低风险的目的。

另外，在表 3-1 中 4 种不同情形下 S 的经验分布函数曲线也在图 3-2 中给出了，其中，x 表示随机变量 S，S 的经验分布函数用 $F(x)$ 表示。由各曲线中 x 的取值范围可以看出，不同情形下聚合风险变量 S 的取值不同。由图 3-2 可以看出，x 的取值范围在两种不同类型金融产品的收益完全负相关时最小，且在这种情况下，x 取值范围左端点的值最大，右端点的值最小。x 的取值范围在情形 1 下最大，且在这种情形下，x 取值范围左端点的值最小，右端点的值最大。x 的取值范围及其左右端点的值在另外两种情形下均处于上述两种情形下对应的取值范围和左右端点值的中间。从图中每条曲线的形状可以看出，在情形 2、3、4 下曲线的形状几乎一样，且显然与情形 1 下的曲线形状不同，这说明与不同类型金融产品收益之间的相依关系相比，基础风险因子变量的分布函数对最终 VaR 的值具有更重要的影响。分别将情形 1 下曲线的形状与情形 2 下曲线的形状进行对比，情形 2 下曲线的形状与情形 3、4 下曲线的形状进行对比，可以得出，不同的边际分布函数以及不同的主要 Copula（即不同类型金融产品收益之间的 Copula）同时对 VaR 的值产生影响。

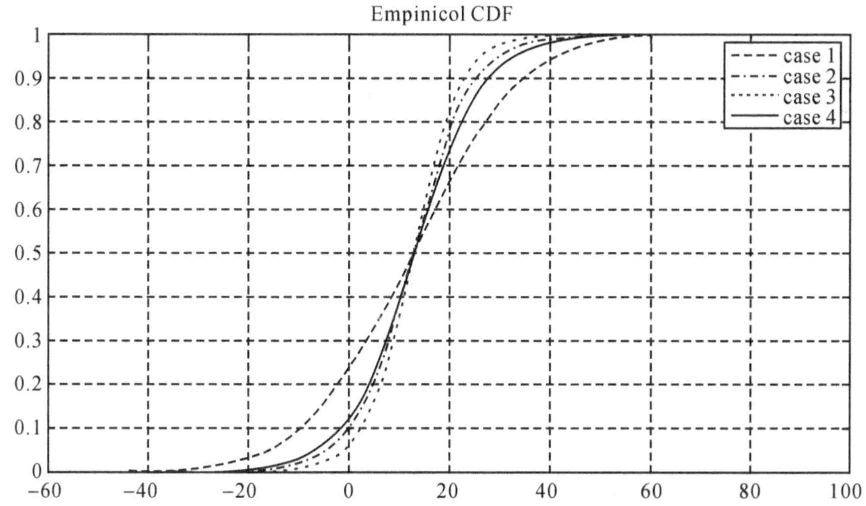

图 3-2　表 3-1 中四种情形下总体风险的经验分布函数曲线图

除此之外，上述结果及其分析也对金融机构或者金融主体的管理对策有一定的帮助。由不同类型金融产品收益之间的相依关系对最终风险值的影响可以看出，金融机构或者金融主体的风险管理部门有必要对以下几个方面进行考虑，以做出更加有效的管理决策。首先，风险管理者应该时刻关注市场的变化，并根根据市场的变化重新评估所拥有或者经营的资产或投资组合，以保证这些资产或投资组合中所有金融产品之间具有某种合适的相依关系，特别是不同类型金融产品之间的投资比例要适当，因为它们之间的相依关系会直接导致风险值的不同。其次，对于那些具有某种程度的正相依关系的不同类型金融产品，风险管理者应该密切注意它们的动向，特别是变坏的动向，因为它们之间的正相依关系使得它们具有风险传染的特征。最后，风险管理者应该根据金融市场的变化，通过增加或者减少某种类型金融产品投资额的方式，对资产或者投资组合中不同类型金融产品的投资比例不时地进行调整。通过这种方式，对那些具有正相依关系金融产品的投资额和具有负相依关系金融产品的投资额就可以保持一个较好的比例，从而保证整体的风险不会超出可控的范围。

第4章　基于藤Copula模型的混业经营下市场风险的度量

本章将对基于藤Copula模型的混业经营下市场风险度量的研究进行介绍。介绍的主要内容为在藤Copula模型的基础上,对混业经营下市场风险的度量进行实证研究的方法、过程和结论。本章的内容也是一次新的尝试,其主要意义在于对混业经营下市场风险度量的实证分析做尝试性的研究,给出可行的方法,并利用这些方法得到最终的结果,为后面有关混业经营下市场风险度量的实证研究提供参考。当然,由于目前混业经营模式在国内的实行还没有普及化和规范化,这使得对其风险进行度量的实证研究面临着各种各样的实际困难,这些困难是不可避免的,也是亟待解决的。本章在考虑到这些实际困难的前提下,尽可能按照混业经营下市场风险的实际情况,找到对应的解决办法,并尽量客观地对混业经营下市场风险度量的实证研究提供可行的思路和方法。在对具体的研究过程进行介绍之前,下面先对其中用到的模型和方法进行描述。

4.1　藤Copula模型的原理及定义

上一章已经对混业经营下金融机构或者金融主体面临的市场风险特征进行了比较详细的描述。就如前面所说,由于混业经营下市场风险的特殊性,采用一般的Copula模型对其进行度量显然是不准确的。因此,本章在对混业经营下市场风险度量的研究过程中,提出利用比一般Copula模型更加复杂化的一种Copula模型——藤Copula来对混业经营下市场风险的进行处理和分析。藤Copula是一种结构比较特殊的Copula模型,它也是一种对随机变量之间的相依关系进行描述的图解模型。在本章对混业经营下市场风险的度量进行实证研究的过程中,就是利用这种图解模型与蒙特卡罗模拟相结合的方法来对其进行度量的。这一节主要介绍藤Copula模型的原理及其相关性质。

藤Copula模型的提出是以基于Copula函数的多元随机变量分布函数

的分解以及 pair-Copula 的构建为基础的。因此，根据藤 Copula 模型建立的原理和步骤，下面分别对基于 Copula 函数的多元随机变量分布函数的分解、pair-Copula 结构以及藤 Copula 模型的建立等内容进行介绍。

4.1.1　基于 Copula 函数的多元分布分解

设 $\boldsymbol{X} = (X_1, X_2 \cdots, X_n)$ 为 n 维随机变量，其联合密度函数和联合分布函数分别为：

$$f(x_1, x_2, \cdots, x_n) \tag{4.1.1}$$

$$F(x_1, x_2, \cdots, x_n) \tag{4.1.2}$$

边际密度函数和边际分布函数分别为：$f_i(x_i)$，$i = 1, 2, \cdots, n$ 以及 $F_i(x_i)$，$i = 1, 2, \cdots, n$ 。用 $f(\cdot \mid \cdot)$ 表示对应的条件密度函数，则根据联合密度函数的性质和定义，该 n 维随机变量 $\boldsymbol{X}$ 的联合密度函数分解式可以表示为：

$$\begin{aligned} f(x_1, x_2, \cdots, x_n) &= f(x_n \mid x_1, x_2, \cdots, x_{n-1}) f(x_1, x_2, \cdots, x_{n-1}) \\ &= \left[\prod_{t=2}^{n} f(x_t \mid x_1, x_2, \cdots, x_{t-1})\right] f_1(x_1) \end{aligned} \tag{4.1.3}$$

下面就该表达式的具体推导过程进行详细的介绍。

根据 Copula 函数的定义，即 $[0,1]^n$ 上的多元分布函数，且边际分布为标准均匀分布。用 $C(u_1, u_2, \cdots, u_n)$ 和 $c(u_1, u_2, \cdots, u_n)$ 分别表示 Copula 分布函数和 Copula 密度函数，则根据 Sklar 定理，对于具有连续边际分布函数的二元完全连续分布函数 $F(x_1, x_2)$ 来说，其联合密度函数和条件密度函数可以分别表示为：

$$f(x_1, x_2) = c_{12}(F_1(x_1), F_2(x_2)) f_1(x_1) f_2(x_2) \tag{4.1.4}$$

$$\begin{aligned} f(x_2 \mid x_1) &= \frac{f(x_1, x_2)}{f_1(x_1)} = \frac{c_{1,2}(F_1(x_1), F_2(x_2)) f_1(x_1) f_2(x_2)}{f_1(x_1)} \\ &= c_{1,2}(F_1(x_1), F_2(x_2)) f_2(x_2), \end{aligned} \tag{4.1.5}$$

式中，c_{12} 为二元 Copula 密度函数。由此即可得到基于 Copula 函数的二元随机变量密度函数的分解。

在上述二元随机变量分布函数分解式的基础上可以得到，对于三维随机变量 $\boldsymbol{X} = (X_1, X_2, X_3) \sim F$ 来说，设其边际分布函数分别为 F_1, F_2, F_3 ，对应的联合密度函数和边际密度函数分别为 $f(x_1, x_2, x_3)$ 及 $f_1(x_1)$，$f_2(x_2)$，$f_3(x_3)$ ，则有

$$f(x_1, x_2, x_3) = f_1(x_1) f(x_2 \mid x_1) f(x_3 \mid x_1, x_2) \tag{4.1.6}$$

式中：

$$f(x_3 \mid x_1,x_2) = \frac{f(x_2,x_3 \mid x_1)}{f(x_2 \mid x_1)} = \frac{c_{2,3|1}(F(x_2 \mid x_1),F(x_3 \mid x_1))f(x_2 \mid x_1)f(x_3 \mid x_1)}{f(x_2 \mid x_1)}$$

$$= c_{2,3|1}(F(x_2 \mid x_1),F(x_3 \mid x_1))f(x_3 \mid x_1)$$

$$\overset{(3.1.5)}{=} c_{2,3|1}(F(x_2 \mid x_1),F(x_3 \mid x_1))c_{1,3}(F_1(x_1),F_3(x_3))f_3(x_3) \tag{4.1.7}$$

故有：

$$f(x_1,x_2,x_3) = f_1(x_1)f_2(x_2)f_3(x_3)c_{12}(F_1(x_1),F_2(x_2))c_{1,3}(F_1(x_1),F_3(x_3))c_{2,3|1}(F(x_2 \mid x_1),F(x_3 \mid x_1)) \tag{4.1.8}$$

由此可见，三维联合密度函数可以由双变量 Copula$C_{1,2}$，$C_{1,3}$，$C_{2,3|1}$ 对应的密度 $c_{1,2}$，$c_{1,3}$，$c_{2,3|1}$ 来表示。一般情况下，均假设条件 Copula 函数 $C_{2,3|1}$ 与条件变量 X_1 相互独立。

以上即为在 Copula 函数的基础上对多元分布密度函数进行分解的思路。将该分解式推广到 n 维随机变量即可得到藤 Copula 模型的建模基础，即 pair-Copula 结构。

4.1.2 Pair-Copula 结构

对 n 维的随机变量 $\boldsymbol{X} = (X_1,X_2,\cdots,X_n)$ 来说，设 $f(x_1,x_2,\cdots,x_n)$ 为其联合密度函数，其边际密度函数为 $f_i(x_i)$，$i = 1,2,\cdots,n$，联合分布函数为 $F(x_1,x_2,\cdots,x_n)$，边际分布函数为 $F_i(x_i)$，$i = 1,2,\cdots,n$。用 $f(\cdot \mid \cdot)$ 表示其条件密度函数，则类似的有

$$f(x_1,x_2,\cdots,x_n) = f(x_n \mid x_1,x_2,\cdots,x_{n-1})f(x_1,x_2,\cdots,x_{n-1})$$

$$= \left[\prod_{t=2}^{n} f(x_t \mid x_1,x_2,\cdots,x_{t-1})\right]f_1(x_1) \tag{4.1.9}$$

对特定的满足 $i < j$，$i_1 < \cdots < i_k$ 的 $i,j,i_1,i_2,\cdots,i_k$ 来说，令：

$$c_{i,j|i_1,\cdots,i_k} := c_{i,j|i_1,\cdots,i_k}(F(x_i \mid x_{i_1},x_{i_2},\cdots,x_{i_k}),F(x_j \mid x_{i_1},x_{i_2},\cdots,x_{i_k})) \tag{4.1.10}$$

则 $f(x_t \mid x_1,x_2\cdots,x_{t-1})$ 可写为：

$$f(x_t \mid x_1,x_2,\cdots,x_{t-1}) = c_{1,t|2,\cdots,t-1} \times f(x_t \mid x_1,x_2,\cdots,x_{t-2})$$

$$= \left[\prod_{s=1}^{t-2} c_{s,t|s+1,\cdots,t-1}\right] \times c_{(t-1),t} \times f_t(x_t) \tag{4.1.11}$$

令 $s = i$，$t = i+j$，由(4.1.9)可得

$$f(x_1,x_2,\cdots,x_n)=\left[\prod_{t=2}^{n}\prod_{s=1}^{t-2}c_{s,t|s+1,\cdots,t-1}\right]\cdot\left[\prod_{t=2}^{n}c_{(t-1),t}\right]\cdot\left[\prod_{k=1}^{n}f_k(x_k)\right]$$
$$=\left[\prod_{j=1}^{n-1}\prod_{i=1}^{n-j}c_{i,(i+j)|(i+1),\cdots,(i+j-1)}\right]\cdot\left[\prod_{k=1}^{n}f_k(x_k)\right].\tag{4.1.12}$$

式(4.1.12)即为多元分布的 pair-Copula 分解，其表示的是多元随机变量之间的相依结构，即为 pair-Copula 结构。显然，上面的分解式中包含了很多不同的双变量 Copula 函数，多元随机变量的维数越高，其对应的 pair-Copula 结构中所包含的双变量 Copula 函数就越多。对每个双变量 Copula 函数，均可以选择不同类型的 Copula 函数来代替，将这些不同类型的双变量 Copula 函数组合起来就可以得到不同的多元随机变量相依结构。下面在该 pair-Copula 结构的基础上，对本章将要用到的藤 Copula 模型进行介绍。

4.1.3　藤 Copula 模型

显然，对于高维随机变量的分布函数来说，其 pair-Copula 结构不是唯一的，而是有多种可能。为了对多元随机变量之间的这种相依结构进行系统的描述，学者们引入了一种被称为规则藤(Regular Vine)的图解模型。根据上面对 pair-Copula 结构的描述可知，规则藤的类是很大的，其中包含了多元随机变量分布函数所有可能的 pair-Copula 结构。也可以说，规则藤是一种表示多元随机变量中各分量间 pair-Copula 结构的图解模型，该模型将多元随机变量间所有可能的 pair-Copula 结构包含在内。因此，也可以将其看成是包含所有可能 pair-Copula 结构的类。由于该图解模型的建立是以 pair-Copula 为基础的，且其主要目的是以 Copula 密度函数与各单变量分布密度函数相结合的方式对多元随机变量之间的相依关系进行描述，故将其称为规则藤 Copula 模型。当然，用规则藤 Copula 模型对多元随机变量中各单变量之间的 pair-Copula 结构进行描述的方式也不是唯一的，不同的描述方式对应的藤 Copula 模型和结构不同。下面分别从文字描述和结构图两个角度对各藤 Copula 模型的定义及其性质进行简单的介绍。

首先，对 R 藤(Regular Vine)Copula 模型的结构进行简单的描述。R 藤(R-Vine)Copula 模型是最一般的藤 Copula 结构模型。除此之外，还有 C 藤(Canonical Vine)、D 藤(D-Vine)Copula 模型。对 R 藤 Copula 模型结构的描述可以概括为以下几点：

(1)每个 n 维藤 Copula 都由 $n-1$ 棵树来表示;

(2)第 j 棵树具有 $n+1-j$ 个结点和 $n-j$ 条边;

(3)每棵树中的每条边对应的是一个双变量 Copula 密度函数;

(4)第 j 棵树中的边是第 $j+1$ 棵树中的结点;

(5)第 j 棵树中同一个结点连接的两条边在第 $j+1$ 棵树中是由一条边连接的两个结点;

(6)整个藤 Copula 结构由 $\frac{n(n-1)}{2}$ 条边(也即 $\frac{n(n-1)}{2}$ 个双变量 Copula 密度函数)和边际密度函数来定义,也即这两者确定了一个藤 Copula 结构。

对 C 藤 Copula 模型最简单的定义就是:每棵树都有唯一的一个结点与 $n-j$ 条边相连的 R 藤 Copula 模型。也就是说,C 藤 Copula 模型可以看成是 R 藤 Copula 模型的特例。类似地,D 藤 Copula 模型也可以看成是 R 藤 Copula 模型的特例。对其最简单的定义就是:每棵树都没有任何一个结点与多于两条边相连的 R 藤模型。为了更好地对藤 Copula 模型的结构特征进行说明,下面采用图形与公式相结合的方式分别对五维 C 藤和 D 藤 Copula 模型的结构进行描述。

首先,分别令

$$c_{ij|v}:=c_{ij|v}(F_{i|v}(x_i \mid \boldsymbol{X}_v),F_{j|v}(X_j \mid \boldsymbol{X}_v))$$
$$f_j:=f_j(X_j)$$
$$f_v:=f_v(X_v),$$

对五维 C 藤 Copula 模型来说,有

$$f_{12345}=f_1\cdot f_2\cdot f_3\cdot f_4\cdot f_5\cdot c_{12}\cdot c_{13}\cdot c_{14}\cdot c_{15}\cdot c_{23|1}\cdot c_{24|1}\cdot c_{25|1}\cdot c_{34|12}\cdot c_{35|12}\cdot c_{45|123},$$

对五维 D 藤 Copula 模型来说,有

$$f_{12345}=f_1\cdot f_2\cdot f_3\cdot f_4\cdot f_5\cdot c_{12}\cdot c_{23}\cdot c_{34}\cdot c_{45}\cdot c_{13|2}\cdot c_{24|3}\cdot c_{35|4}\cdot c_{14|23}\cdot c_{25|34}\cdot c_{15|234}.$$

对应的五维 C 藤和 D 藤 Copula 模型的结构如图 4-1 所示。其中,图 4-1(a)为五维 C 藤 Copula 模型结构图,(b)为五维 D 藤 Copula 模型结构图。

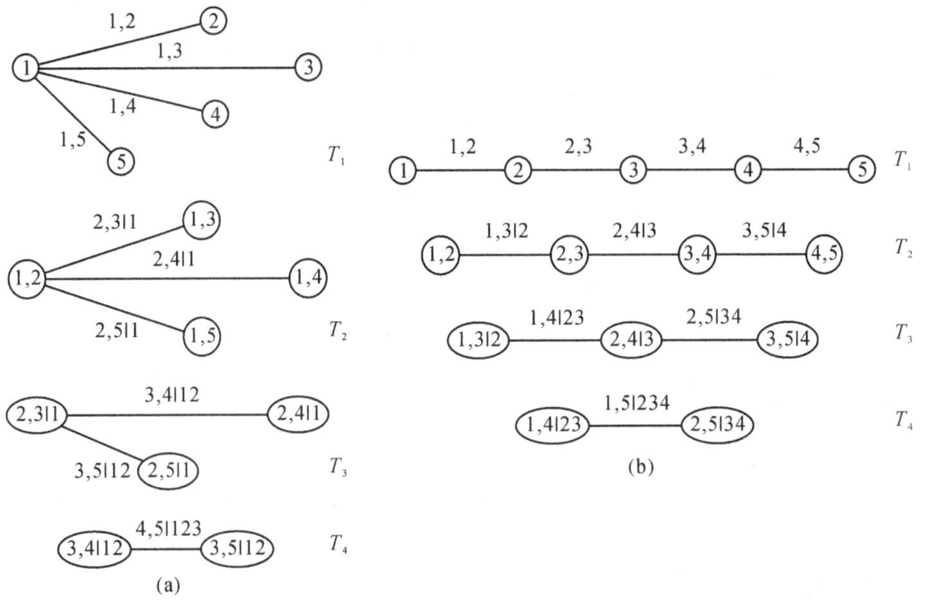

图 4.1　五维 C 藤(a)和 D 藤(b)树形图

4.2　几种常见的时间序列模型

通常情况下，在对市场风险的度量进行研究的过程中，所用的样本数据为股票等基础金融产品的日收益率数据，即具有时间序列特性的金融日收益率数据。如本章在对混业经营下市场风险的度量中，就是以股票的日收益率数据作为样本数据来进行研究的。由于时间序列数据的异质性和自相关性，为了使得模型估计的结果更加准确，在将这些数据用于实证研究之前，先要利用时间序列模型对其进行过滤以得到独立同分布的白噪声过程。因此，本节对时间序列相关的几个主要模型进行介绍。

4.2.1　ARMA 模型

ARMA 模型即为自回归移动平均模型，该模型属于线性的时间序列模型。为了对其定义和性质进行说明，下面首先给出 ARMA(1,1)过程的定义及相关性质。平稳时间序列 $\{X_t\}$ 若对每个 t 都满足

$$X_t - \phi X_{t-1} = Z_t + \theta Z_{t-1}, \tag{4.2.1}$$

其中，$\{Z_t\} \sim \mathrm{WN}(0,\sigma^2)$，$\phi + \theta \neq 0$，则该时间序列为ARMA(1,1)过程。若用后移算子B表示，则上式可以写成下面更简洁的形式

$$\phi(B)X_t = \theta(B)Z_t, \tag{4.2.2}$$

其中，$\phi(B)$ 及 $\theta(B)$ 分别为

$$\phi(B) = 1 - \phi B, \quad \theta(B) = 1 + \theta B. \tag{4.2.3}$$

通过计算可得，

$$X_t = Z_t + (\phi + \theta)\sum_{j=1}^{\infty}\phi^{j-1}Z_{t-j} \tag{4.2.4}$$

为式(4.2.1)的唯一平稳解。式(4.2.4)表示的过程也称为MA(∞)过程，即无穷阶移动平均过程。根据分析和计算可得到关于ARMA(1,1)过程递归式(4.2.2)平稳解的存在性和其他性质如下：

(1)当且仅当 $\phi \neq \pm 1$ 时，ARMA(1,1) 过程对应的方程具有平稳解。

(2)若 $|\phi| < 1$，则ARMA(1,1) 方程的唯一平稳解如(4.2.4) 所示。在这种情况下，可以称 $\{X_t\}$ 为 $\{Z_t\}$ 的函数，因为 $\{X_t\}$ 可以由 $\{Z_s, s \leqslant t\}$ 来表示。

(3)若 $|\phi| > 1$，则ARMA(1,1)方程的唯一平稳解表示

$$X_t = \chi(B)\theta(B)Z_t = -\theta\phi^{-1}Z_t - (\theta + \phi)\sum_{j=1}^{\infty}\phi^{-j-1}Z_{t+j}. \tag{4.2.5}$$

根据ARMA(1,1)模型的定义，可以得到更加一般的ARMA(p,q)模型的定义。平稳时间序列 $\{X_t\}$ 若对每个 t 均满足

$$X_t - \phi_1 X_{t-1} - \cdots - \phi_p X_{t-p} = Z_t + \theta_1 Z_{t-1} + \cdots + \theta_q Z_{t-q} \tag{4.2.6}$$

其中，$\{Z_t\} \sim \mathrm{WN}(0,\sigma^2)$ 且多项式 $(1 - \phi_1 z - \cdots - \phi_p z^p)$ 与 $(1 + \theta_1 z + \cdots + \theta_q z^q)$ 没有共同因子。则该序列即为ARMA(p,q) 过程。若 $\{X_t - \mu\}$ 为ARMA(p,q) 过程，则称 $\{X_t\}$ 为具有均值 μ 的ARMA(p,q)过程。基于该研究方法的藤Copula分组模型可参见陈振龙等(2018)。

4.2.2 ARCH模型

所谓ARCH模型，即条件异方差模型。该模型是在自回归等线性模型的基础上提出的非线性模型。为了引出ARCH模型的定义，下面首先给出下列方程

$$Z_t = \sqrt{h_t}e_t, \ \{e_t\} \sim \mathrm{IIDN}(0,1). \tag{4.2.7}$$

该方程的解即为ARCH(p)过程 $\{X_t\}$。其中，h_t 是 $\{Z_s, s < t\}$ 的(正)

函数,可以表示为

$$h_t = \alpha_0 + \sum_{i=1}^{p}\alpha_i Z_{t-i}^2 \tag{4.2.8}$$

其中,$\alpha_0 > 0$,$\alpha_j \geqslant 0, j = 1,2,\cdots,p$ 。h_t 是给定 $\{Z_s, s < t\}$ 的条件下,Z_t 的条件方差。

ARCH 过程中最简单的过程为 ARCH(1)过程,根据上面对 ARCH 过程的定义可知,ARCH(1)过程对应的方程可以表示为

$$Z_t = \alpha_0 e_t^2 + \alpha_1 Z_{t-1}^2 e_t^2 = \alpha_0 e_t^2 + \alpha_1 \alpha_0 e_t^2 e_{t-1}^2 + \alpha_1^2 Z_{t-2}^2 e_t^2 e_{t-1}^2 \cdots = \alpha_0 \sum_{j=0}^{n} \alpha_1^j e_t^2 e_{t-1}^2 \cdots e_{t-j}^2 + \alpha_1^{n+1} Z_{t-n-1}^2 e_t^2 e_{t-1}^2 \cdots e_{t-n}^2. \tag{4.2.9}$$

若 $|\alpha_1| < 1$,则 ARCH(1) 方程的解为:

$$Z_t = e_t \sqrt{\alpha_0 (1 + \sum_{j=1}^{\infty} \alpha_1^j e_{t-1}^2 \cdots e_{t-j}^2)} \tag{4.2.10}$$

且其具有以下性质

$$E(Z_t) = E(E(Z_t \mid e_s, s < t)) = 0,$$

$$Var(Z_t) = \alpha_0/(1-\alpha_1),$$

以及对于 h>0 有

$$E(Z_{t+h}Z_t) = E(E(Z_{t+h}Z_t \mid e_s, s < t+h)) = 0,$$

因此,$|\alpha_1| < 1$ 的 ARCH(1)过程为严平稳的白噪声过程,但是,该过程不是独立同分布的,因为根据式(4.2.7) 和(4.2.8) 可得

$$E(Z_t^2 \mid Z_{t-1}) = (\alpha_0 + \alpha_1 Z_{t-1}^2)E(e_t^2 \mid Z_{t-1}) = \alpha_0 + \alpha_1 Z_{t-1}^2. \tag{4.2.11}$$

这也说明 $\{Z_t\}$ 不是高斯过程,因为严平稳的高斯白噪声过程具有独立同分布的性质。

4.2.3 GARCH 模型

GARCH 模型也即广义自回归条件异方差模型,是 ARCH 模型的推广。以 GARCH(p,q)模型为例,GARCH(p,q)模型是 ARCH(p)模型的推广,该模型可以通过将上面 ARCH(p)过程对应的方程中式子(4.2.8)用下式代替来得到。

$$h_t = \alpha_0 + \sum_{i=1}^{p}\alpha_i Z_{t-i}^2 + \sum_{j=1}^{q}\beta_j h_{t-j}^2, \tag{4.2.12}$$

其中,$\alpha_0 > 0$,$\alpha_j, \beta_j \geqslant 0, j = 1,2,\cdots$ 。也就是说,通常情况下,可以将 GARCH(p,q)过程定义为满足式(4.2.12) 以及式(4.2.7),即

$$Z_t = \sqrt{h_t} e_t, \{e_t\} \sim \text{IID}N(0,1) \tag{4.2.13}$$

定义的一般平稳过程 $\{Z_t\}$ 。在该模型的建立过程中，通常假设

$$e_t \sim N(0,1) \tag{4.2.14}$$

或者

$$\sqrt{\frac{\nu}{\nu-2}} e_t \sim t_\nu, \quad \nu > 2 \tag{4.2.15}$$

其中，t_ν 表示自由度为 ν 的 t 分布。上式左边的比例系数 $\sqrt{\frac{\nu}{\nu-2}}$ 主要是为了使得 e_t 的方差为 1。

由上面的定义可以看出，从某种意义上来说，GARCH(p,q)模型与 ARCH(∞)，即高阶自回归条件异方差模型是等价的。但是，相比起高阶 ARCH(∞) 模型，其待估参数要少得多，因此，该模型解决了对高阶 ARCH(∞) 模型的参数进行估计的问题。

另外，将 ARCH(p)过程与 GARCH(p,q)过程对应的方差进行对比可以发现，ARCH(p)模型属于比较短期的记忆过程，即其随机误差的条件方差可以通过该过程过去 p 期的值得到。而 GARCH(p,q)模型则为长期记忆过程，即其随机误差的条件方差是由该过程过去所有的值来决定的。除了上述 GARCH 模型中两个最一般最基本的模型以外，还有很多由 GARCH 模型衍变而来的各种其他模型，如 GARCH-M 模型、EGARCH 模型、TGARCH 模型等，这里就不一一介绍了。

4.3 本章所用方法、模型及其估计和模拟

4.3.1 模型及方法

前面已经指出，在对市场风险度量的研究中，研究的对象为反映市场变化、承载市场风险的各基础金融产品的收益率，也称为基础风险因子。将所有这些基础风险因子组合在一起，可以看成是对多个基础资产（各基础金融产品）组成的资产组合（即多资产组合）的风险度量进行研究。在对多资产组合的风险进行研究时，不仅要对各单个资产的分布（即总体风险的边际分布）进行研究，还要对各单个资产之间的相依结构进行研究。根据 Copula 函数与多元随机变量分布函数之间的关系，本章对混业经营下市

场风险的度量进行研究时，构建了以著名的 Sklar 定理为基石的藤 Copula 模型。与前面章节所描述的一样，本章同样以 VaR 作为风险度量的工具。因此，首先要对多资产组合的分布函数进行估计，再根据 VaR 的定义对风险的值进行求解。

根据 Sklar 定理，首先，采取两步法对多资产组合的联合分布函数进行估计：第一步估计各单个资产的分布函数，即总体风险 Copula 函数的边际分布函数；第二步估计总体风险 Copula 函数的参数。其次，要对上述多资产组合的风险进行度量，还要在此基础上进行模拟，从而得到资产组合的 VaR 值。

为了得到可用于 Copula 模型拟合的独立同分布标准残差，这里首先利用 ARMA(1,1)-GARCH(1,1) 模型对各收益率序列进行拟合，再把通过过滤得到的独立同分布标准残差序列通过经验分布函数法转化为服从标准均匀分布的样本数据，最后再利用这些处理后的样本数据对藤 Copula 模型中的各参数进行估计。

4.3.2　模型估计方法及步骤

由前面对各藤 Copula 模型的定义可知，在对每种藤 Copula 模型进行拟合的过程中，都逃不开两个重要的问题，一个是对每棵树根节点的选取问题，一个是对由同一条边连接的每个节点对选择最优双变量 Copula 函数的问题。鉴于每种藤 Copula 模型的构建和结构相似，这里只给出利用样本数据对 C 藤 Copula 模型进行拟合的相关内容。对于其他类型藤 Copula 模型的拟合，可以采用类似的方法和步骤。

在用 C 藤 Copula 模型对多资产组合中各单个资产的相依关系进行拟合的时候，首先按照以下方法来对其中每棵树的根节点进行选取，即：若每两个节点之间的相依程度用它们之间的经验 Kendall′τ 的绝对值来度量，且每棵树中有 d 个节点，则首先计算出每个节点与其他所有节点之间的 Kendall′τ 的绝对值之和，再选取这些绝对值之和中最大的那个对应的节点来作为这棵树的根节点。简言之，即通过求解下面的最优化问题来确定 C 藤 Copula 模型中每棵树的根节点。

$$\max \sum_{\text{树中的边} e=i,j} |\delta_{ij}|, \tag{4.3.1}$$

其中，δ_{ij} 表示节点 i 和节点 j 之间的经验 Kendall′τ 的值，$|\delta_{ij}|$ 表示节点 i 和节点 j 之间的经验 Kendall′τ 值的绝对值。之所以用绝对值，是因为

两节点间负的 Kendall′τ 值也同样表示这两个节点间有很强的相依关系。

在利用上述方法确定好了 C 藤 Copula 模型中每棵树的根节点以后，接下来就要为藤 Copula 模型中每条边连接的每个节点对选择最优的双变量 Copula 函数。对双变量 Copula 函数选择的方法主要有图形法和分析法。这里采用分析法对其进行选择。首先介绍在藤 Copula 模型中对各 pair-Copula 来说，可供选择的双变量 Copula 函数类型，包括椭圆 Copula（如 Gaussian Copula 和 Student-t Copula）、阿基米德 Copula（如单参数阿基米德 Copula 族：Clayton Copula、Gumbel Copula、Frank Copula、Joe Copula 以及双参数阿基米德 Copula 族：Clayton-Gumbel Copula、Joe-Gumbel Copula、Joe-Clayton Copula、Joe-Frank Copula）以及混合 Copula 等。其中，各双参数阿基米德 Copula 分别用 BB1 Copula，BB6 Copula，BB7 Copula，BB8 Copula 表示。混合 Copula 则包括上述阿基米德 Copula 的生存 Copula 以及上述阿基米德 Copula 旋转 90°和 180°以后得到的 Copula 族。本章构建的各藤 Copula 模型中可供选择的双变量 Copula 集合包括 Gaussian Copula；Student-t Copula；Clayton Copula；Gumbel Copula；Frank Copula；Joe Copula；BB1 Copula；BB6 Copula；BB7 Copula；BB8 Copula 以及分别将 Clayton Copula、Gumbel Copula、Joe Copula、BB1 Copula、BB6 Copula、BB7 Copula、BB8 Copula 旋转 90°、180°、270°后得到的相应 Copula。在对最优双变量 Copula 函数的选择中，利用 AIC 赤池信息准则进行选取，因为该准则是从拟合优度和模型复杂度两个方面对待选模型的优劣进行评价的。

4.3.3 数值模拟算法及步骤

在利用 AIC 赤池信息准则对各 pair-Copula 的最优双变量 Copula 函数进行选择以后，再结合上面得到的 C 藤 Copula 模型中每棵树的根节点，即可得到基于上述方法的，由样本数据估计出的 C 藤 Copula 模型。但是，为了得到上述多资产组合的 VaR 值，还需要利用蒙特卡罗模拟法对得到的藤 Copula 模型进行模拟。用蒙特卡罗模拟计算资产组合总体风险 VaR 值的方法和步骤为：

（1）根据由样本数据估计出的藤 Copula 模型中各参数的值，得到适合多资产组合样本数据的具体藤 Copula 模型。将其作为多资产组合中各单个资产之间的相依结构，利用蒙特卡罗模拟法生成该藤 Copula 模型的 N 个 n 维随机数组 $(u_1^j, u_2^j, \cdots, u_n^j)$，$j=1,2,\cdots,N$，其中 n 为投资组合所包含的单个基础金融资产的个数；

(2)令 $x_i^j = F_i^{-1}(u_i^j)$，$i = 1,2,\cdots,n$，$j = 1,\cdots,N$，其中 F_i 为前面得到的资产 i 的收益率标准化后的残差服从的分布，F_i^{-1} 为其反函数，即可得到 N 个 x_i，$i = 1,2,\cdots,n$ 的模拟值，记为 $\{x_i^j, j = 1,2,\cdots,N\}$；

(3)根据上一步得到的各 x_i^j 值及 ARMA(1,1)－GARCH(1,1) 模型得到单个基础金融资产收益率 x_i，$i = 1,\cdots,n$ 在第 t 日的 N 个预测值 $\{x_{i,t}^j, j = 1,2,\cdots,N\}$；

(4)由上一步得到的单个基础金融资产收益率在第 t 日的 N 个预测值 $\{x_{i,t}^j, j = 1,2,\cdots,N\}$，得到资产组合的收益率在第 t 日的 N 个预测值 $\{x_t^j = \sum_{i=1}^{n}\omega_i x_{i,t}^j, j = 1,2,\cdots,N\}$，再由 VaR 的定义，得到该资产组合的经验 VaR 值。其中，ω_i 为资产组合中第 i 个资产在总资产中所占的比例；

(5)重复上述步骤 100 次，求出这 100 次所有 VaR 的平均值，即为第 t 日 VaR 的估计值。

其中，关于用蒙特卡罗模拟法对藤 Copula 模型进行模拟的具体步骤，Aas(2009)对其进行了详细的介绍。这里只对其进行简单的介绍：

(1)生成 n 个[0,1] 上均匀分布的相互独立的随机数 $\omega_1, \omega_2, \cdots, \omega_n$；

(2)令 $x_1 = \omega_1, x_2 = F^{-1}(\omega_2 \mid x_1), x_3 = F^{-1}(\omega_3 \mid x_1, x_2), \cdots, x_n = F^{-1}(\omega_n \mid x_1, x_2, \cdots, x_{n-1})$。其中，$F^{-1}$ 是 F 的反函数，对于 C 藤 Copula 模型来说，

$$F(x_j \mid x_1, x_2, \cdots, x_{j-1}) = \frac{\partial C_{j,j-1|1,\cdots,j-2}(F(x_j \mid x_1, x_2, \cdots, x_{j-2}), F(x_{j-1} \mid x_1, x_2, \cdots, x_{j-2}))}{\partial F(x_{j-1} \mid x_1, \cdots, x_{j-2})}, \tag{4.3.2}$$

式中的 Copula 函数 C 即为利用前面介绍的方法选择出的各最优双变量 Copula 函数。通过上述方式产生的 $x_1, x_2, \cdots, x_n$ 即为相依结构符合特定藤 Copula 模型的[0,1]上的随机数。

4.4　实证分析及结果

本节对混业经营下市场风险度量的实证研究过程中用到的样本数据、所使用的方法以及模型估计的结果等进行介绍。下面首先对实证研究中所使用的样本数据的选取及处理方法进行介绍。

4.4.1 数据的选取及处理方法

就如前面所述，由于目前国内对混业经营的实行没有规范化，导致对混业经营下市场风险度量相关的样本数据难以获取。因此，本章对混业经营下市场风险度量的实证研究中，根据混业经营下市场风险的特点，选取了来自不同行业8只股票（分别为神火股份、中金岭南、宁波银行、冀中能源、中联重科、招商地产以及宏源证券和万科）的日收盘价作为原始样本数据，用这些原始样本数据来代表混业经营下来自不同类型金融产品的基础金融产品收益。数据来源于国泰安CSMAR数据库。

由于各股票的开盘日期存在差异，可能某些股票因为一些特殊原因会在一段时间内停盘，这时就无法获取该段时间内该只股票的收盘价格。但是为了更好地说明各股票之间的相依关系，最好选取相同日期的收盘价格来进行研究方才合理。为了克服这个问题，首先利用下面的方法和步骤对数据进行选取和处理：

(1)首先，选取2005年1月1日到2014年12月30日之间的上述8只股票的全部日收盘价数据；

(2)其次，根据交易日期这一参数对上述数据进行筛选，选出那些所有8只股票的日收盘价均存在的日期；

(3)最后，对选出的所有日收盘价数据进行了先求自然对数值再求一阶差分的运算，从而得到了每只股票的对数收益率数据。

根据上述筛选方法，最终选取了2007年7月19日到2014年12月9日之间的共1346组数据，并按照上述方法对其进行了预处理。

4.4.2 数据分析和模型估计

本节中对数据的分析及模型的参数估计都是通过R软件实现的。作为数据分析结果的各股票日对数收益率数据的描述性统计特征表在此处就不一一呈现，而只给出根据各描述性统计特征得到的结论。

根据各股票数据的统计特征可以得出，上述8只股票日对数收益率数据的偏度明显，峰度也较高。J-B检验表明，每只股票日对数收益率数据都在1%的显著性水平下拒绝正态分布假设。LM检验证明所有的对数收益率序列都有明显的ARCH效应，再根据前面所说的金融收益时间序列数据一般都具有异质性和自相关性。因此，这里选用ARMA(1,1)-GARCH

(1,1) 模型对各对数收益率序列进行拟合，再将通过过滤得到的独立同分布标准残差序列利用经验分布函数法转化为服从标准均匀分布的随机变量，最后再进行 C 藤 Copula 函数的参数估计。为了方便表述，将 8 只股票按如下编号：神火股份(V1)，冀中能源(V2)，中金岭南(V3)，中联重科(V4)，万科(V5)，招商地产(V6)，宏源证券(V7)，宁波银行(V8)。

首先，利用 ARMA(1,1)-GARCH(1,1)模型对各股票的对数收益率进行估计，得到的参数估计结果如表 4-1 所示中给出。在对各股票对数收益率序列进行 ARMA(1,1)-GARCH(1,1)建模后，还需要对经过该模型过滤之后的残差收益率序列进行自相关检验。根据自相关检验的结果可得，经过 ARMA(1,1)-GARCH(1,1)模型滤波之后的标准化残差序列不存在一阶自相关和二阶自相关。另外，对标准化的残差序列做概率积分变换，并利用 K-S 检验方法对其进行检验，得出变换后的序列服从 (0.1) 上的均匀分布的结果。因此，对上述 8 只股票的日对数收益率采用 ARMA(1,1)-GARCH(1,1)建模是有效的。

表 4-1　ARMA(1,1)-GARCH(1,1)模型的参数估计结果

	V1	V2	V3	V4	V5	V6	V7	V8
mu	−0.000252	−0.000125	−0.000484	−0.000161	−0.000079	0.000983	0.000303	−0.000047
ar1	0.170303	0.088698	0.364307	−0.193300	−0.992758	−0.914943	0.795160	−0.841193
ma1	−0.102718	0.005931	−0.309373	0.266834	0.990096	0.911826	−0.773895	0.815732
omega	0.000002	0.000003	0.000005	0.000187	0.000026	0.000022	0.000080	0.000016
alpha1	0.005148	0.002712	0.007342	0.113775	0.073375	0.014754	0.086312	0.073767
beta1	0.993852	0.996288	0.991658	0.738456	0.900281	0.965513	0.860620	0.913319
shape	3.209066	2.979529	2.754177	3.410493	3.847326	4.192107	3.998684	3.707032

根据前面章节所描述的方法，得到 C 藤 Copula 模型中各树形图的根节点顺序为：V3，V7，V6，V5，V2，V8，V4，V1。基于 AIC 准则选择的双变量 Copula 函数及这些 Copula 函数对应的参数如表 4-2～4-8 所示。确定最优的双变量 Copula 后，根据极大似然估计法估计出的参数值，计算得到的相应 Kendall' τ 秩相关系数也在各表中给出了。其中，旋转 180 度得到的 Copula 称为 survival Copula。如旋转 Clayton Copula 180°后得到的 Copula 称为 Survival Clayton Copula。表 4-2～4-8 中的第一列指的是每棵树中与两节点相连的边的名称，如 V1，V3 表示节点 V1 与节点 V3 相连的边，V1，V7|V3 表示节点(V1，V3)与节点(V7，V3)相连的边，V1，V6|V7，V3 表示节点 V1，V7|V3 与节点 V6，V7|V3 相连的边，以此类推。上一棵树中的边为下一棵树中的节点。par 及 par2 分别表示 Copula 函数的参数 1

和参数 2，对于只有一个参数的 Copula 函数，只有一个参数 par。此外，运用上述方法得到的样本数据C 藤结构图中的第一棵树形图也在如图 4-2 所示中给出了。图 4-2 中方框内表示各个节点，连接两个节点的边上分别为这两个节点之间的 Pair-Copula 及其对应的 Kendall'τ 系数。类似地，还可以得到其 C 藤结构图中的第二、三、四、五、六、七棵树形图，在此就不一一给出。

表 4-2　第一棵树的相依结构

树中边的名称	Copula 的类别	参数	Kendall'τ
V1，V3	Survival Joe-Frank	par=5.93，par2=0.97	0.7
V4，V3	Gaussian	par=0.4	0.26
V2，V3	Survival Joe-Frank	par=3.02，par2=0.95	0.47
V5，V3	Gumbel	par=1.77	0.44
V6，V3	Gumbel	par=2.18	0.54
V7，V3	Frank	par=3.05	0.31
V8，V3	Gaussian	par=0.65	0.45

表 4-3　第二棵树的相依结构

树中边的名称	Copula 的类别	参数	Kendall'τ
V1，V7|V3	Gaussian	par=−0.06	−0.04
V4，V7|V3	t	par=0.47，par2=4.32	0.31
V2，V7|V3	Clayton	par=0.23	0.1
V5，V7|V3	t	par=0.62，par2=13.9	0.43
V6，V7|V3	Frank	par=3.99	0.39
V7，V8|V3	Joe-Frank	par=2.39，par2=0.88	0.32

表 4-4　第三棵树的相依结构

树中边的名称	Copula 的类别	参数	Kendall'τ
V1，V6|V7，V3	Rotated Joe-Frank 270 degrees	par=−1.99，par2=−0.95	−0.3
V4，V6|V7，V3	Rotated Joe-Frank 270 degrees	par=−1.73，par2=−0.85	−0.17
V2，V6|V7，V3	Rotated Joe-Clayton 90 degrees	par=−1.11，par2=−0.24	−0.15

续　表

树中边的名称	Copula 的类别	参数	Kendall′τ
V5, V6|V7, V3	Survival Joe-Clayton	par=1.18, par2=0.13	0.15
V6, V8|V7, V3	t	par=0.22, par2=7.13	0.14

表 4-5　第四棵树的相依结构

树中边的名称	Copula 的类别	参数	Kendall′τ
V1, V5|V6, V7, V3	Joe-Frank	par=1.22, par2=0.96	0.09
V4, V5|V6, V7, V3	Survival Joe-Frank	par=1.67, par2=0.89	0.18
V2, V5|V6, V7, V3	Joe	par=1.05	0.03
V5, V8|V6, V7, V3	Survival Joe-Frank	par=2.5, par2=0.73	0.23

表 4-6　第五棵树的相依结构

树中边的名称	Copula 的类别	参数	Kendall′τ
V1, V2|V5, V6, V7, V3	Survival Joe-Clayton	par=1.51, par2=0.19	0.27
V4, V2|V5, V6, V7, V3	Joe-Frank	par=1.56, par2=0.74	0.1
V2, V8|V5, V6, V7, V3	Frank	par=0.37	0.04

表 4-7　第六棵树的相依结构

树中边的名称	Copula 的类别	参数	Kendall′τ
V1, V8|V2, V5, V6, V7, V3	Clayton	par=0.1	0.05
V4, V8|V2, V5, V6, V7, V3	Survival Joe-Frank	par=1.15, par2=0.98	0.07

表 4-8　第七棵树的相依结构

树中边的名称	Copula 的类别	参数	Kendall′τ
V1, V4|V8, V2, V5, V6, V7, V3	Survival Clayton	par=0.02	0.01

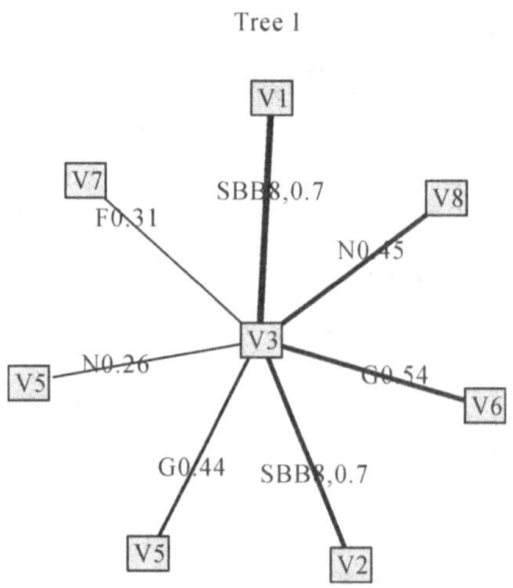

图 4-2　样本数据的 C 藤结构图的第一棵树形图

4.4.3　实证结果及稳健性分析

根据上述参数估计的结果以及前面介绍的方法，基于上述 C 藤 Copula 模型，选取了最后 800 个交易日的数据对 8 只股票组成的投资组合的 VaR 值进行回溯测试。即从 2010 年 6 月 2 日开始，对每一天这 8 只股票对应的残差序列进行模拟，模拟次数为 $N = 10\ 000$ 次，模拟天数为 $NT = 800$ ，选取的权重为 1/8。然后根据边际分布的 GARCH 模型和前一天的波动率计算出当天单个资产波动率的估计值，再由模拟得到的残差序列和波动率代入 ARMA 模型中，即可计算出该天收益率的估计值（用 $\hat{R}_{it}$ 表示，其中 it 分别表示第 i 只股票及第 t 天），最后利用公式 $R_{Pt} = \dfrac{1}{8}\sum_{i=1}^{8} R_{it}$ 得到整个投资组合当天收益率的估计值 $\hat{R}_{Pt}$ 。由于每天有 10 000 个这样的模拟值，因此，可以利用 $\hat{R}_{Pt}$ 的经验分布函数，得到其下侧 5%分位数，即所模拟的投资组合的 VaR 值（ $\alpha = 5\%$ ）。为了进行对比，还利用类似的方法给出了基于其他藤 Copula 模型（即 R 藤 Copula 和 D 藤 Copula）的 VaR 回溯测试结果，基于不同藤 Copula 模型的投资组合 VaR 的回溯测试模拟结果如表 4-9 所示中给出。

表 4-9　基于不同藤 Copula 模型的 VaR 回溯测试结果

藤 Copula 结构	显著性水平	失败天数(失败率)	LR 统计量	P 值	检验结果
C-Vine Copula	5%	38(0.048)	0.1026	0.7487	Accept
R-Vine Copula	5%	34(0.043)	0.9911	0.3195	Accept
D-Vine Copula	5%	31(0.039)	2.3015	0.1292	Accept

本章节用来进行回溯测试的数据为实际样本的最后 800 个交易日数据，选取的显著性水平为 5%(用 p_0 表示，即 $p_0=5\%$)。因此，期望的失败天数为 40。表 4-9 中，失败天数是指该投资组合的实际损失超过通过模型计算出来的 VaR 值的天数(用 F 表示)，失败率为失败天数与实际考察的总天数的比值(用 p 表示，即 $p=\frac{F}{NT}$)。对失败率进行检验的方法采取似然比检验法，即在失败率与显著性水平不显著不同的零假设条件下，统计量 LR 近似的满足下面的条件：

$$LR=2\ln[(1-p)^{NT-F}p^{F}]-2\ln[(1-p_0)^{NT-F}p_0^{F}]\sim\chi_1^2 \quad (4.4.1)$$

从表 4-9 中的结果可以看出，基于 C 藤 Copula 模型的 VaR 回测数据与期望值最接近，并且通过检验结果可以看出 3 种模型下的检验统计量的 P 值均大于 0.05，但是 C 藤 Copula 模型下的 P 值最大。因此，该模型下的回溯测试最为稳健，被拒绝的可能性最小。

由对上述实证结果及各不同藤 Copula 模型在样本数据估计中的稳健性进行分析可知，在对混业经营下市场风险的 VaR 值进行计算的过程中，C 藤 Copula 模型相对于其他藤 Copula 模型来说，效果更好，对混业经营下市场风险的 VaR 值具有更加准确的预测能力。

第5章　基于Copula的混业经营下操作风险的度量

就如前面的章节所讲的，操作风险业已成为包括市场风险、信用风险在内的金融业主要三大风险之一，对操作风险的定性和定量分析的重要性也在前面的章节中讲过。在混业经营下，由于银行业和证券业等会互相进入对方的业务领域经营，这导致混业经营下的金融主体所拥有或者经营的业务种类和基础金融产品数量大大增加，且各业务以及基础金融产品之间的关系更加错综复杂。因此，在这种情况下对操作风险的有效控制更为重要。本章要探讨的就是混业经营下金融机构操作风险的度量问题，这里的金融机构主要指的是商业银行。基于已有的操作风险度量模型和方法，在考虑内外部欺诈之间相关性的基础上，将GPD分布与Copula函数相结合，分别采用不同的方法对混业经营下金融机构的操作风险进行度量。具体的方法和对问题的描述将在后面的小节中给出。

5.1　操作风险度量的传统方法及模型

虽然操作风险与市场风险、信用风险一样均为金融业主要风险之一，但是由于操作风险主要针对银行机构，且相关数据又难以获得，这些局限性导致学者们对操作风险的研究还不够成熟。到目前为止，有关操作风险的研究成果与其他两大金融风险相比要少得多，对操作风险进行度量的方法和模型也较少。一般情况下银行机构采用的操作风险度量方法是巴塞尔委员会推荐的3种主要方法：基本指标法(BIA)、标准法(STA)以及高级计量法(AMA)。下面首先对这3种方法进行简单的介绍。

5.1.1　基本指标法

在上述3种方法中，基本指标法为最基础的操作风险计量方法。该方法表示如下：

$$K_{BIA}=[\sum_{t=1}^{n}(M_t\times\alpha)]/n \tag{5.1.1}$$

其中，K_{BIA} 表示操作风险的监管资本；α 为某已知的常数，表示的是一个固定的比例；M_t 表示以当前时间为标准，前面第 t 年的总收入，$\sum_{t=1}^{n}M_t/n$ 表示前面 n 年总收入的均值。

基本指标法是将监管资本作为操作风险资本的，它是将金融机构前三年的年平均收入乘以某个固定的比例以后得到的。这个比例就是 α，按照巴塞尔委员会的规定，一般给定的 α 值为 $\alpha=15\%$。

5.1.2 标准法

根据标准法的定义，可将其用以下公式表示为

$$K_{TSA}=\frac{\sum_{i}\max[\sum_{i=1}(M_i\times\beta_i),0]}{3}, \tag{5.1.2}$$

其中，M_i 表示将银行业务分类后，第 i 类业务的年收入；β_i 表示给定的第 i 类业务的某一固定比例。这里所说的银行业务类型主要包括八大业务类型，有关这八大业务类型的具体内容及各自对应的巴塞尔委员会给出的比例系数 β_i 见表 5-1。也就是说，标准法是将银行不同业务年度收入加权和的平均值作为操作风险资本的值。

表 5-1 标准法中银行的各业务类型及对应的的值

业务类型	β_i的值
公司金融	18%
交易与销售	18%
零售银行	12%
商业银行	15%
支付与结算	18%
代理服务	15%
资产管理	12%
零售经纪	12%

5.1.3 高级计量法

有关高级计量法的定义在巴塞尔协议中并没有详细给出，而只是对它包括情景分析、内控因素、内外部数据以及业务环境等在内的适用原则进行了比较细致的规范。但是，巴塞尔协议中提出了损失分布法、内部度量法以及记分卡法三种针对不同发展阶段、不同机构类型的方法。这三种方法中，用得最多的是损失分布法。

损失分布法(LDA)是高级计量法的一种，顾名思义，它指的是通过对损失分布函数的估计，以及在此基础上利用模拟的方法，对操作风险的VaR值进行计算。在损失分布法中，要得到最后的损失分布函数，首先要分别对损失强度和损失频度的分布进行估计。其中，损失强度是指与操作风险相关的损失金额大小，损失频度是指某个指定的时间段(通常是一年)内与操作风险相关的损失发生的次数。利用损失分布法对操作风险进行度量的具体步骤为：

首先，根据获取的历史数据分别对损失强度和损失频度的分布函数进行假设。一般情况下，由于损失强度数据的偏峰厚尾特性，故假设其分布函数为极值分布中的帕累托分布，或者具有偏峰厚尾性质的韦伯分布、对数正态分布等。对损失频度的分布函数来说，一般采用较为简单的泊松分布或者二项分布等对其进行假设。这里所说的较为简单主要是指分布的参数较少。对损失频度的分布函数如此假设的主要原因是：一方面，正如前面提到的一样，由于操作风险的特殊性，其数据一般难以获取。而在历史数据的数量不够多的情况下，未知参数越多，估计的误差也就越大；另一方面，根据已有的研究成果来看，假设损失频度服从泊松分布或者二项分布也是合理的。

其次，在分别对损失强度和损失频度的分布函数进行了恰当的假设后，利用历史数据对各假设的分布函数的参数进行估计。

再次，利用Kolmogorov-Smirnov(K-S)等检验方法对上述估计出的分布函数进行拟合优度检验，选择出拟合优度最好的分布函数作为损失强度的分布函数。

最后，将上述选择好的损失强度和损失频度分布函数利用某种方法合成为总体损失分布，并根据VaR的定义，由总体损失分布的分位数得到最终的操作风险的值。

当然，随着操作风险相关研究的逐渐增多和深入，对操作风险进行度量的方法和模型也在不断发展。除了上面介绍的三种方法和模型以外，还有基于 LDA 方法或者将 LDA 方法与其他各种模型相结合的方法和模型。这里就不一一作介绍。

5.2　本章所用方法及模型

本章对混业经营下操作风险度量的研究中，主要是在损失分布法(LDA)的基础上，结合 Copula 函数，在考虑内外部欺诈相依的情形下，对总体的损失分布函数进行估计，并得到最终操作风险的值的。其中，在对损失强度的分布函数进行估计的过程中，还要借助于极值理论的相关性质和方法模型。因此，下面首先对混业经营下操作风险度量中要用到的一些基础理论和方法进行简单的介绍。

5.2.1　极值理论中的主要模型

总体来讲，极值理论主要包括两种类型的模型。第一类是比较传统的区域(块)最大值模型(Block Maxima Method，BMM)。顾名思义，该模型是以某一区域范围内或者某一块的最大值作为新的极值数据的模型。这里的区域范围或者块一般通过对大量同分布样本数据按照某种特定的方法进行分组而获得。由于该模型是在数量很大的一组样本中只选取值最大的那一个样本来作为新的样本数据中的一个，这导致其对样本数据的极大浪费。因此，在实际研究中，它往往被另外一种类型的极值模型所代替，这种极值模型就是接下来要介绍的超阈值模型。超阈值模型(Threshold Exceedances，TE)顾名思义指的是给定一个阈值后，将超过这个阈值的所有样本数据作为新的极值数据的模型。该模型主要针对的是超过某一高水平阈值的那些数值比较大的样本数据，相对上面的模型来说，在实际研究中应用得更为广泛。不管是比较传统的区域(块)最大值模型还是比较“现代化”的超阈值模型，都是为了研究各种分布函数的尾部分布或者极值分布的，故均属于极值模型。由于极值理论中的超阈值模型在实际中的应用更为广泛，且本章节也是利用超阈值模型来对混业经营下商业银行操作风险的度量进行研究的，因此，下面主要介绍在极值理论中的超阈值模型下，总体样本数据的分布函数与其尾部分布函数之间的关系。

用 $F(x)$ 表示变量 X 的分布函数，u 表示阈值，则 $P(u < X \leqslant u+y) =$

$F(u+y)-F(u)$（其中 $y\geqslant 0$，P 表示概率），$P(X>u)=1-F(u)$。因此，若用 $F_u(y)$ 表示 $X>u$ 的条件下，X 介于 u 和 $u+y$ 之间的条件概率，即 $F_u(y)=P(u<X\leqslant u+y \mid X>u)$，则有

$$F_u(y)=P(X-u<y \mid X>u)=\frac{F(y+u)-F(u)}{1-F(u)} \quad (y\geqslant 0), \tag{5.2.1}$$

$F_u(y)$ 表示 $X>u$ 的条件下，变量 X 超出阈值 u 的部分的累计概率分布函数，也即变量 X 的右尾部概率分布函数。令 $z=y+u$（$y\geqslant 0$），则由上式可得，对于 $Z\geqslant u$ 有，

$$F(z)=F_u(y)(1-F(u))+F(u) \quad (z\geqslant u), \tag{5.2.2}$$

其中，$y=z-u$ 表示超阈值量。上式给出了变量 X 超过阈值部分的分布函数与其尾部分布函数之间的关系。由上式可以看出，若能得到分布函数 $F(x)$ 在 $x=u$ 处的值以及尾部分布函数 $F_u(y)$ 的表达式，即可得到分布函数 $F(x)$ 在 $x>u$ 处的表达式，其中，对于大于 u 的 x 这里用 z 表示。有关极值理论的已有研究结果表明，对于大多数的分布函数 $F(x)$ 来说，超过阈值的尾部分布函数 $F_u(y)$ 都趋向于广义 Pareto 分布（GPD），即

$$F_u(y)=G_{\xi,\beta}(y)=\begin{cases}1-(1+\xi\dfrac{y}{\beta})^{-\frac{1}{\xi}} & \xi\neq 0\\[2ex] 1-\exp\left(-\dfrac{y}{\beta}\right) & \xi=0\end{cases} \quad (u\to\infty), \tag{5.2.3}$$

其中，$\beta>0$ 是分布的尺度参数，ξ 是分布的形状参数。当 $\xi\geqslant 0$ 时，$y\geqslant 0$，此时的广义 Pareto 分布为参数分别为 $\alpha=1/\xi$ 和 $\kappa=\beta/\xi$ 的一般 Pareto 分布函数，该分布函数具有厚尾的特点；当 $\xi=0$ 时，$y>0$，此时的广义 Pareto 分布为指数分布函数，该分布函数的尾部为正常尾部；当 $\xi<0$ 时，$0\leqslant y\leqslant -\beta/\xi$，此时的广义 Pareto 分布为 Pareto Ⅱ型分布函数，该分布函数的尾部较短。

根据上述变量分布函数与其尾部分布函数之间的关系以及尾部分布函数的形式，就可以利用历史数据对尾部分布的参数进行估计后，进而得到变量的分布函数及最终的风险值。但是，在这之前，首先要解决的是阈值 u 的选择问题，有关阈值选择或者估计的方法将在下面进行介绍。

5.2.2 阈值的选择

对阈值 u 进行合理的选择是对参数 ξ 和 β 准确估计的前提。过高的阈

值 u 会使得超阈值数据的数量太少，从而导致通过估计得到的参数方差太大；过低的阈值 u 会导致超阈值分布的收敛性较差，从而使得对参数的估计偏差较大。因此，对阈值 u 的恰当选择极为重要。极值理论中给出了对其进行估计的两种主要方法，第一种是 Hill 图估计法，第二种是超阈值期望图法。

(1)Hill 图估计法

Hill 图估计法是在 Hill 估计法的基础上得到的对阈值 u 进行估计的方法。Hill 估计主要针对的是对尾部分布可以写成 $\bar{F}(x)=L(x)x^{-\alpha}$（其中 $L(x)$ 为缓变函数，α 为正的参数，也称为尾指数）的分布函数的尾指数 α 的估计，其目的是在同分布样本数据 $x_1,x_2,\cdots,x_n$ 的基础上，得到尾指数 α 的估计值。通过对变量 X 的对数 $\ln X$ 的超阈值均值的计算得到

$$e^*(\ln u)=E(\ln X-\ln u\mid \ln X>\ln u)\sim\frac{L(u)u^{-\alpha}\alpha^{-1}}{\bar{F}(u)}=\alpha^{-1} \tag{5.2.4}$$

故 $\lim\limits_{u\to\infty}\alpha e^*(\ln u)=1$ 。根据该原理以及进一步的计算得出，尾指数 α 的 Hill 估计值为：

$$\hat{\alpha}_{k,n}^{H}=\left(\frac{1}{k}\sum_{j=1}^{k}\ln x_{j,n}-\ln x_{k,n}\right)^{-1}\quad 2\leqslant k\leqslant n \tag{5.2.5}$$

其中，$x_{n,n}\leqslant\cdots\leqslant x_{1,n}$ 。

根据上述尾指数 Hill 估计值的形式，对 n 个样本值 $x_1,x_2,\cdots,x_n$ 按照从小到大的次序进行排列，得到它们的次序统计量为 $x_{(i)}\geqslant x_{(i-1)},i=2,\cdots,n$ 。令

$$\gamma(k)=\frac{1}{k}\sum_{j=1}^{k}(\ln x_{(n-j+1)}-\ln x_{(n-k)})\quad k=1,2,\cdots,n-1 \tag{5.2.6}$$

由此得到由横坐标 k 和纵坐标 $\gamma(k)$ 组成的表示为 $\{(k,\gamma(k)):k=1,2,\cdots,n-1\}$ 的各二维点组成的 Hill 图。根据图中稳定区域对应的横坐标 k 的起始点的值，即可得到阈值 u 的估计值 $x_{(k)}$ 。

(2)超阈值期望图法

超阈值期望图法是根据超阈值期望的定义，得到样本数据的超阈值函数后，由该函数做出对应的超阈值期望图，再用类似上面 Hill 估计图的方法来对阈值 u 进行选择的。首先，对样本数据 $x_1,x_2,\cdots,x_n$ 进行排序，得到样本数据的次序统计量 $x_{(1)}>x_{(2)}>\cdots>x_{(n)}$ 后，定义样本数据的超阈值期望函数为：

$$e(u)=\frac{\sum_{i=k}^{n}(x_{(i)})-u}{n-k-1}\quad k=\min\{i \mid x_{(i)}>u\}. \tag{5.2.7}$$

根据上式对超阈值期望值的定义，便可得到由 $(u,e(u))$ 构成的超阈值期望图。根据绘出的曲线图，选择图中近似直线部分最左端对应的横坐标上 u 的值即为阈值 u 的估计值。即在超阈值期望图上找到足够大的某个 u 值（记为 u^*），使得当 $u>u^*$ 时，$e(u)$ 为 u 的一个近似线性函数，图形上呈近似直线状。并且，根据该直线的倾斜状态，可以判断出样本数据所属分布的特征。若图中近似直线为向上倾斜直线，则表明样本数据的所属分布为正参数 ξ 的广义 Pareto 分布；若图中近似直线为水平直线，则表明样本数据的所属分布为指数分布；若图中近似直线为向下倾斜的直线，则表明样本数据的所属分布为短尾分布。

上述判断方法是依照广义 Pareto 分布的超阈值期望函数的性质得到的。根据广义 Pareto 分布函数的性质，当其参数 $\xi<1$ 时，其超阈值期望函数表达式：

$$e(u)=E(X-u \mid X>u)=\frac{\sigma+\xi u}{1+\xi}\quad \sigma+\xi u>0.$$

由上述表达式可以看出，广义 Pareto 分布的超阈值期望函数在其参数 $\xi<1$ 时为线性函数，故可以用上述方法根据样本数据的超阈值期望图来对其所属分布函数的特征进行推测。

5.3 问题描述及边际分布函数的求解方法

5.3.1 本章研究问题的数学描述

就如前文所说，在研究操作风险的度量问题时，是在考虑内外部欺诈之间的相关关系的前提下进行的。因此这里要对内部欺诈导致的操作风险损失分布和外部欺诈导致的操作风险损失分布，即边际分布分别进行讨论，最后再在考虑它们之间相关关系的基础上得到最后总体操作风险损失的分布函数，进而求得最终的以 VaR 为度量工具的操作风险值。

为了对所研究的问题进行更清楚的表述，用 X_i 表示由内部欺诈导致的每次操作风险发生时的损失，也称为内部欺诈损失强度；用 Y_j 表示由外部欺诈导致的每次操作风险发生时的损失，也称为外部欺诈损失强度；用 N_1 表示一年期由内部欺诈导致的操作风险损失发生的次数，也称为内部欺诈损失频度；用 N_2 表示一年期由外部欺诈导致的操作风险损失发生的次数，也称为外部欺诈损失频度。则 $L_1 = \sum_{i=1}^{N_1} X_i$ 表示一年期由内部欺诈导致的操作风险损失总和，也称为一年期内部欺诈损失变量或内部欺诈总体损失；$L_2 = \sum_{j=1}^{N_2} Y_j$ 表示一年期由外部欺诈导致的操作风险损失总和，也称为一年期外部欺诈损失变量或外部欺诈总体损失。一年期由内部欺诈和外部欺诈导致的操作风险损失总和，也即一年期操作风险的总体损失变量表示为

$$L = L_1 + L_2 = \sum_{i=1}^{N_1} X_i + \sum_{j=1}^{N_2} Y_j. \tag{5.3.1}$$

记 X_i 的分布函数为 $F_1(x)$，Y_j 的分布函数为 $G_1(y)$，L_1 的分布函数为 $F(x)$，L_2 的分布函数为 $G(y)$。假设 $\{X_i, i \in \mathbb{N}\}$ 与 $\{Y_j, j \in \mathbb{N}\}$ 均为独立同分布的随机变量序列。同时，假设 $\{X_i, i \in \mathbb{N}\}$ 与 N_1 之间相互独立，$\{Y_j, j \in \mathbb{N}\}$ 与 N_2 之间也相互独立。

本章的主要目标就是在上述假设条件的基础上，对混业经营下操作风险度量的模型和方法进行探讨。利用特定的模型和方法，得到混业经营下操作风险总体损失变量 L 的分布函数，再根据得到的分布函数以及 VaR 的定义得到最后的操作风险值。记操作风险总体损失的分布函数为 $\Phi(z)$，则

$$\Phi(z) = P(L \leqslant z) = P(\sum_{i=1}^{N_1} X_i + \sum_{j=1}^{N_2} Y_j \leqslant z). \tag{5.3.2}$$

即最终的目的是通过求得上式所表示的 $\Phi(z)$ 的值，得到最后的操作风险值。

本章中对总体损失分布函数的求解步骤如下。首先，分别得到 L_1 和 L_2 的分布函数，即边际分布函数的解析表达式。由于 X_i，Y_j，N_1 以及 N_2 均为随机变量，故根据上述 L_1，L_2 的表达式可知，L_1，L_2 均为随机变量的随机和。因此，对其分布函数的求解也即为对随机和分布函数的求解。其次，在得到 L_1，L_2 的分布函数后，再在考虑内外部欺诈之间相关关系的基础上，得到最后的总体损失 L 的分布函数，最后根据 VaR 的定义得到最终操作风险的值。当然，在求解边际分布函数之前，首先要考虑的是独立同分布随机变量序列 $\{X_i, i \in \mathbb{N}\}$ 和 $\{Y_j, j \in \mathbb{N}\}$ 的分布函数 F_1 和 G_1 的求

解，以及损失频度随机变量 N_1 和 N_2 的分布函数的求解。

对边际分布函数，即内、外部欺诈总体损失 L_1 和 L_2 的分布函数进行求解的方法和模型有很多，根据这些不同方法和模型的特点，下面将对其中基于一阶近似的边际分布函数求解（简称为基于一阶近似的分布函数求解）、在一阶近似的基础上进行均值修正的边际分布函数求解（简称为均值修正的分布函数求解）以及基于二阶近似的边际分布函数求解（简称为基于二阶近似的分布函数求解）等几种不同类型方法和模型进行简单的介绍。其中，基于一阶近似的边际分布函数求解以及基于均值修正的边际分布函数求解方法主要借鉴于丰吉闯(2012)中介绍的基于一阶近似和均值修正模型的操作风险计算方法。由于本文是在考虑内、外部欺诈之间相关性的基础上来对总体的操作风险度量进行研究的，因此，这些对边际分布函数（即对内部欺诈总体损失分布函数和外部欺诈总体损失分布函数）进行求解的方法和模型，也可以用于在不考虑内外部欺诈相关性的情形下，对总体的操作风险的度量进行研究。

5.3.2 基于一阶近似的分布函数求解

由操作风险损失的历史数据可知，操作风险的损失变量具有“重尾”的特性，因此，内外部欺诈的损失强度也具有“重尾”的特性。故而这里利用极值理论中的 POT 模型对边际分布函数进行估计。

下面首先介绍对随机和 L_1 和 L_2 中损失强度变量 X_i 、Y_j 的分布函数 $F_1(x)$ 和 $G_1(y)$ 的求解。由于对 $G_1(y)$ 的估计与对 $F_1(x)$ 的估计方法和步骤类似，故这里只给出对 $F_1(x)$ 进行估计的方法和步骤。

对于固定的阈值 $u_1 < x^*$（这里的 x^* 是在假设分布函数 $F_1(x)$ 上端点有限的情况下，其有限的上端点的值），可通过计算得到其超阈值分布函数 $F_1^{u_1}(z)$ 为

$$
\begin{aligned}
F_1^{u_1}(z) &= P(X_i - u_1 \leqslant z \mid X_i > u_1) \\
&= \frac{F_1(z+u_1) - F_1(u_1)}{1 - F_1(u_1)}, \quad z \geqslant 0,
\end{aligned}
\tag{5.3.3}
$$

其中，$X_i - u_1$ 称为超阈值变量(excess)。

由 Pickands 定理可得，当阈值 u_1 足够大时，上述分布函数 $F_1^{u_1}(z)$ 可以由上面章节中介绍的广义 Pareto 分布(GPD)来近似，即用

$$G_{\xi,\beta}(z)=\begin{cases}1-(1+\xi\dfrac{z}{\beta})^{-\frac{1}{\xi}} & \xi\neq 0\\ 1-\exp(-\dfrac{z}{\beta}) & \xi=0\end{cases}\tag{5.3.4}$$

来对超阈值分布函数 $F_1^{u_1}(z)$ 近似。有关上述 GPD 的具体内容在上一小节中已经进行了比较详细的介绍，这里就不再赘述。

根据上一节介绍的 GPD 的性质以及商业银行操作风险损失数据的特点，利用 $\xi>0$ 的 GPD，即 Pareto 分布来对超阈值分布 $F_1^{u_1}(z)$ 进行近似。令 $x=u_1+z\ (z\geqslant 0)$，由式(4.2.1)可得，

$$\begin{aligned}F_1(x)&=P(X_i\leqslant x)\\&=P(X_i\leqslant u_1)+P(u_1\leqslant X_i\leqslant x)\\&=F_1(u_1)+F_1^{u_1}(x-u_1)(1-F_1(u_1)),\end{aligned}\tag{5.3.5}$$

故有，

$$F_1(x)\approx(1-F_1(u_1))G_{\xi_1,\beta_1}(x-u_1)+F_1(u_1),\quad \xi_1>0\tag{5.3.6}$$

其中，ξ_1，β_1 是由内部欺诈引起的每次操作风险损失变量，即内部欺诈损失强度变量 X_i 对应的广义 Pareto 分布的参数。对 $G_1(y)$ 近似解的求解方法和步骤也与上述方法步骤类似，通过这些方法和步骤可知，

$$G_1(y)\approx(1-G_1(u_2))G_{\xi_2,\beta_2}(y-u_2)+G_1(u_2),\quad \xi_2>0.\tag{5.3.7}$$

其中，ξ_2，β_2 是由外部欺诈引起的每次操作风险损失变量，即外部欺诈损失强度变量 Y_j 对应的广义 Pareto 分布的参数。

在得到 X_i 和 Y_j 分布函数的近似解析表达式后，要得到 L_1 和 L_2 的分布函数，还需对 N_1 和 N_2，即内、外部欺诈损失频度的分布函数进行求解。根据以往的经验以及一年期操作风险损失发生次数的历史数据特征，一般假设其分布为泊松分布，即分别设 $N_1\sim P(\lambda_1)$，$N_2\sim P(\lambda_2)$。

由 L_1，L_2 的表达式可知，

$$\begin{aligned}F(x)=P(L_1\leqslant x)&=P(\sum_{i=1}^{N_1}X_i\leqslant x)\\&=\sum_{n=0}^{\infty}P(\sum_{i=1}^{N_1}X_i\leqslant x\mid N_1=n)P(N_1=n)\\&=\sum_{n=0}^{\infty}F_1^{n*}(x)P(N_1=n),\end{aligned}\tag{5.3.8}$$

$$G(x)=P(L_2\leqslant y)=P(\sum_{j=1}^{N_2}Y_j\leqslant y)$$

$$= \sum_{n=0}^{\infty} P(\sum_{j=1}^{N_2} Y_i \leqslant y \mid N_2 = n) P(N_2 = n)$$

$$= \sum_{n=0}^{\infty} G_1^{n*}(y) P(N_2 = n), \quad (5.3.9)$$

其中，$F_1^{n*}(x)$ 和 $G_1^{n*}(y)$ 分别为分布函数 $F_1(x)$ 和 $G_1(y)$ 的 n 重卷积。虽然前面已经得到了分布函数 $F_1(x)$ 和 $G_1(y)$ 的估计值，但是通过上式可知，对分布函数 $F(x)$ 和 $G(y)$ 进行求解计算时，需要涉及 $F_1(x)$ 和 $G_1(y)$ 的 n 重卷积，故要先对其卷积进行求解。由前面求得的 $F_1(x)$ 和 $G_1(y)$ 的表达式可知，若直接按照卷积的定义和它们的近似解进行求解，将会比较复杂，因此，这里根据 Pareto 分布函数的性质来对上述卷积进行求解。

就如大家所知道的那样，Pareto 分布是次指数分布族 S 中的一员. 而由前面计算得到的式(5.3.6)和式(5.3.7)中广义 Pareto 分布 $G_{\xi_1,\beta_1}(x-u_1)$ 和 $G_{\xi_2,\beta_2}(y-u_2)$ 均为 Pareto 分布，故由次指数分布族的性质可得，$F_1(x)$ 和 $G_1(y)$ 也为次指数分布族，即 $F_1(x) \in S$ ，$G_1(y) \in S$ 。即由内部欺诈和外部欺诈导致的每次操作风险损失变量的分布函数均属于次指数分布族。关于这一点，也可以从实际情况或者说操作风险损失强度数据的特征与次指数分布族的性质相符合来说明。

根据次指数分布族的定义可知，若有一组随机变量序列 $X_1,\cdots,X_n$ ，它们之间相互独立且具有相同的分布函数(记为 F)。若 $F \in S$ ，即 F 属于次指数分布族，则有

$$P\{X_1 + X_2 + \cdots + X_n > x\} \sim P\{\max(X_1, X_2, \cdots, X_n) > x\}, \quad x \to \infty. \quad (5.3.10)$$

即事件 $P\{X_1 + X_2 + \cdots + X_n > x\}$ 与事件 $P\{\max(X_1, X_2, \cdots, X_n) > x\}$ 等价。上式可以理解为：对随机变量序列 $\{X_1, X_2, \cdots, X_n\}$ 的和 $X_1 + X_2 + \cdots + X_n$ 的大小有着决定性影响的因素是其中比较大的值。而根据已获取的商业银行操作风险损失数据可以发现，在某一段时间内，操作风险损失的总金额中，占其总量百分之八十以上的金额都是由为数不多的几个大额操作风险损失的金额组成的，这些大额的操作风险损失发生的总次数大约只占了操作风险损失次数总数的百分之二十。将这一现象与上式所表达的含义结合起来，即若将上式中的随机变量序列 $X_1, X_2, \cdots, X_n$ 看成是某一时限内由内部欺诈或外部欺诈导致的操作风险损失强度变量，则根据内、外部欺诈损失强度的实际情况，上式仍成立。也即操作风险损失强度的实际情况与次指数分布族的性质正好相符。

为了得到 $F(x)$ 和 $G(y)$ 的值，可以先求其生存函数 $\overline{F}(x)$ 和 $\overline{G}(y)$ 的

值。根据前面对 X_i 和 Y_j 的假设，即 $\{X_i, i \in \mathbb{N}\}$ 和 $\{Y_j, j \in \mathbb{N}\}$ 都是独立同分布的随机变量序列，其共同的分布函数分别为 $F_1(x)$ 和 $G_1(y)$，且一年期内部欺诈导致的操作风险损失次数 N_1 与其损失强度随机变量序列 $\{X_i, i \in \mathbb{N}\}$ 相互独立，一年期外部欺诈导致的操作风险损失次数 N_2 与其损失强度随机变量序列 $\{Y_j, j \in \mathbb{N}\}$ 也相互独立。由这些已给出的假设以及 $F_1(x) \in S$，$G_1(y) \in S$，便可由 Embrechts 等(1997)给出的定理得出，对于

$$\bar{F}(x) = \sum_{n=0}^{\infty} P(N_1 = n)\,\bar{F}_1^{n*}(x) \tag{5.3.11}$$

以及

$$\bar{G}(y) = \sum_{n=0}^{\infty} P(N_2 = n)\,\bar{G}_1^{n*}(y) \tag{5.3.12}$$

其中，$\bar{F}_1^{n*}(x)$ 和 $\bar{G}_1^{n*}(y)$ 分别为 $\bar{F}_1(x)$ 和 $\bar{G}_1(y)$ 的 n 重卷积，若 $\exists\, \xi > 0$ 使得

$$\sum_{n=0}^{\infty}(1+\xi)^n P(N_1 = n) < \infty, \quad \sum_{n=0}^{\infty}(1+\xi)^n P(N_2 = n) < \infty, \tag{5.3.13}$$

则

$$\bar{F}(x) \sim E(N_1)\,\bar{F}_1(x), \quad \bar{G}(y) \sim E(N_2)\,\bar{G}_1(y). \tag{5.3.14}$$

由前面对 N_1，N_2 的分布假设可知，式(5.3.13)显然成立，故式(5.3.14)也成立。也就是说，当选取的 x 值足够大的时候，就可以分别得到内部欺诈总体损失分布函数和外部欺诈总体损失分布函数的生存函数 $\bar{F}(x)$ 和 $\bar{G}(y)$ 的近似值，表示为：

$$\bar{F}(x) \approx E(N_1)\,\bar{F}_1(x), \quad \bar{G}(y) \approx E(N_2)\,\bar{G}_1(y). \tag{5.3.15}$$

N_1，N_2 分别表示的是一年期内部欺诈和外部欺诈导致的操作风险损失发生的次数，也即内、外部欺诈的损失频度。根据前文假设，其分布函数为泊松分布，参数分别为 λ_1，λ_2，即

$$P(N_1 = n) = e^{-\lambda_1}\frac{(\lambda_1)^n}{n!}, \quad n \in \mathbb{N}, \quad ,\lambda_1 > 0$$

$$P(N_2 = n) = e^{-\lambda_2}\frac{(\lambda_2)^n}{n!}, \quad n \in \mathbb{N}, \quad ,\lambda_2 > 0. \tag{5.3.16}$$

因此，由前面计算得到的结果，以及由内外部欺诈损失频度的历史数据通过矩估计得到的 $E(N_1)$ 和 $E(N_2)$ 的估计值，就可以分别得到一年期内部欺诈总体损失和外部欺诈总体损失 L_1 和 L_2 的分布函数的估计值

$\hat{F}(x)$ 和 $\hat{G}(y)$，分别表示为：

$$\hat{F}_x = 1 - \hat{\lambda}_1 \hat{\bar{F}}_1(x) \tag{5.3.17}$$

$$\hat{G}_y = 1 - \hat{\lambda}_2 \hat{\bar{G}}_1(y) \tag{5.3.18}$$

其中，$\hat{\bar{F}}_1(x)$ 和 $\hat{\bar{G}}_1(y)$ 分别为 $F_1(x)$ 和 $G_1(y)$ 的生存函数 $\bar{F}_1(x)$ 和 $\bar{G}_1(y)$ 的估计值。根据式(5.3.6)和(5.3.7)以及前面的内容，设内部欺诈和外部欺诈的样本数据个数总和分别为 n_1，n_2，$N_1^{u_1}$，$N_2^{u_2}$ 分别为内部欺诈和外部欺诈样本数据中超过阈值 u_1，u_2 的样本数据个数，则可用$\frac{N_1^{u_1}}{n_1}$和$\frac{N_2^{u_2}}{n_2}$分别估计 $1-F_1(u_1)$和 $1-G_1(u_2)$的值，再将估计出的 $\xi \neq 0$ 时 $G_{\xi,\beta}$的值代入式(5.3.6)和(5.3.7)中可得 $F_1(x)$和 $G_1(y)$的估计值分别为：

$$\hat{\bar{F}}_1(x)=1-\frac{N_1^{u_1}}{n_1}\left(1+\xi_1 \frac{x-u_1}{\hat{\bar{\beta}}_1}\right)^{\frac{\xi_1}{1}}, \tag{5.3.19}$$

$$\hat{\bar{G}}_1(y)=1-\frac{N_2^{u_2}}{n_2}\left(1+\xi_2 \frac{y-u_2}{\hat{\bar{\beta}}_2}\right)^{\frac{\xi_2}{1}}, \tag{5.3.20}$$

其中，$\hat{\xi}_1$，$\hat{\beta}_1$，$\hat{\xi}_2$，$\hat{\beta}_1$ 分别为 G_{ξ_1,β_1}，G_{ξ_2,β_2} 中各参数的估计值。

根据对 N_1、N_2 的假设，可用内部欺诈和外部欺诈的损失频度的历史数据以及矩估计的方法得到 λ_1 和 λ_2（即 N_1 和 N_2 的期望值 $E(N_1)$和 $E(N_2)$）的估计值$\hat{\bar{\lambda}}_1$，$\hat{\bar{\lambda}}_2$。因此，最后可得

$$\hat{F}(x)=1-\frac{N_1^{u_1}\hat{\lambda}_1}{n_1}\left(1+\hat{\xi}_1 \frac{x-u_1}{\hat{\beta}_1}\right)^{\frac{1}{\xi_1}}, \tag{5.3.21}$$

$$\hat{G}(y)=1-\frac{N_2^{u_2}\hat{\lambda}_2}{n_2}\left(1+\hat{\xi}_1 \frac{Y-u_2}{\hat{\beta}_2}\right)^{\frac{2}{\xi_2}}, \tag{5.3.22}$$

以上即为基于一阶近似的内部欺诈总体损失和外部欺诈总体损失分布函数，即边际分布函数的求解过程和方法。尽管该方法可以得到各边际分布函数解析解的上述结果，但是，从上述计算过程可知，其中涉及随机和的计算，这会导致计算结果的误差增大。因为在上述计算过程中，主要利用了次指数分布族的性质，即主要考虑那些对总体损失具有较大贡献的大额单个损失在最终操作风险中的作用，但实际上，包括这些大额单个损失在内，每个损失 X_i 和 Y_j 均对总体损失有贡献，也均对最终的操作风险值起作用。故而利用上述随机和模型来计算得到的操作风险 VaR 值比实际的 VaR 值要小。这种误差的大小取决于损失变量的分布状况以及一年期损

失频度的期望 λ 的大小，当损失变量分布函数的尾部不是很厚或者一年期损失频度的期望值比较大时，误差会比较大。因此，为了减小计算结果与实际结果之间的误差，Bcker 和 Sprittulla(2006)以实际偏差为依据给出了经过改进的下述均值修正模型来对内部欺诈总体损失和外部欺诈总体损失的分布函数进行求解。

5.3.3　基于均值修正模型的分布函数求解

均值修正的方法是以极值理论中的大偏差理论为依据提出的。根据大偏差理论，上述随机和随着损失强度变量和损失频度变量取值的变化而存在不对称性。因此，利用均值修正法，将总体损失变量 L_1，L_2 分别中心化后得到新的变量 $\widetilde{L_1}=L_1-EL_1$ 及 $\widetilde{L_2}=L_2-EL_2$。根据前面的内容 $EL_1=\lambda_1\mu_1$，$EL_2=\lambda_2\mu_2$，$EX_i=\mu_1$，$EY_j=\mu_2$，$EN_1=\lambda_1$，$EN_2=\lambda_2$。中心化后便可达到一致性收敛。前面已经说明，分布函数 $F_1(x)$ 和 $G_1(y)$ 均属于次指数分布族，即 $F_1(x)$ 及 $G_1(y)$ 均为次指数分布，故其分别具有性质

$$\lim_{x\to\infty}\frac{\overline{F_1}(x-z)}{\overline{F_1}(x)}=1,\quad z\in\mathbb{R}, \tag{5.3.23}$$

$$\lim_{y\to\infty}\frac{\overline{G_1}(y-z)}{\overline{G_1}(y)}=1,\quad z\in\mathbb{R}, \tag{5.3.24}$$

即

$$\begin{aligned}&\overline{F_1}\to\overline{F_1}(x+\mu_1),\quad x\to\infty,\\&\overline{G_1}\to\overline{G_1}(y+\mu_2),\quad y\to\infty.\end{aligned} \tag{5.3.25}$$

又由前面的计算，有 $\overline{F}(x)\sim E(N_1)\overline{F_1}(x)$ 以及 $\overline{G}(y)\sim E(N_2)\overline{G_1}(y)$，将其与上面的式子结合起来就可以得到，

$$\begin{aligned}&\overline{F}(x+\lambda_1\mu_1)\to\lambda_1\,\overline{F_1}(x+\mu_1),\quad x\to\infty,\\&\overline{G_1}(y+\lambda_1\mu_1)\to\lambda_2\,\overline{G_1}(y+\mu_2),\quad y\to\infty.\end{aligned} \tag{5.3.26}$$

进一步可分别得到中心化后的变量 $\widetilde{L_1}$、$\widetilde{L_2}$ 的分布函数(分别用 $F^*(x)$ 和 $G^*(y)$ 表示)满足

$$\begin{aligned}&F^*(x)\to\lambda_1\,\overline{F_1}(x+\mu_1),\quad x\to\infty,\\&G^*\to1-\lambda_2\,\overline{G_1}(y+\mu_2),\quad y\to\infty.\end{aligned} \tag{5.3.27}$$

即对足够大 x 的和 y，$F^*(x)$ 和 $G^*(y)$ 的近似表达式分别为

$$\widehat{F^*}(x)=1-\lambda_1\,\overline{F_1}(x+\mu_1)$$

$$\widehat{G^*}(y)=1-\lambda_2\,\overline{G_1}(y+\mu_2) \tag{5.3.28}$$

由此可得，均值修正模型下，内部欺诈总体损失分布函数和外部欺诈总体损失分布函数的近似表达式分别为

$$\hat{F}(x)=1-\lambda_1\,\overline{F_1}(x+\mu_1-\lambda_1)=1-\hat{\lambda}_1(\frac{N_1^{u_1}}{n_1}(1+\xi_1 fracx-u_1x+\hat{\mu}_1-\hat{\lambda}_1\hat{\beta}_1)^{1\overline{\xi_1}})$$

$$\hat{G}(y)=1-\lambda_2\,\overline{G_1}(y+\mu_2-\lambda_2)=1-\hat{\lambda}_2(\frac{N_2^{u_2}}{n_2}(1+\xi_2 fracx-u_1x+\hat{\mu}_2-\hat{\mu}_2\hat{\beta}_2)^{1\overline{\xi_2}}) \tag{5.3.29}$$

其中，$\hat{\mu}_1$，$\hat{\mu}_2$ 分别为内部欺诈损失强度均值和外部欺诈损失强度均值的估计值，其他各参数的定义与上一节相同。由于该方法主要是针对一阶近似模型下得到的风险值结果与实际结果之间存在较大误差这一问题而提出的，因此为了说明经过均值修正后的模型与一阶近似模型之间的差别，下面分别就两种方法下分布函数对应的 VaR 值进行计算。

由上一节中得到的 L_1，L_2 分布函数的近似值可得，在一阶近似模型下，L_1，L_2 的置信水平为 α 的 VaR 值分别表示为：

$$VaR_\alpha^1(L_1)=F_1^{\leftarrow}\left(1-\frac{1-\alpha}{\lambda_1}\right), \tag{5.3.30}$$

$$VaR_\alpha^1(L_2)=G_1^{\leftarrow}\left(1-\frac{1-\alpha}{\lambda_2}\right), \tag{5.3.31}$$

其中，$F_1^{\leftarrow}$ 和 $G_1^{\leftarrow}$ 表示分布函数 F_1 和 G_1 的反函数。而经过修正后，根据前面得到的中心化后变量分布函数的近似性质可得，均值修正模型下变量 L_1，L_2 置信水平为 α 的 VaR 值分别为：

$$VaR_\alpha^2(L_1)=F_1^{\leftarrow}(1-\frac{1-\alpha}{\lambda_1}(1+{}^{\sigma}(1)))+(\lambda_2-1)\mu_1, \tag{5.3.32}$$

$$VaR_\alpha^2(L_2)=G_1^{\leftarrow}(1-\frac{1-\alpha}{\lambda_2}(1+{}^{\sigma}(1)))+(\lambda_2-1)\mu_2, \tag{5.3.33}$$

其中，$F_1^{\leftarrow}$ 和 $G_1^{\leftarrow}$ 表示分布函数 F_1 和 G_1 的反函数。对两种方法和模型下得到的内外部欺诈总体损失分布函数对应的 VaR 值进行对比可知，利用均值修正模型得到的风险值共包含两项。其中一项是单次分布函数的高分位数，另一项分别为 $(\lambda_1-1)\mu_1$ 和 $(\lambda_2-1)\mu_2$，该项便是均值修正项。

在不考虑内外部欺诈间相关关系的情况下，上述方法也可用于求解操作风险的值。在利用上述方法求解操作风险的值时，得到类似上述表达式的 VaR 值解析解后，可用类似上一节所述的方法得到风险估计值的表达式。

5.3.4 基于二阶近似的分布函数求解

上述两种方法都是在一阶近似的基础上对分布函数进行求解的。尽管均值修正对最开始的基于一阶近似的方法进行了改进，但是这两种方法下估计值与真实值之间的偏差仍然较大，因为一阶近似只选取了分布函数估计值中的一次项作为整体分布函数的值，而舍弃了后面的高次项。虽然这些被舍弃的高次项对整个数值的贡献不大，但它们仍然存在。因此，为了使得估计的结果更加精确，本节在对分布函数的估计过程中，利用 Omey 和 Willekens(1986,2006)给出的有关指数分布二阶特点的内容，提出了基于二阶近似的分布函数的求解方法。该方法在不考虑内外部欺诈间相关关系的操作风险研究中，也可用来对操作风险的 VaR 值进行求解。

根据 Omey 和 Willekens(1986,2006)的内容以及前面对各变量及其分布函数的介绍，若随机变量 N_1，N_2 的矩生成函数 $p_1(z)=E(z^{N_1})$ 和 $p_2(z)=E(z^{N_2})$ 在 $z=1$ 处解析，且分布函数 $F_1(x)$ 和 $G_1(y)$ 的密度函数 $f_1(x)$ 和 $g_1(y)$ 均为正则变换函数，记为 $f_1(x)\in RV_{-\alpha_1}$，$g_1(x)\in RV_{-\alpha_2}$。其中，α_1，α_2 分别为 $f_1(x)$ 和 $g_1(y)$ 的正则变换指数。

设 $\alpha_1=\alpha_2=1$，则有

$$\lim_{x\to\infty}\frac{\overline{F}(x)-E(N_1)\overline{F_1}(x)}{(\overline{F_1}(x))^2}=-1, \tag{5.3.34}$$

$$\lim_{y\to\infty}\frac{\overline{G}(y)-E(N_2)\overline{G_1}(y)}{(\overline{G_1}(y))^2}=-1, \tag{5.3.35}$$

即在分布函数 F_1，G_1 和随机变量 N_1，N_2 分别满足上述条件的情况下，有

$$\bar{F}(x)=\lambda_1\overline{F_1}(x)\left(1-\frac{\overline{F_1}(x)}{\lambda_1}+{^\circ}(\overline{F_1}(x))\right), \tag{5.3.36}$$

$$\bar{G}(y)=\lambda_2\overline{G_1}(y)\left(1-\frac{\overline{G_1}(y)}{\lambda_2}+{^\circ}(\overline{G_1}(y))\right). \tag{5.3.37}$$

由此即可得到内部欺诈总体损失和外部欺诈总体损失分布函数的近似解析解分别为：

$$\begin{aligned}\hat{F}(x)&=1-\lambda_1\overline{F_1}(x)\left(1-\frac{\overline{F_1}(x)}{\lambda_1}\right)\\&=1-\hat{\lambda}_1\frac{N_1^{u_1}}{n_1}\left(1+\hat{\xi}_1\frac{x-u_1}{\hat{\beta}_1}\right)^{-\frac{1}{\hat{\xi}_1}}\left(1-\frac{N_1^{u_1}}{n_1\hat{\lambda}_1}\left(1+\hat{\xi}_1\frac{x-u_1}{\hat{\beta}_1}\right)^{-\frac{1}{\hat{\xi}_1}}\right),\end{aligned} \tag{5.3.38}$$

$$\hat{G}(y) = 1 - \lambda_2 \overline{G_1}(y)\left(1 - \frac{\overline{G_1}(y)}{\lambda_2}\right)$$
$$= 1 - \hat{\lambda}_2 \frac{N_2^{u_2}}{n_2}\left(1 + \hat{\xi}_2 \frac{y - u_2}{\hat{\beta}_2}\right)^{-\frac{1}{\hat{\xi}_2}}\left(1 - \frac{N_2^{u_2}}{n_2 \hat{\lambda}_2}\left(1 + \hat{\xi}_2 \frac{y - u_2}{\hat{\beta}_2}\right)^{-\frac{1}{\hat{\xi}_2}}\right). \tag{5.3.39}$$

再利用内外部欺诈欺诈间的相关关系得到最终的操作风险的值。将上述分布函数的估计值与内外部欺诈间的相关关系结合起来的具体方法和步骤将在下面的章节中给出。

上面的内容对一般情况下操作风险总体损失分布函数的求解方法进行了介绍，在不将总体操作风险按照操作风险事件类型进行分类的情形下，上述方法都可以作为对总体操作风险 VaR 值进行求解的方法。其中，基于一阶近似和均值修正模型的分布函数求解方法是对已有方法的介绍，而基于二阶近似的分布函数求解方法是本文在已有的关于次指数分布性质研究结果的基础上提出的，该方法在接下来的研究中还会用到。下面介绍在考虑内外部欺诈间相关关系的基础上，对总体的操作风险进行度量的方法和步骤。

5.4 内外部欺诈独立情形下的操作风险度量

在考虑内外部欺诈间的相关关系时，通常要考虑的相关关系有两种，一种是相互独立，一种是相互不独立。在独立情形下，对总体操作风险一般采用传统的方法进行度量；在不独立的情形下，一般都利用 Copula 函数来对它们之间的关系进行描述。下面首先给出独立情形下总体操作风险的度量。

根据前面的介绍，内部欺诈损失强度 X_i 的分布函数 $F_1(x)$ 以及外部欺诈损失强度 Y_j 的分布函数 $G_1(y)$ 均属于次指数分布族，且在对总体操作风险进行度量的过程中，有如下假设条件：内部欺诈损失强度 $\{X_i, i \in \mathbb{N}\}$ 与外部欺诈损失强度 $\{Y_j, j \in \mathbb{N}\}$ 均为独立同分布的变量，且他们分别与内部欺诈损失频度 N_1 和外部欺诈损失频度 N_2 相互独立。由前面的计算可知，

$$\overline{F}(x) \approx E[N_1]\, \overline{F}_1(x) \tag{5.4.1}$$
$$\overline{G}(y) \approx E[N_2]\, \overline{G}_1(y) \tag{5.4.2}$$

当假设内部欺诈和外部欺诈之间相互独立（也即 L_1 和 L_2 之间相互独

立)时,操作风险总体损失 $L = L_1 + L_2 = \sum_{i=1}^{N_1} X_i + \sum_{j=1}^{N_2} Y_j$ 的分布函数 $\Phi(z)$ 的生存函数 $\bar{\Phi}$ 可以表示为

$$\bar{\Phi} = \bar{F} * \bar{G}. \tag{5.4.3}$$

故由(5.3.17)和(5.3.18)式可得,在假设内部欺诈和外部欺诈相互独立,且内部欺诈损失强度和外部欺诈损失强度的分布函数 $F_1(x)$ 和 $G_1(y)$ 之间也相互独立的情形下,对于足够大的 z,操作风险总体损失分布函数的生存函数可以表示为

$$\bar{\Phi} \approx \lambda_1 \lambda_2 [\bar{F}_1 * \bar{G}_1]. \tag{5.4.4}$$

由前面的计算可知,分布函数 F_1 和 G_1 均为 Pareto 分布,因此,由 Embrechts 等(1997) 给出的引理可以得到,当这两个分布函数的自变量足够大时,由

$$\bar{F}_1 * \bar{G}_1 \approx \bar{F}_1 + \bar{G}_1 \tag{5.4.5}$$

且将其代入式(5.4.4)中可得,对足够大的 z,有

$$\bar{\Phi} \approx \lambda_1 \lambda_2 [\bar{F}_1 + \bar{G}_1]. \tag{5.4.6}$$

结合前面给出的内部欺诈损失强度分布函数 $F_1(x)$ 和外部欺诈损失强度分布函数 $G_1(y)$ 的近似解析式可知,在内外部欺诈相互独立的情形下,一年期内外部欺诈总体损失分布函数的近似解析表达式为:

$$\hat{\Phi}(z) = 1 - \hat{\lambda}_1 \hat{\lambda}_2 \left[\frac{N_1^{u_1}}{n_1} \left(1 + \hat{\xi}_1 \frac{z - u_1}{\hat{\beta}_1}\right)^{-\frac{1}{\hat{\xi}_1}} + \frac{N_2^{u_2}}{n_2} \left(1 + \hat{\xi}_2 \frac{z - u_2}{\hat{\beta}_2}\right)^{-\frac{1}{\hat{\xi}_2}} \right]. \tag{5.4.7}$$

5.5　内外部欺诈相依情形下的操作风险度量

得到内外部欺诈相互独立情形下总体损失分布函数的近似解析表达式以后,下面要考虑的是内外部欺诈间不独立的情形。在考虑内外部欺诈间不独立情形的情况下,通常利用二元 Copula 函数来对内部欺诈总体损失和外部欺诈总体损失之间的相依关系进行度量。因此,为了方便后面的计算,下面对这一章节将用到的二元 Copula 函数进行介绍。

5.5.1　几种常见的二元 Copula

前面已经对 Copula 的定义、几种特殊的 Copula 以及 Copula 的主要性

质进行了介绍，这里主要对几种最常见的并且后面将会用到的二元 Copula 的定义进行介绍。而有关这些二元 Copula 函数的性质，则与前面介绍的多元 Copula 函数的性质相同。

前面已经对多元分布函数 F（或者说随机变量 $\boldsymbol{X}$）的 Copula 定义进行了介绍。下面给出随机向量 $\boldsymbol{X}$ 的 Copula 函数性质。

性质 5.5.1 设 $\boldsymbol{X}=(X_1,\cdots,X_d)$ 为具有连续边际分布函数的随机向量，其 Copula 函数为 C，$T_1,\cdots,T_d$ 为严格单调递增的函数。则 $\boldsymbol{X}'=(T_1(X_1),\cdots,T_d(X_d))$ 的 Copula 函数也为 C。

对该性质的证明在 McNeil 等(2005) 中已经给出，这里就不再复述。接下来对几种常见的二元 Copula 函数进行介绍。

定义 5.5.1(Gauss Copula) 若 $\boldsymbol{Y}$ 为高斯随机向量，即 $\boldsymbol{Y}\sim N_d(\mu,\Sigma)$，其中 $N_d(\mu,\Sigma)$ 表示均值向量为 μ，协方差矩阵为 Σ 的 d 维正态分布函数，则称 $\boldsymbol{Y}$ 的 Copula 函数为 Gauss Copula。

由性质 5.5.1 可知，若随机向量 $\boldsymbol{X}\sim N_d(0,\mathcal{P})$，其中 $\mathcal{P}=\wp(\Sigma)$ 表示随机向量 $\boldsymbol{Y}$ 的相关系数矩阵，则 $\boldsymbol{X}$ 的 Copula 函数与 $\boldsymbol{Y}$ 的 Copula 函数相同。且根据定义 1，该 Copula 可以表示为

$$C_{\mathcal{P}}^{Ga}(\boldsymbol{u})=P(\Phi(X_1)\leqslant u_1,\cdots,\Phi(X_d)\leqslant u_d)=\Phi_{\mathcal{P}}(\Phi^{-1}(u_1),\cdots,\Phi^{-1}(u_d)).\tag{5.5.1}$$

其中，Φ 表示标准的单变量正态分布函数，$\Phi_{\mathcal{P}}$ 表示随机向量 $\boldsymbol{X}$ 的联合分布函数用记号 $C_{\mathcal{P}}^{Ga}$ 表示 Gauss Copula 函数主要是为了强调该 Copula 函数由相关关系矩阵 $\mathcal{P}$ 中的 $\frac{1}{2}d(d-1)$ 个参数唯一确定。记 $d=2$ 时的二维高斯 Copula 为 c_ρ^{Ga}，其中 $\rho=\rho(X_1,X_2)$。可将其表示为随机向量 $\boldsymbol{X}=(X_1,X_2)$ 的密度函数的积分：

$$C_\rho^{Ga}(u_1,u_2)=\int_{-\infty}^{\Phi^{-1}(u_1)}\int_{-\infty}^{\Phi^{-1}(u_2)}\frac{1}{2\pi(1-\rho^2)^{\frac{1}{2}}}\exp\left\{\frac{-(s_1^2-2\rho s_1 s_2+s_2^2)}{2(1-\rho^2)}\right\}\mathrm{d}s_1\,\mathrm{d}s_2.$$

前面介绍的独立 Copula 和共单调 Copula 可以看成是 Gauss Copula 的特例。

定义 5.5.2(t Copula) 与上面类似的方式，可以得到 d 维 t Copula 的表达式为：

$$C_{\nu,\mathcal{P}}^{t}(\boldsymbol{u})=\boldsymbol{t}_{\nu,\mathcal{P}}(t_\nu^{-1}(u_1),\cdots,t_\nu^{-1}(u_d)).$$

其中，t_ν 表示标准单变量 t 分布的分布函数，$\boldsymbol{t}_{\nu,\mathcal{P}}$ 表示随机向量 $\boldsymbol{X}\sim t_d(\nu,0,\mathcal{P})$ 的联合分布函数，ν 表示自由度，$\mathcal{P}$ 表示相关系数矩阵。当 $d=2$ 时便可得到二维 t *Copula* 的表达式 $C_{\nu,\rho}^{t}(u_1,u_2)=\boldsymbol{t}_{\nu,\rho}(t_\nu^{-1}(u_1),\cdots,$

$t_\nu^{-1}(u_2))$，其密度函数可以表示为

$$c(u_1,u_2) = |\rho|^{-\frac{1}{2}} \frac{\Gamma(\frac{\nu+2}{2})\Gamma(\frac{\nu}{2})}{\Gamma^2(\frac{\nu+1}{2})} \frac{(1+\frac{1}{\nu}\mathbf{s}'\rho^{-1}\mathbf{s})^{-\frac{\nu+2}{2}}}{\prod_{n=1}^{2}(1+\frac{s_n^2}{\nu})^{-\frac{\nu+2}{2}}}. \quad (5.5.2)$$

其中，$\mathbf{s} = (s_1,s_2)'$，$s_i = t_\nu^{-1}(u_i), i = 1,2$。

以上两个二元 Copula 函数分别与二元正态分布和二元 t 分布函数相对应，它们均没有显式的表达式，只能通过密度函数表示出来。由二元正态分布和二元 t 分布特征可知，二元 t Copula 函数比二元 Gauss Copula 函数的厚尾相关性要强得多。接下来要介绍的是几种具有显式表达式的二元 Copula，它们均属于阿基米德 Copula 类。在对阿基米德 Copula 的定义进行介绍之前，首先给出伪逆的定义。

定义 5.5.3(伪逆)　设 $\varphi:[0,1]\to[0,\infty]$ 为连续、严格递增的函数，且 $\varphi(1)=0$，$\varphi(0)\leqslant\infty$，则其伪逆定义如下：

$$\varphi^{[-1]}(t) = \begin{cases} \varphi^{-1}(t), & 0\leqslant t\leqslant \phi(0) \\ 0, & \varphi(0)<t\leqslant\infty \end{cases}. \quad (5.5.3)$$

定义 5.5.4(双变量阿基米德 Copula 类)　令 $\phi:[0,1]\to[0,\infty]$ 为连续、严格单调递增的函数，且 $\phi(1)=0$，$\phi^{[-1]}(t)$ 定义如上所示，则当且仅当 ϕ 为凸函数时，

$$C(u_1,u_2) = \phi^{[-1]}(\phi(u_1)+\phi(u_2)) \quad (5.5.4)$$

为 Copula 函数，而可以表示成上式的所有 Copula 均称为阿基米德 Copula，所有的这些双变量阿基米德 Copula 都属于阿基米德 Copula 类。ϕ 称为阿基米德 Copula 算子。

由上述定义可知，不同的阿基米德 Copula 算子可得到不同的阿基米德 Copula。这也就意味着，阿基米德 Copula 类中包含着大量不同的阿基米德 Copula 函数。下面对其中几个常用的双变量阿基米德 Copula 函数进行介绍。

当 $\phi=(-\ln t)^\theta(\theta\geqslant 1)$ 时，可得到 Gumbel Copula。该 Copula 的具体表达式如下：

$$C_\theta^{Gu}(u_1,u_2) = \exp\{-((-\ln u_1)^\theta + (-\ln u_2)^\theta)^{\frac{1}{\theta}}\}, \quad 1\leqslant\theta<\infty.$$

当 $\phi=\frac{1}{\theta}(t^{-\theta}-1)(\theta\geqslant -1)$ 时，可得到 Clayton Copula，其具体表达式为：

$$C_\theta^{Cl}(u_1,u_2)=(u_1^{-\theta}+u_2^{-\theta}-1)^{-\frac{1}{\theta}},\quad 0<\theta<\infty.$$

当 $\phi=-\ln\left(\frac{e^{-\theta t}-1}{e^{-\theta}-1}\right)(\theta\in\mathbb{R})$ 时，可得到 Frank Copula，该 Copula 的具体表达式如下：

$$C_\theta^{Fr}(u_1,u_2)=-\frac{1}{\theta}\ln\left(1+\frac{(\exp(-\theta u_1)-1)(\exp(-\theta u_2)-1)}{\exp(-\theta)-1}\right),\quad \theta\in\mathbb{R}.$$

当 $\phi=\theta^{-\delta}(t^{-\theta}-1)^{\delta}(\theta\geqslant 0,\delta\geqslant 1)$ 时，可得到广义的 Clayton Copula，其具体表达式为：

$$C_{\theta,\delta}^{GC}(u_1,u_2)=\{((u_1^{-\theta}-1)^{\delta}+(u_2^{-\theta}-1)^{\delta})^{\frac{1}{\delta}}+1\}^{-\frac{1}{\theta}},\quad \theta\geqslant 0,\delta\geqslant 1.$$

5.5.2 不同二元 Copula 的尾部特性

上面只给出了几种不同二元 Copula 函数的定义及表达式，但是对其各自的性质以及应用的领域等方面的内容并没有具体给出。为了接下来更好地利用上述二元 Copula 来对内外部欺诈间的相关关系进行度量，下面对上述各二元 Copula 的性质，特别是尾部性质等方面的内容进行说明。

首先，如上所述，根据二元正态分布函数的性质和二元 t 分布函数的性质可知，二元 Gauss Copula 在尾部相关性的刻画上与二元 t Copula 相比更弱。二元 t Copula 相对于二元 Gauss Copula 来说，厚尾相关性更强。下面通过 Gauss Copula、t Copula、Gumbel Copula 以及 Clayton Copula 四种不同二元 Copula 函数的模拟散点图、Copula 密度函数的 3D 透视阴影图及密度等高线图等几种不同的图形对比来对这几种不同二元 Copula 函数的特点、性质及其应用进行说明。图 5-1 分别给出了对四种不同二元 Copula 进行模拟得到的散点图，按照从左到右、从上到下的顺序，各散点图对应的 Copula 种类在每幅图下都有标出，其中，Gauss Copula 的参数为 $\mu=(0,0)$，$\rho=0.7$，Gumbel Copula 的参数为 $\theta=2$，Clayton Copula 的参数为 $\theta=2.2$，t Copula 的参数为 $\nu=4$，$\rho=0.71$，且每种 Copula 的散点图是由模拟得到的 20000 个随机点组成的。

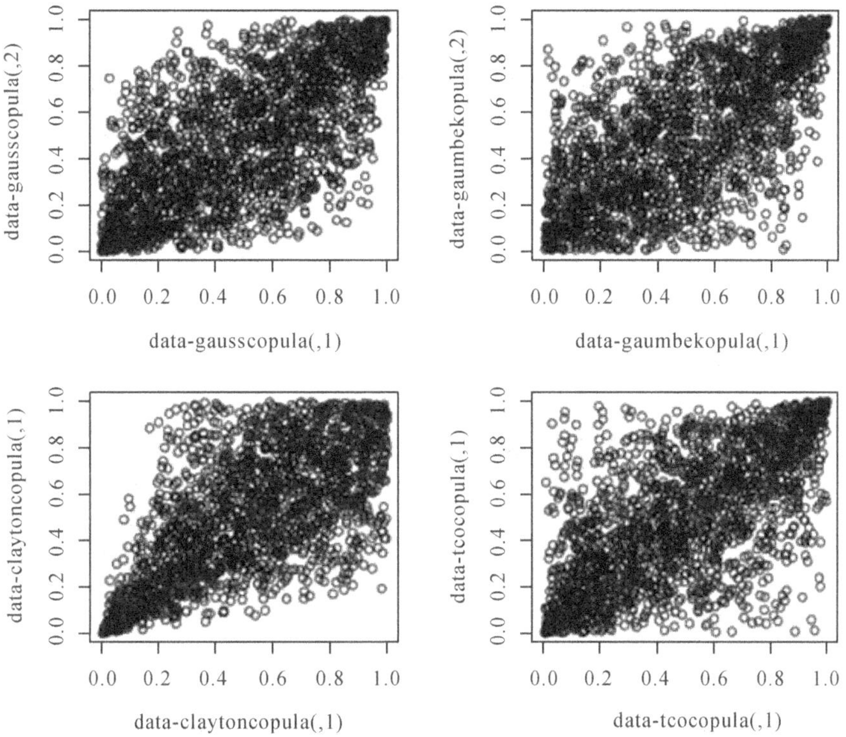

图 5-1　四种不同 Copula 的模拟散点图

由图 5-1 中给出的散点图可以大致上看出不同二元 Copula 函数的分布状况的不同，但是比较难从这些散点图中看出显著的差别，以及各不同 Copula 的分布特点。因此，下面利用标准正态分布的分位数函数对上述几种不同二元 Copula 散点图中的每个随机点的分量进行转换，使得每个二元 Copula 散点图中的随机点的边际分布函数为标准的正态分布函数。由此，即可得到经过转换后边际分布函数为标准正态分布、各参数不变的上述四种二元 Copula 的新的随机点。利用这些新的随机点，得到新的散点图，如图 5-2 所示。

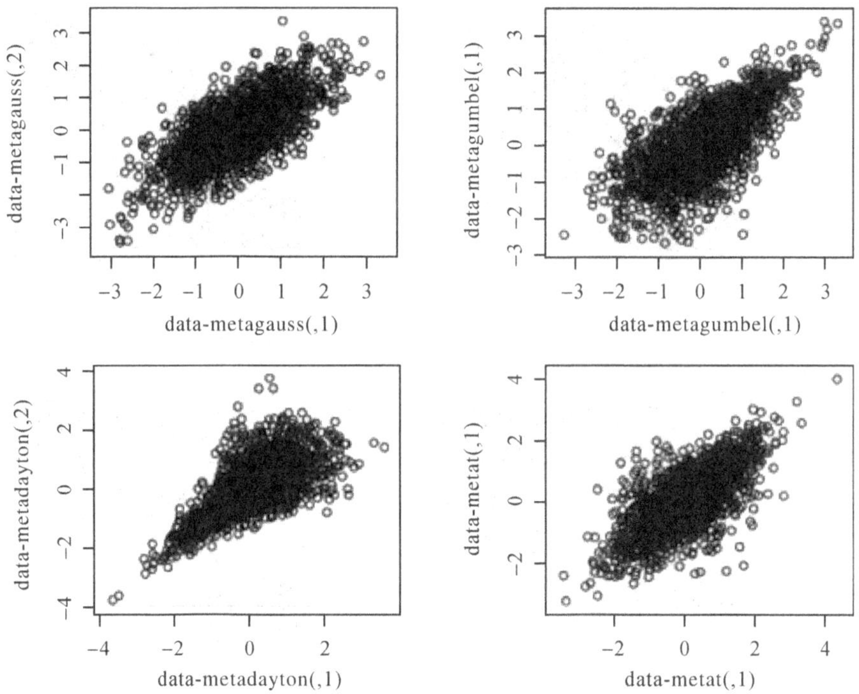

图 5-2　对图 5-1 中各 Copula 的模拟随机点进行转换后得到的边际分布为标准正态分布的散点图

图 5-2 中从左到右、从上到下分别对应的是二元 Gauss Copula、二元 Gumbel Copula、二元 Clayton Copula 以及二元 t Copula 经过转换后的边际分布函数为标准正态分布的散点图。各二元 Copula 的参数与图 5-1 中的参数相同。由这些参数的值可知，图 5-2 中 Gauss 散点图中的各随机点可以看成是由相关系数为 70% 的标准双变量正态分布产生的随机点，根据前面介绍的 Sklar 定理可得，另外三个散点图中的随机点可以看成是由边际分布函数为标准正态分布的特殊的双变量分布产生的。另外，在对各随机点的分量进行转换的过程中，原二元 Copula 的参数并未改变，且在对这些参数的选择上，保证了所有二元分布的线性相关系数均大约为 70%，以便对各散点图的对比更具有说服力。根据前面对各参数的选择，图 5-2 中 Gumbel 散点图的各随机点的分布函数为 $C_\theta^{Gu}(\Phi(x_1),\Phi(x_2))$，其中 $\theta=2$。由该散点图可以看出，Gumbel Copula 使得该分布函数具有上尾部相依的特性。也就是说，若随机向量 (X_1,X_2) 服从上述分布，则当 X_1 的取值为极大值时，X_2 也以很大的概率取极大值，反之亦然。因此，在上述情况下

当随机变量 X_1 ，X_2 表示金融损失变量时，需要引起格外的注意。由图 5-2 中的散点图可知，Clayton Copula 具有下尾部相依的特性，即若随机变量 (X_1,X_2) 的分布函数与图 5-2 中 Clayton 散点图的各随机点的分布函数相同，则当随机变量 X_1 的取值为极小值时，变量 X_2 也以极大的概率取极小值，反之亦然。在这种情况下，若随机变量 X_1 ，X_2 分别表示金融收益相关的随机变量时，需特别注意。图 5-2 中 t 散点图的分布形态表明 t Copula 既具有上尾部相依又具有下尾部相依的特性，而与之相反的是，Gauss Copula 上尾部和下尾部均不相依。这一点也可以通过图 5-2 中的 Gauss 散点图看出。

虽然图 5-1 和图 5-2 给出了 Gauss Copula、Gumbel Copula、Clayton Copula 以及 t Copula 四种二元 Copula 函数的模拟随机点散点图，以及对这些模拟随机点的分量进行转换后得到的边际分布函数为标准正态分布的新的随机点的散点图。且根据这些散点图，对不同的 Copula 函数特性进行了分析。为了对上述几种 Copula 的分布特性以及性质进行更直观、清晰的说明，下面分别给出上述几种二元 Copula 密度函数的 3D 透视图和等高线图。其中，各 Copula 的参数与散点图的参数相同，即 Gauss Copula 的参数为 $\mu=(0,0)$ ，$\rho=0.7$ ，Gumbel Copula 的参数为 $\theta=2$ ，Clayton Copula 的参数为 $\theta=2.2$ ，t Copula 的参数为 $\nu=4$，$\rho=0.71$ 。四种二元 Copula 密度函数的 3D 透视图分别如图 5-3、5-4、5-5、5-6 所示，四种二元 Copula 密度函数的等高线图如图 5-7 所示。

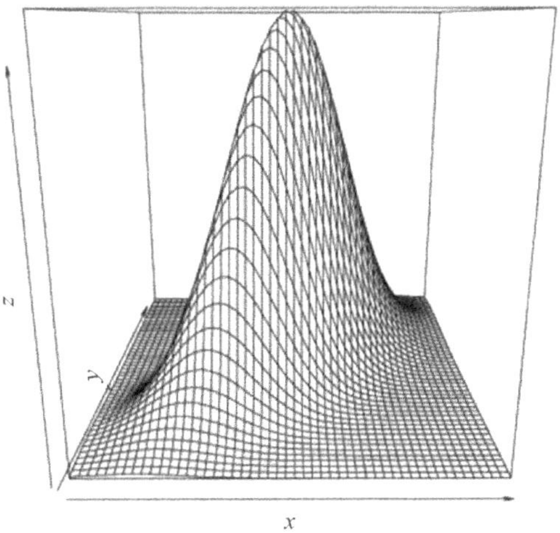

图 5-3　二元 Gauss Copula 密度函数的 3D 透视图

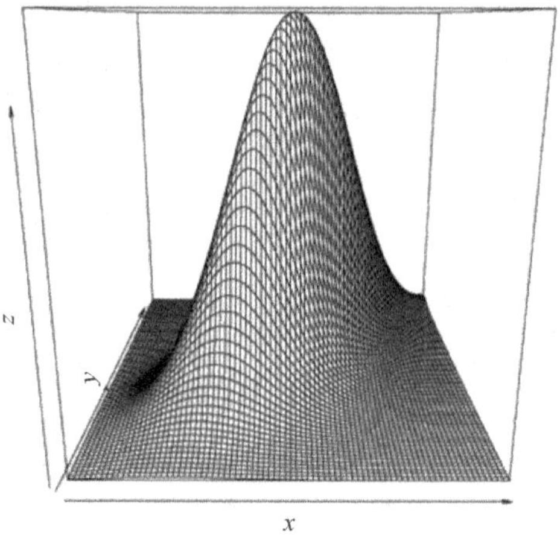

图 5-4　二元 Gumbel Copula 密度函数的 3D 透视图

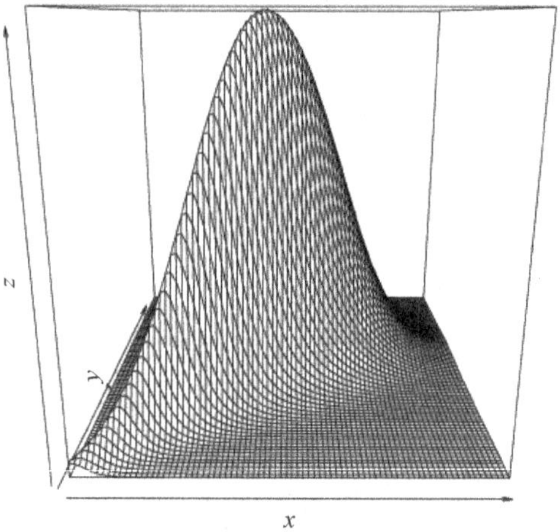

图 5-5　二元 Clayton Copula 密度函数的 3D 透视图

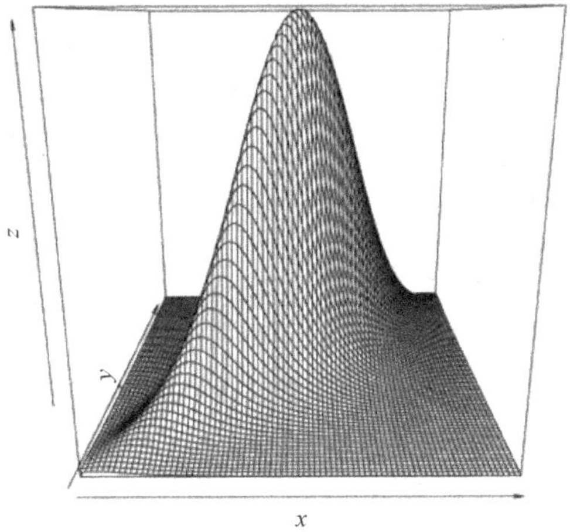

图 5-6　二元 t Copula 密度函数的 3D 透视图

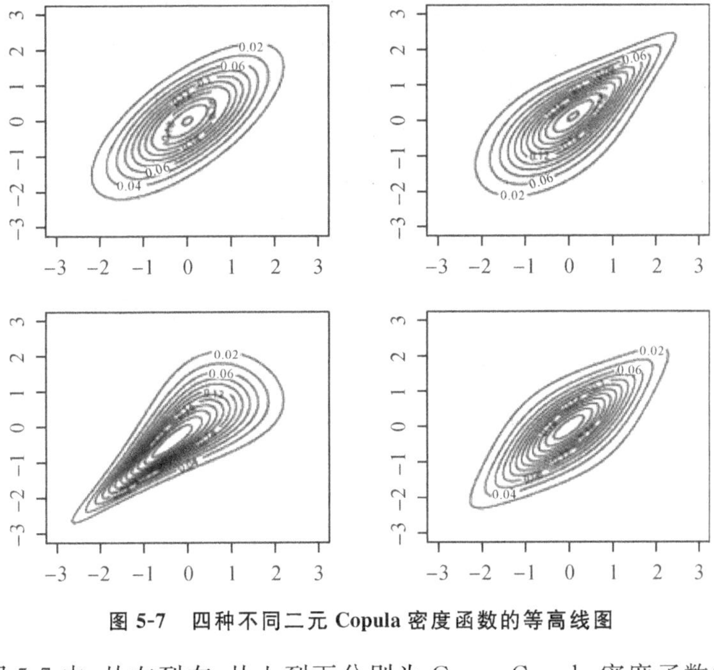

图 5-7　四种不同二元 Copula 密度函数的等高线图

图 5-7 中，从左到右、从上到下分别为 Gauss Copula 密度函数的等高线图、Gumbel Copula 密度函数的等高线图、Clayton Copula 密度函数的等高线图以及 t Copula 密度函数的等高线图。由几种不同二元 Copula 密度函数的 3D 透视图和等高线图可以更加直观地看出，Gauss Copula 对尾部相关性的刻画最不明显，而其他三种二元 Copula 均能较好地对尾部相关性

进行刻画，只是每种 Copula 对尾部相关性刻画的特点不同。其中，t Copula 对具有对称性的尾部相关关系刻画得比较好，而 Gumbel Copula 和 Clayton Copula 则分别对上尾部相关关系和下尾部相关关系刻画得比较好。因此，在实际应用中应该根据这些不同二元 Copula 的不同性质，以及所研究内容的数据特点选择合适的 Copula 函数。

5.5.3 基于二元 Copula 的操作风险模型构建

在对几种不同的二元 Copula 的定义及尾部特性等方面的内容进行了介绍以后，接下来要选取合适的二元 Copula 对内部欺诈和外部欺诈间的相依关系进行度量，并与前面介绍的内部欺诈总体损失和外部欺诈总体损失分布函数的求解方法结合起来，构建基于二元 Copula 的、考虑内外部欺诈间相依性的操作风险度量模型。

在对基于二元 Copula 的操作风险模型进行构建的过程中，首先确定边际分布，也即内部欺诈总体损失变量的分布函数和外部欺诈总体损失变量的分布函数，前面已经说明，对该分布的求解采取基于二阶近似的分布函数求解法。根据前面的介绍，在该方法下，可以得到内部欺诈总体损失和外部欺诈总体损失分布函数的生存函数表达式分别为：

$$\bar{F}(x) = \lambda_1 \overline{F_1}(x)\left(1 - \frac{\overline{F_1}(x)}{\lambda_1} + \circ(\overline{F_1}(x))\right), \tag{5.5.5}$$

$$\bar{G}(y) = \lambda_2 \overline{G_1}(y)\left(1 - \frac{\overline{G_1}(y)}{\lambda_2} + \circ(\overline{G_1}(y))\right). \tag{5.5.6}$$

将此表达式与前面章节中得到的 $F_1(x)$ 和 $G_1(y)$ 的近似表达式相结合可得，内部欺诈总体损失和外部欺诈总体损失分布函数的近似表达式分别为：

$$\hat{F}(x) = 1 - \frac{\hat{\lambda}_1 N_1^{u_1}}{n_1}\left(1 + \hat{\xi}_1 \frac{x - u_1}{\hat{\beta}_1}\right)^{-\frac{1}{\hat{\xi}_1}}\left(1 - \frac{N_1^{u_1}}{\hat{\lambda}_1 n_1}\left(1 + \hat{\xi}_1 \frac{x - u_1}{\hat{\beta}_1}\right)^{-\frac{1}{\hat{\xi}_1}}\right), \tag{5.5.7}$$

$$\hat{G}(y) = 1 - \frac{\hat{\lambda}_2 N_2^{u_2}}{n_2}\left(1 + \hat{\xi}_2 \frac{y - u_2}{\hat{\beta}_2}\right)^{-\frac{1}{\hat{\xi}_2}}\left(1 - \frac{N_2^{u_2}}{\hat{\lambda}_2 n_2}\left(1 + \hat{\xi}_2 \frac{y - u_2}{\hat{\beta}_2}\right)^{-\frac{1}{\hat{\xi}_2}}\right). \tag{5.5.8}$$

上述分布函数的近似表达式中，各参数的含义与前面章节中介绍的一样，这里不再赘述。在得到边际分布函数的近似表达式以后，接下来就要选取合适的二元 Copula 来对内外部欺诈间的相关关系进行描述。

分别令 $u_1=\hat{F}(x)$，$u_2=\hat{G}(y)$，根据上面对二元 Gauss Copula、二元 Gumbel Copula、二元 Clayton Copula 以及二元 t Copula 的定义以及性质的介绍，除了二元 Gauss Copula 以外，其他三种 Copula 均具有尾部相关性。而这里在讨论总体操作风险的度量问题时，是以内部欺诈导致的损失和外部欺诈导致的损失为基础研究对象的，因此，在这种情况下，考虑尾部相关性是有必要的。由前面的介绍可知，二元 Gumbel Copula、二元 Clayton Copula 和二元 t Copula 分别对上尾部相依关系、下尾部相依关系和上下尾部相依关系有较好的刻画。因此，在对内外部欺诈之间的相关关系进行描述时，分别采用这三种二元 Copula 来对它们之间的相依关系进行度量。下面分别给出三种 Copula 情况下内部欺诈总体损失和外部欺诈总体损失的联合分布函数表达式，其中分别用 u_1，u_2 代替内部欺诈总体损失的分布函数和外部欺诈总体损失的分布函数。

在二元 Gumbel Copula 下，内部欺诈总体损失和外部欺诈总体损失的联合分布函数表示为：

$$C(u_1,u_2;\theta)=\exp(-((-\ln u_1)^{\theta}+(-\ln u_2)^{\theta})^{\frac{1}{\theta}}),\quad 1\leqslant\theta<\infty. \tag{5.5.9}$$

在二元 Clayton Copula 下，内部欺诈总体损失和外部欺诈总体损失的联合分布函数表示为：

$$C(u_1,u_2;\theta)=(u_1^{-\theta}+u_2^{-\theta}-1)^{-\frac{1}{\theta}},\quad 0<\theta<\infty. \tag{5.5.10}$$

在二元 t Copula 下，内部欺诈总体损失和外部欺诈总体损失的联合分布函数表示为：

$$C(u_1,u_2;\nu,\rho)=\int_{-\infty}^{t_\nu^{-1}(u_1)}\int_{-\infty}^{t_\nu^{-1}(u_2)}\frac{\Gamma\left(\frac{\nu+2}{2}\right)\mid\rho\mid^{-\frac{1}{2}}}{\Gamma\left(\frac{2}{\nu}\right)\nu\pi}\left(1+\frac{1}{\nu}\boldsymbol{x}'\rho^{-1}\boldsymbol{x}\right)^{-\frac{\nu+2}{2}}\mathrm{d}x_1\mathrm{d}x_2, \tag{5.5.11}$$

其中，$\boldsymbol{x}=(x_1,x_2)'$，$\rho$ 为二元 t Copula 的相关系数矩阵，对应的相关系数为 ρ。将前面得到的分布函数 $F(x)$ 和 $G(y)$ 估计值的表达式分别代入上述三种不同二元 Copula 模型中，即可得到总体损失分布函数 $\Phi(s)$ 的不同估计值，分别用 $\hat{\Phi}_1(s)$，$\hat{\Phi}_2(s)$ 和 $\hat{\Phi}_3(s)$ 表示。

已有的考虑内外部欺诈间相关关系的操作风险度量研究成果表明，相比于不考虑内外部欺诈相关性的情形，在用 t Copula 对内外部欺诈间的相关关系进行度量的情况下，得到的操作风险度量结果能够有效地降低监管成本。由此可以说明，考虑内外部欺诈间的相关性对总体操作风险的度量是有必要的。但是，如上所述，t Copula 只是对对称的尾部相关性具有较好的刻画，而金融市场的复杂性往往导致各金融个体之间的关系错综复杂，因此，内外部欺诈间的尾部相关关系不一定是对称的。故而这里选取的二元 Copula 除了 t Copula 以外，还有对非对称的尾部相关性刻画较好的 Gumbel Copula 和 Clayton Copula。

通过上面两个步骤确定了基于二元 Copula 的操作风险度量模型以后，也就可以得到操作风险总体损失的分布函数了。下面要做的就是对上述模型或者说操作风险总体损失分布函数的各个参数进行估计，再借助 Monte Carl 模拟得到不同分布函数下操作风险总体损失的经验分布，并根据该经验分布得到最终的 VaR 值。

5.6 参数估计和模拟

上面得到了不同模型下操作风险总体损失分布函数的解析解表达式，这一节主要针对上面得到的各解析解中的参数进行估计，并给出在不同二元 Copula 模型下对操作风险总体损失的 VaR 值进行求解的模拟算法和步骤。

5.6.1 参数估计算法和步骤

对操作风险总体损失分布函数的参数估计包括对内、外部欺诈损失强度分布函数和内、外部欺诈损失频度分布函数参数的估计（即二元 Copula 模型下边际分布函数中各参数的估计），以及二元 Copula 函数参数的估计。在对边际分布中各参数进行估计的过程中，首先利用 Hill 图和超阈值期望图形相结合的方法分别得到阈值 u_1 和 u_2，再分别根据内部欺诈导致的操作风险损失历史数据和外部欺诈导致的操作风险损失的历史数据，利用极大似然估计法得到内部欺诈损失强度分布函数中参数 ξ_1，β_1 和外部欺诈损失强度分布函数中参数 ξ_2，β_2 的估计值。对内、外部欺诈损失频度的分布函数中参数 λ_1 和 λ_2 的估计，则根据矩估计法，分别利用内部欺诈和外部欺诈一年期损失次数历史数据的平均值来代替。最后根据各参数的估计值，得到内部欺诈总体损失分布函数和外部欺诈总体损失分布函数，也即二元 Copula 模型下两个边际分布函数的解析式。

得到边际分布函数的解析式后，要通过操作风险总体损失分布函数的解析式得到总体操作风险的 VaR 值，就要先通过样本数据得到各不同二元 Copula 函数的参数估计值。对不同二元 Copula 函数的参数进行估计的方法不同，下面分别对二元 t Copula 和二元 Gumbel Copula 中各参数的估计进行介绍。首先，对二元 t Copula 的参数进行估计的方法和步骤如下：

(1)根据前面利用极大似然估计法得到的边际分布函数(也即内部欺诈总体损失分布函数和外部欺诈总体损失分布函数)中各参数的估计值，即可得到边际分布函数的近似解析式 $\hat{F}(x)$ 和 $\hat{G}(y)$ 。分别利用分布函数 $\hat{F}(x)$ 和 $\hat{G}(y)$ 对一年期内部欺诈总体损失的样本数据和一年期外部欺诈总体损失的样本数据进行转换，得到转换后的服从[0,1]上均匀分布的边际分布样本数据，分别记为 $\{u_1^i, i=1,\cdots,T\}$ 和 $\{u_2^i, i=1,\cdots,T\}$ ，其中 T 表示总体损失样本数据的个数；

(2)对二元 t *Copula* 函数给定一个自由度 ν；

(3)再次对第一步中得到的边际分布样本数据进行转换，得到新的分布函数为正态分布的边际分布样本数据分别为 $\{v_1^i=\Phi^{-1}(u_1^i), i=1,2,\cdots,T\}$ 和 $\{v_2^i=\Phi^{-1}(u_2^i), i=1,2,\cdots,T\}$ ，其中 Φ^{-1} 表示单变量标准正态分布函数的反函数，令

$$\hat{\rho}_0=\frac{1}{T}\sum_{k=1}^{T}\boldsymbol{v}^k(\boldsymbol{v}^k)',$$

其中，$\boldsymbol{v}^k=(v_1^k, v_2^k)'$ 。

(4)根据前面给定的自由度 ν ，分别利用 $w_1^i=t_\nu^{-1}(u_1^i), i=1,2,\cdots,T$ 和 $w_2^i=t_\nu^{-1}(u_2^i), i=1,2,\cdots,T$ (其中，t_ν^{-1} 表示自由度为 ν 的单变量 t 分布函数的反函数)得到经过变换后的分布函数为 t 分布的边际分布样本数据 $\{w_1^i, i=1,2,\cdots,T\}$ 和 $\{w_2^i, i=1,2,\cdots,T\}$ ，再令

$$\hat{\rho}_{j+1}=\frac{\nu+2}{T\cdot\nu}\sum_{k=1}^{T}\frac{\boldsymbol{w}^k(\boldsymbol{w}^k)'}{1+\frac{1}{\nu}(\boldsymbol{w}^k)'\hat{\rho}_j\boldsymbol{w}^k}$$

其中，$\boldsymbol{w}^k=(w_1^k, w_2^k)'$ 。

(5)令

$$(\hat{\rho}_{j+1})_{i,k}=\frac{(\hat{\rho}_{j+1})_{i,k}}{\sqrt{(\hat{\rho}_{j+1})_{i,i}}\sqrt{(\hat{\rho}_{j+1})_{k,k}}},$$

其中，$i,k=1,2$ ，$(\hat{\rho}_{j+1})_{i,k}$ 表示矩阵 $\hat{\rho}_{j+1}$ 的第 i 行和第 k 列对应的元素。经过上述计算以后，矩阵 $\hat{\rho}_{j+1}$ 的对角线元素均为 1。

(6)重复步骤 4 和步骤 5，使得当 j 充分大时，满足 $//\hat{\rho}_{j+1}-\hat{\rho}_j//\rightarrow 0$ ，记此时的 $\hat{\rho}_{j+1}$ 为 $\hat{\rho}$ 。按照该条件即可得到给定自由度 ν 的情况下，二元 t

Copula 参数中相关系数矩阵 ρ 的估计值为 $\hat{\rho}$ 。

(7)根据上面估计得到的相关系数矩阵的估计值，利用最大似然估计法，得到二元 t Copula 参数中自由度 ν 的估计值 $\hat{\nu}$ 。

下面介绍对二元 Gumbel Copula 中各参数进行估计的方法和步骤：

(1)与上述二元 t Copula 参数估计中的步骤一相同，得到服从[0,1]上均匀分布的边际分布样本数据，分别记为 $\{u_1^i, i=1,2,\cdots,T\}$ 和 $\{u_2^i, i=1,2,\cdots,T\}$ ，其中 T 表示总体损失样本数据的个数；

(2)对二元 Gumbel Copula 的参数进行估计的方法有很多，我们可以根据其函数的表达式，利用极大似然估计法、Kendall'sτ 逆或者 Spearman's ρ 逆等方法得到二元 Gumbel Copula 中各参数的估计值。

由于二元 Clayton Copula 与二元 Gumbel Copula 均属于二元阿基米德 Copula 类，因此，对二元 Clayton Copula 中各参数的估计与对二元 Gumbel Copula 中各参数的估计方法相同，这里就不再赘述。在得到上述几种二元 Copula 函数中各参数的估计值以后，要得到最后的操作风险 VaR 值，还要利用蒙特卡洛模拟的方法，根据得到的边际分布函数和二元 Copula 函数表达式，对总体损失的分布函数进行模拟，再根据模拟的样本数据得到最后操作风险的值。下面介绍在边际分布函数和二元 Copula 函数的基础上对总体损失的分布函数进行模拟的算法和步骤。

5.6.2 数值模拟算法和步骤

这一节主要介绍基于边际分布函数和上面介绍的三种二元 Copula 函数的总体损失分布函数的模拟算法和步骤。由于不同的二元 Copula 模型，其对应的模拟算法和步骤不一样，因此，下面分别给出对基于二元 Gumbel Copula、二元 Clayton Copula 和二元 t Copula 的总体损失分布函数进行 Monte Carlo 模拟的算法和步骤。

通过计算可得，二元 Gumbel Copula 的阿基米德 Copula 算子 $\phi=(-\ln t)^{\theta}$ 与服从稳定分布的正随机变量 $X\left(\text{即 } X \sim St(1/\theta,1,\gamma,0)\text{，其中 } \gamma=\left(\cos\left(\frac{\pi}{2\theta}\right)\right)^{\theta}, \theta>1\right)$ 的 Laplace 变换等价，因此可以首先通过下面的算法和步骤模拟得到二元 Gumbel Copula 的二维随机数：

(1)产生独立同分布的[0,1]上均匀分布的两个随机数序列，每个随机数序列均包含 N 个随机数，分别记为 $\omega_1=(\omega_1^1,\omega_1^2,\cdots,\omega_1^N)$ 和 $\omega_2=(\omega_2^1,\omega_2^2,$

$\cdots,\omega_2^N)$ 。

(2)对给定的参数 θ ,产生随机变量 $X \sim St(1/\theta,1,\gamma,0)$ 的 N 个随机数,记为 $\boldsymbol{x}=(x_1,x_2,\cdots,x_N)$ 。

(3)分别令 $u_1^i=\exp\left(-\left(-\dfrac{\log\omega_1^i}{x_i}\right)^{-1/\theta}\right)$, $u_2^i=\exp\left(-\left(-\dfrac{\log\omega_2^i}{x_i}\right)^{-1/\theta}\right)$, $i=1,2,\cdots,N$ 。

(4)令 $\boldsymbol{u}^i=(u_1^i,u_2^i)$, $i=1,2,\cdots,N$,即可得到参数为 θ 的 Gumbel Copula 的 N 个二维样本数据 $\boldsymbol{u}^1,\cdots,\boldsymbol{u}^N$;在得到二元 Gumbel Copula 的二维随机数以后,接着利用牛顿迭代法的思想按照下面的算法和步骤分别对内部欺诈总体损失变量和外部欺诈总体损失变量进行模拟。

(5)选取某个较大的正数值,记为 x_0^1 ,分别计算 $\hat{F}(0)$ 和 $\hat{F}(x_0^1)$ 的值,并将其与二维样本数据 $\boldsymbol{u}^1$ 中第一个分量 u_1^1 的值进行比较。若 $u_1^1 \in (\hat{F}(0),\hat{F}(x_0^1))$,则令 $x_1^1=\dfrac{1}{2}x_0^1$;若 $u_1^1 \in (\hat{F}(x_0^1),\infty)$,则重新选取一个正数值 x_1^1 ,使得 $x_1^1>x_0^1$ 。计算 $\hat{F}(x_1^1)$ 的值并将其与 u_1^1 的值进行比较。在 $x_1^1=\dfrac{1}{2}x_0^1$ 的情况下,若 $u_1^1 \in (\hat{F}(0),\hat{F}(x_1^1))$,则令 $x_2^1=\dfrac{1}{2}x_1^1$;若 $u_1^1 \in (\hat{F}(x_1^1),\hat{F}(x_0^1))$,则令 $x_2^1=x_1^1+\dfrac{1}{2}(x_0^1-x_1^1)$ 。在 $x_1^1>x_0^1$ 的情况下,若 $u_1^1 \in (\hat{F}(x_1^1),\infty)$,则重新选取一个正数值 x_2^1 ,使得 $x_2^1>x_1^1$;若 $u_1^1 \in (\hat{F}(x_0^1),\hat{F}(x_1^1))$,则令 $x_2^1=x_0^1+\dfrac{1}{2}(x_1^1-x_0^1)$ 。计算 $\hat{F}(x_2^1)$ 的值,并将其与 u_1^1 的值进行比较。在 $x_2^1=\dfrac{1}{2}x_1^1$ 的情况下,若 $u_1^1 \in (\hat{F}(0),\hat{F}(x_2^1))$,则令 $x_3^1=\dfrac{1}{2}x_2^1$;若 $u_1^1 \in (\hat{F}(x_2^1),\hat{F}(x_1^1))$,则令 $x_3^1=x_2^1+\dfrac{1}{2}(x_1^1-x_2^1)$ 。在 $x_2^1=x_1^1+\dfrac{1}{2}(x_0^1-x_1^1)$ 的情况下,若 $u_1^1 \in (\hat{F}(x_1^1),\hat{F}(x_2^1))$,则令 $x_3^1=x_1^1+\dfrac{1}{2}(x_2^1-x_1^1)$;若 $u_1^1 \in (\hat{F}(x_2^1),\hat{F}(x_0^1))$,则令 $x_3^1=x_2^1+\dfrac{1}{2}(x_0^1-x_2^1)$ 。在 $x_2^1>x_1^1$ 的情况下,若 $u_1^1 \in (\hat{F}(x_1^1),\hat{F}(x_2^1))$,则令 $x_3^1=x_1^1+\dfrac{1}{2}(x_2^1-x_1^1)$;若 $u_1^1 \in (\hat{F}(x_2^1),\infty)$,则重新选取一个正数值 x_3^1 ,使得 $x_3^1>x_2^1$ 。在 $x_2^1=x_0^1+\dfrac{1}{2}(x_1^1-x_0^1)$ 的情况下,若 $u_1^1 \in (\hat{F}(x_0^1),\hat{F}(x_2^1))$,则令 $x_3^1=x_0^1+\dfrac{1}{2}(x_2^1-x_0^1)$;若 $u_1^1 \in (\hat{F}(x_2^1),\hat{F}(x_1^1))$,则令 $x_3^1=x_2^1+\dfrac{1}{2}(x_1^1-x_2^1)$ 。以上面这种

方式继续下去，将区间范围逐渐缩小，直到找到某个 x_n^1，使得 $\hat{F}(x_n^1)$ 的值与 u_1^1 的值之间的误差不超过给定的某个可接受值。此时，x_n^1 即为分布函数 $\hat{F}(x)$ 取值为 u_1^1 时对应的 x 的值，以下简称为 u_1^1 在分布函数 $\hat{F}(x)$ 中对应的 x 值。

(6)对前面模拟产生的二维随机数 $\boldsymbol{u}^i=(u_1^i,u_2^i)$，$i=1,2,\cdots,N$ 中所有的第一个分量 u_1^i，$i=1,2,\cdots,N$ 均采用步骤(5)中的方法找到其在分布函数 $\hat{F}(x)$ 中对应的 x 的值，分别记为 x_n^i，$i=1,2,\cdots,N$。

(7)对二维随机数 $\boldsymbol{u}^i=(u_1^i,u_2^i)$，$i=1,2,\cdots,N$ 中的每个分量 u_2^i，$i=1,2,\cdots,N$，均以 y_0^i，$i=1,2,\cdots,N$ 作为初始值，并按照步骤(5)中的方法得到其在分布函数 $\hat{G}(y)$ 中对应的 y 的值。记为 y_n^i，$i=1,2,\cdots,N$。

(8)通过上面的步骤，最后分别得到 X 和 Y 的 N 个随机数 x_n^i，$i=1,2,\cdots,N$ 和 y_n^i，$i=1,2,\cdots,N$。由上述步骤及模拟方法可知，令 $\boldsymbol{s}^i=(x_n^i,y_n^i)$，$i=1,2,\cdots,N$，则其为具有 Gumbel Copula 的二维随机变量 $\boldsymbol{S}=(X,Y)$ 的 N 个二维随机数。

通过上面的步骤即可得到联合分布函数的 Copula 为 Gumbel Copula 的内部欺诈总体损失变量和外部欺诈总体损失变量的样本数据，再根据这些样本数据和的经验分布函数即可得到最后总体损失分布对应的 VaR 值，也即总体的操作风险值。

同样的，对基于二元 Clayton Copula 的模型进行模拟时，首先也是对二元 Clayton Copula 进行模拟，得到其二维样本数据，再按照上面类似的步骤得到最终的操作风险值。通过计算可得，二元 Clayton Copula 的阿基米德 Copula 算子 $\phi=\frac{1}{\theta}(t^{-\theta}-1)$ 等价于服从伽马分布的随机变量 X（即 $X\sim Ga(1/\theta,1)$）的 Laplace 变换。故可以通过下面的步骤来对其进行模拟：

(1)产生独立同分布的[0,1]上均匀分布的两个随机数序列，每个随机数序列均包含 N 个随机数，分别记为 $\omega_1=(\omega_1^1,\omega_1^2,\cdots,\omega_1^N)$ 和 $\omega_2=(\omega_2^1,\omega_2^2,\cdots,\omega_2^N)$。

(2)对给定的参数 θ，产生随机变量 $X\sim Ga(1/\theta,1)$ 的 N 个随机数，记为 $\boldsymbol{x}=(x_1,x_2,\cdots,x_N)$。

(3)分别令 $u_1^i=\left(1-\dfrac{\log\omega_1^i}{x_i}\right)^{-1/\theta}$，$u_2^i=\left(1-\dfrac{\log\omega_2^i}{x_i}\right)$，$i=1,2,\cdots,N$。

(4)令 $\boldsymbol{u}^i=(u_1^i,u_2^i)$，$i=1,2,\cdots,N$，即可得到参数为 θ 的 Clayton Copula 的 N 个二维样本数据 $\boldsymbol{u}^1,\boldsymbol{u}^2,\cdots,\boldsymbol{u}^N$。

在得到二元 Gumbel Copula 的二维随机数以后，仍根据牛顿迭代法的思想，按照下面的步骤和算法得到内部欺诈总体损失变量和外部欺诈总体损失变量的样本数据。

(5)选取某个较大的正数值，记为 x_0^1 ，分别计算 $\hat{F}(0)$ 和 $\hat{F}(x_0^1)$ 的值，并将其与二维样本数据 $\boldsymbol{u}^1$ 中第一个分量 u_1^1 的值进行比较。若 $u_1^1 \in (\hat{F}(0),\hat{F}(x_0^1))$ ，则令 $x_1^1 = \frac{1}{2}x_0^1$ ；若 $u_1^1 \in (\hat{F}(x_0^1),\infty)$ ，则重新选取一个正数值 x_1^1 ，使得 $x_1^1 > x_0^1$ 。计算 $\hat{F}(x_1^1)$ 的值并将其与 u_1^1 的值进行比较。在 $x_1^1 = \frac{1}{2}x_0^1$ 的情况下，若 $u_1^1 \in (\hat{F}(0),\hat{F}(x_1^1))$ ，则令 $x_2^1 = \frac{1}{2}x_1^1$ ；若 $u_1^1 \in (\hat{F}(x_1^1),\hat{F}(x_0^1))$ ，则令 $x_2^1 = x_1^1 + \frac{1}{2}(x_0^1 - x_1^1)$ 。在 $x_1^1 > x_0^1$ 的情况下，若 $u_1^1 \in (\hat{F}(x_1^1),\infty)$ ，则重新选取一个正数值 x_2^1 ，使得 $x_2^1 > x_1^1$ ；若 $u_1^1 \in (\hat{F}(x_0^1),\hat{F}(x_1^1))$ ，则令 $x_2^1 = x_0^1 + \frac{1}{2}(x_1^1 - x_0^1)$ 。计算 $\hat{F}(x_2^1)$ 的值，并将其与 u_1^1 的值进行比较。在 $x_2^1 = \frac{1}{2}x_1^1$ 的情况下，若 $u_1^1 \in (\hat{F}(0),\hat{F}(x_2^1))$ ，则令 $x_3^1 = \frac{1}{2}x_2^1$ ；若 $u_1^1 \in (\hat{F}(x_2^1),\hat{F}(x_1^1))$ ，则令 $x_3^1 = x_2^1 + \frac{1}{2}(x_1^1 - x_2^1)$ 。在 $x_2^1 = x_1^1 + \frac{1}{2}(x_0^1 - x_1^1)$ 的情况下，若 $u_1^1 \in (\hat{F}(x_1^1),\hat{F}(x_2^1))$ ，则令 $x_3^1 = x_1^1 + \frac{1}{2}(x_2^1 - x_1^1)$ ；若 $u_1^1 \in (\hat{F}(x_2^1),\hat{F}(x_0^1))$ ，则令 $x_3^1 = x_2^1 + \frac{1}{2}(x_0^1 - x_2^1)$ 。在 $x_2^1 > x_1^1$ 的情况下，若 $u_1^1 \in (\hat{F}(x_1^1),\hat{F}(x_2^1))$ ，则令 $x_3^1 = x_1^1 + \frac{1}{2}(x_2^1 - x_1^1)$ ；若 $u_1^1 \in (\hat{F}(x_2^1),\infty)$ ，则重新选取一个正数值 x_3^1 ，使得 $x_3^1 > x_2^1$ 。在 $x_2^1 = x_0^1 + \frac{1}{2}(x_1^1 - x_0^1)$ 的情况下，若 $u_1^1 \in (\hat{F}(x_0^1),\hat{F}(x_2^1))$ ，则令 $x_3^1 = x_0^1 + \frac{1}{2}(x_2^1 - x_0^1)$ ；若 $u_1^1 \in (\hat{F}(x_2^1),\hat{F}(x_1^1))$ ，则令 $x_3^1 = x_2^1 + \frac{1}{2}(x_1^1 - x_2^1)$ 。以上面这种方式继续下去，将区间范围逐渐缩小，直到找到某个 x_n^1 ，使得 $\hat{F}(x_n^1)$ 的值与 u_1^1 的值之间的误差不超过给定的某个可接受值。此时，x_n^1 即为分布函数 $\hat{F}(x)$ 取值为 u_1^1 时对应的 x 的值，以下简称为 u_1^1 在分布函数 $\hat{F}(x)$ 中对应的 x 值。

(6)对前面模拟产生的二维随机数 $\boldsymbol{u}^i = (u_1^i, u_2^i)$ ，$i = 1,2,\cdots,N$ 中所有的第一个分量 u_1^i ，$i = 1,2,\cdots,N$ 均采用步骤(5)中的方法找到其在分布函数 $\hat{F}(x)$ 中对应的 x 的值，分别记为 x_n^i ，$i = 1,2,\cdots,N$ 。

(7)对二维随机数 $\boldsymbol{u}^i=(u_1^i,u_2^i)$ ，$i=1,2,\cdots,N$ 中的每个分量 u_2^i ，$i=1,2,\cdots,N$ ，均以 y_0^i ，$i=1,2,\cdots,N$ 作为初始值，并按照步骤(5) 中的方法得到其在分布函数 $\hat{G}(y)$ 中对应的 y 的值。记为 y_n^i ，$i=1,2,\cdots,N$。

(8)通过上面的步骤，最后分别得到 X 和 Y 的 N 个随机数 x_n^i，$i=1,2,\cdots,N$ 和 y_n^i，$i=1,2,\cdots,N$ 。由上述步骤及模拟方法可知，令 $\boldsymbol{s}^i=(x_n^i,y_n^i)$，$i=1,2,\cdots,N$ ，则其为具有 Gumbel Copula 的二维随机变量 $\boldsymbol{S}=(X,Y)$ 的 N 个二维随机数。

通过上面的步骤即可得到联合分布函数的 Copula 为 Clayton Copula 的内部欺诈总体损失变量和外部欺诈总体损失变量的样本数据，再根据这些样本数据和的经验分布函数即可得到最后总体损失分布对应的 VaR 值，也即总体的操作风险值。

下面介绍对基于二元 t Copula 的总体损失分布模型进行模拟的算法和步骤。首先，通过下面的算法和步骤对二元 t Copula 进行模拟：

(1)对给定的 ν 和相关系数矩阵 $\mathcal{P}$ ，生成随机变量 $\boldsymbol{X}\sim t_2(\nu,0,\mathcal{P})$ 的 N 个二维随机数 (x_1^i,x_2^i)，$i=1,2,\cdots,N$；

(2)对上面得到 N 个二维样本数据，分别令 $u_1^i=t_\nu(x_1^i)$ ，$u_2^i=t_\nu(x_2^i)$ ，$i=1,2,\cdots,N$；

(3)令 $\boldsymbol{u}^i=(u_1^i,u_2^i)$ ，$i=1,2,\cdots,N$ ，即可得到参数为 ν 和 $\mathcal{P}$ 的 t *Copula* 的 N 个二维样本数据 $\boldsymbol{u}^1,\boldsymbol{u}^2,\cdots,\boldsymbol{u}^N$ 。

接下来利用跟其他两种模型下相同的模拟算法和步骤，分别得到内部欺诈总体损失变量和外部欺诈总体损失变量的样本数据。根据该模拟的算法和步骤可知，得到的内部欺诈总体损失样本数据和外部欺诈总体损失样本数据，可以看成是来自联合分布函数的 Copula 为 t Copula 的两个随机变量。因此，根据这些样本数据和的经验分布函数可以得到总体损失操作风险的 VaR 值。具体的步骤与其他两种模型下模拟算法中的步骤(5)到(8)相同，这里就不再赘述。

第 6 章　基于 GPD-Copula 模型的混业经营下操作风险度量的实证研究

本章利用内部欺诈操作风险损失的历史数据和外部欺诈操作风险损失的历史数据，在上一章节的理论基础上，利用 GPD-Copula 模型对商业银行的操作风险进行实证研究。所谓 GPD-Copula 模型即为将 GPD 与 Copula 函数结合起来，先利用 GPD 对边际分布函数进行拟合，再利用 Copula 函数对边际分布函数之间的关系进行拟合的模型。有关 GPD 以及 Copula 函数的定义及相关性质在前面的章节中已经介绍过了，这里不再重复介绍。

本章的内容结构安排如下：6.1 主要对实证研究中用到的操作风险历史数据进行描述并对数据进行预处理；6.2 主要介绍对内部欺诈损失强度和外部欺诈损失强度分布函数的参数进行估计的过程和结果；6.3 主要介绍对内部欺诈损失频度和外部欺诈损失频度的参数进行估计的过程和结果；6.4 主要介绍对总体损失分布函数的估计，通过上一章节中给出的模拟算法和步骤得到总体损失的样本数据，再根据样本数据的经验分布得到 3 种不同二元 Copula 模型下的操作风险 VaR 值，并将不同模型下的风险值进行对比；6.5 为结论。

6.1　数据选取及数据预处理

本章所采用的数据是由通过各种渠道收集到的 1987～2014 年间银行、保险、证券、非银行金融机构等多个金融行业共计 3 341 条操作风险事件中整理而来的，这些原始事件具有时间跨度大、包含内容多、样本数据量大等特点。所有操作风险事件均由金融机构名称及其所属省份和机构级别、案发地点、涉案金额、损失金额、事件类型、业务部门、案件描述、来源文件、新闻链接以及人员身份等基本因素组成，每个组成因素所包含的具体内容如下。其中，操作风险事件中各金融机构所属的机构性质包括中央银行、合资银行、政策性银行、国有商业银行、国有专业银行、股份制商业银行、邮政储蓄银行、外资银行、城市商业银行、农村商业银行、农村合作银行、农村信用合作社、三类新型农村金融机构(包括镇银行(股份)有限公司、镇银行、农村资金互助社)、信用卡公司、支付平台、信托投资公司、企业集团财务公司、金融租赁公司、证券公司、保险公司、其他股份有限公司、证券交易所、汽车金融公司、货币经纪公司、消费金融公司等;金融机构所属省份包括中国几乎所有的省份及直辖市;金融机构的级别对于银行类金融机构来说包括总行、一级分行、二级分行(省一级分行下市级分行)、一级支行(直辖市或计划单列市一级分行下支行)、支行、二级支行、营业部(业务部、业务处)、分理处((筹划中的)办事处、办理处、管理处、代理处、营业处、网点)、储蓄所(营业室、营业所、营业点、外币兑换所、营业厅、自助银行、ATM 机、服务店)、网上银行、信用合作社、互助合作社、邮政储蓄等,对于其他金融机构来说主要包括总公司和子公司等;案发地点指的是操作风险事件发生的具体地点,即事件发生所在的省、市、区县、街道、级别以及部门等;涉案金额指的是操作风险事件中所涉及到的金额大小;损失金额指的是操作风险事件中损失掉的金额大小;事件类型主要指的是引起操作风险事件发生的原因或者说操作风险事件发生时所处的金融系统环节,主要包括内部欺诈、外部欺诈、就业政策和工作场所安全性、客户、产品以及业务操作、实体资产损失、业务中断和系统失败、执行、交割以及流程管理等;业务部门主要指的是操作风险事件发生所处的金融机构下属部门,如某公司的交易与销售部门等;案件描述主要是对操作风险事件的整个过程的详细描述;来源文件和新闻链接主要指的是操作风险事件的出处,如新闻报道、已有的案例分析等,若出自于新闻报道,则附有对应的新闻链接;人员身份指的是操作风险事件所涉及到的人员的身份信息,一般主要是指该人员的职位等。当然,除了金融机构名称、涉案金额、损失金额等主要因素以外,并不是每个操作风险事件均能找到其他各个因素对应的内容。该部分所使用的原始数据来源于科德操作风险数据库。

要由上述原始数据得到所需的样本数据,还需经过下述步骤对其进行处理。首先,根据事件类型这一因素,选择出所有事件类型为内部欺诈和外部欺诈的操作风险事件,并提取这些事件中的损失金额数据作为样本数据,得到可用的数据共计 2 222 个;其次,将部分以美元或者港币等其他币种为单位的损失金额根据当年的汇率转换成人民币,并均以万元为单位;最后,由于样本数据的时间跨度比较大,因此为了使得所有的这些损失金额数据具有可比性,将上述金额按照每一年的居民消费价格指数进行调整,并将调整后的数据按照操作风险事件所属的事件类型分为内部欺诈损失数据和外部欺诈损失数据。由此,分别得到内部欺诈损失样本数据1 541个和外部欺诈损失样本数据 681 个。

6.2　损失强度分布函数的参数估计

在对参数进行估计之前,先要对样本数据进行分析。表 6-1 和表 6-2 为内部欺诈损失样本数据和外部欺诈损失样本数据的统计特征表。由表 6-1 和表 6-2 中偏度的值可以看出,内部欺诈损失样本数据和外部欺诈损失样本数据的偏度均大于 0,这说明两种样本数据的总体分布均具有右偏的特性,也即数据中右部的极端值较多;由两个统计特征表中峰度的值可以看出,内部欺诈损失样本数据和外部欺诈损失样本数据的峰度值均大于 3,且内部欺诈损失样本数据的峰度值比 3 要大得多,由此说明两种损失样本数据的总体分布与正态分布相比都要陡峭的多。综合内部欺诈损失样本数据和外部欺诈损失样本数据的偏度和峰度数据可知,两种损失样本数据的总体分布均具有尖峰厚尾的特性。

表 6-1　内部欺诈损失数据的统计特征

统计量	最小值	最大值	中位数	均值	标准差	偏度	峰度
统计值	0.09	280200.00	94.46	2258.00	11274.35	14.40979	289.3156

表 6-2　外部欺诈损失数据的统计特征

统计量	最小值	最大值	中位数	均值	标准差	偏度	峰度
统计值	0.02	171700.00	98.73	3294.00	11725.85	8.291818	92.87399

下面根据两种损失样本数据的指数 QQ 图对其总体分布的尾部情况进行检验。之所以用指数 QQ 图对分布的尾部情况进行检验,是因为指数分布的尾部厚薄度属于中等,故在应用极值理论时,经常将其作为衡量其他分布尾部厚薄度的参照物。以样本数据的理论指数分布分位数为横坐标、以样本数据的经验分位数为纵坐标得到样本数据的指数分布 QQ 图以后,再利用下面的方法判断其总体分布的尾部情况。若 QQ 图为近似直线,则说明样本数据总体分布的尾部近似服从指数分布;若 QQ 图为凹向曲线,则说明样本数据总体分布的尾部为薄尾分布;若 QQ 图为凸向曲线,则说明样本数据总体分布的尾部为厚尾分布。图 6-1 和图 6-2 分别给出了

内部欺诈损失样本数据和外部欺诈损失样本数据的指数分布 QQ 图。

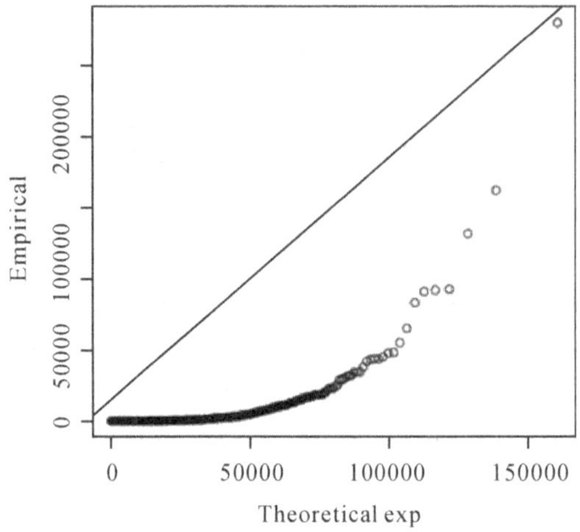

图 6-1　内部欺诈损失样本数据的指数分布 QQ 图

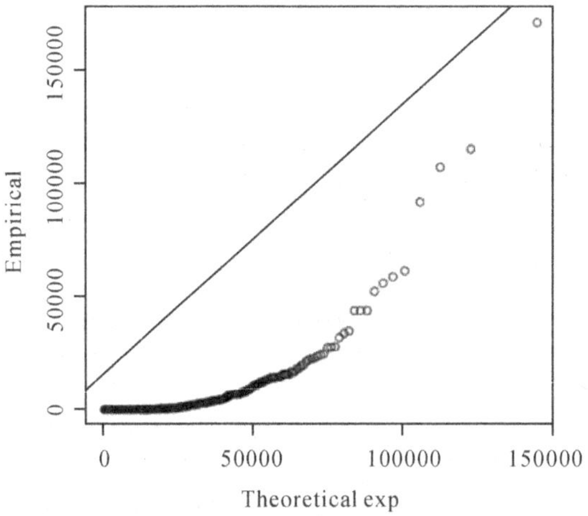

图 6-2　外部欺诈损失样本数据的指数分布 QQ 图

由图 6-1 和图 6-2 中的曲线形状可知,内部欺诈损失样本数据和外部欺诈损失样本数据的总体分布均具有厚尾的特性。且由两幅图中曲线与直线明显偏离的特性可以看出,两种损失样本数据的总体分布都具有严重的厚尾现象。另外,根据样本数据的 SME(Sample Mean Excess)散点图(即超阈值期望图)与其总体分布尾部分布情况之间的关系也可以对内部欺诈样本数据和外部欺诈损失样本数据的总体分布尾部状态进行验证。

前面已经对超阈值期望图的定义进行了介绍，由已有的研究可知，当 SME 散点图为一条斜率为正的近似直线时，说明样本数据的总体分布尾部为厚尾；当 SME 散点图为一条斜率为负的近似直线时，说明样本数据的总体分布尾部为薄尾；当 SME 散点图为一条近似水平的直线时，说明样本数据的总体分布为近似的指数分布。图 6-3 和图 6-4 给出了内部欺诈损失样本数据和外部欺诈损失样本数据的 SME 散点图。由两幅图的形状可以看出，两种损失样本数据的 SME 散点图均为正斜率的近似直线。由此说明，两种损失样本数据的总体分布均具有厚尾的特性。因此，根据上述对样本数据总体分布的特性进行分析的结果可知，利用上一章节中所介绍的极值理论中的 POT 模型对内部欺诈样本数据和外部欺诈样本数据的总体分布进行估计是合理的。

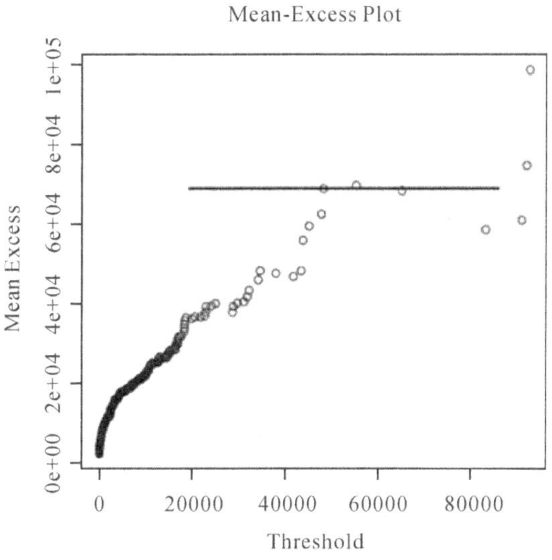

图 6-3　内部欺诈损失样本数据的 SME 散点图

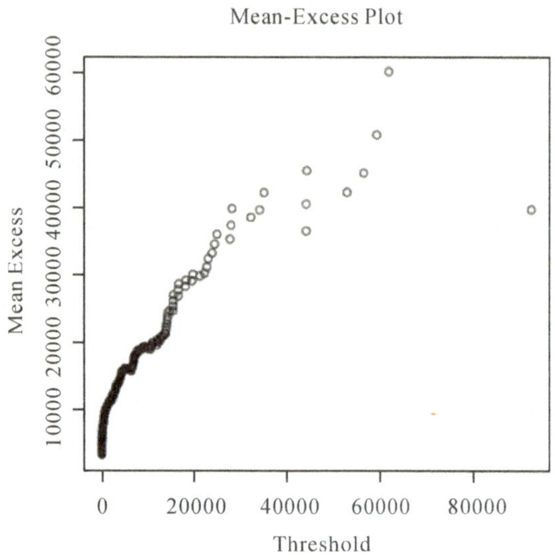

图 6-4　外部欺诈损失样本数据的 SME 散点图

6.2.2　阈值的选取以及参数的估计

上一章节得到内部欺诈损失强度 X_i 和外部欺诈损失强度 Y_j 的分布函数 $F_1(x)$ 和 $G_1(y)$ 的近似表达式分别如下：

$$F_1(x) \approx (1 - F_1(u_1))G_{\xi_1,\beta_1}(x - u_1) + F_1(u_1), \xi_1 > 0$$

$$G_1(y) \approx (1 - G_1(u_2))G_{\xi_2,\beta_2}(y - u_2) + G_1(u_2), \xi_2 > 0$$

其中，ξ_1，β_1 和 ξ_2，β_2 分别是内部欺诈损失强度 X_i 和外部欺诈损失强度 Y_j 对应的广义 Pareto 分布的参数。对上述分布函数中的参数进行估计时，首先要根据每种损失样本数据分别对 POT 模型中的阈值 u_1 和 u_2 进行选择。由 6.2 节中的内容可知，对阈值进行选择的方法有 Hill 图估计法和超阈值期望图估计法。这里将两种方法相结合，首先分别得到内部欺诈损失样本数据和外部欺诈损失样本数据的 Hill 图以及超阈值期望图，再根据两种图像对应的阈值选择方法得到阈值 u_1 和 u_2 的值。图 6-5 和 6-6 分别为内部欺诈损失样本数据和外部欺诈损失样本数据的 Hill 图。

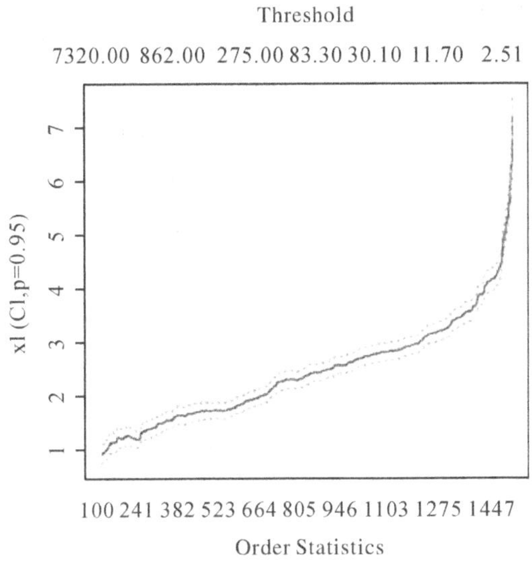

图 6-5　内部欺诈损失的 Hill 图

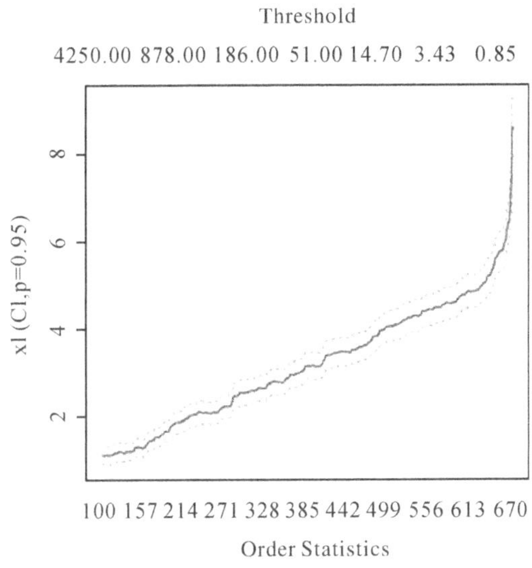

图 6-6　内部欺诈损失的 Hill 图

此外，图 6-3 和图 6-4 即为内部欺诈损失强度和外部欺诈损失强度的超阈值期望图。根据图 6-3 和图 6-5 选择 5000 万作为内部欺诈损失的阈值，即 $u_1 = 5000$ 。根据图 6-4 和图 6-6 选择 1000 万作为外欺诈损失的阈值，即 $u_2 = 1000$ 。

在得到内外部欺诈损失强度分布中 GPD 对应的阈值之后，利用极大似然估计法对内部欺诈和外部欺诈损失强度分布中的个参数进行估计得到：内部欺诈损失强度分布函数的参数估计值分别为 $\xi_1 = 0.5181721$ ，$\beta_1 = 8863.0354638$ ；外部欺诈损失强度分布函数的参数估计值分别为 $\xi_2 = 0.6270866$ ，$\beta_2 = 4444.3780225$ 。内部欺诈损失的样本数据中，超过阈值 5000 万的样本数据个数为 126 个，低于阈值的样本数据个数占总体样本数据总量的 91.82%。外部欺诈损失样本数据中，超过阈值 1000 万的样本数据个数为 195 个，低于阈值的样本数据个数占总体样本数据总量的 71.37%。上述参数即为内外部欺诈损失强度分布中广义 Pareto 分布的参数，为了对广义 Pareto 分布拟合样本数据尾部的效果进行验证，图 6-7、6-8、6-9、6-10 和图 6-11、6-12、6-13、6-14 分别给出了内部欺诈损失和外部欺诈损失样本数据的超阈值样本数据分布图、残差 QQ 图、残差图以及尾部分布图。

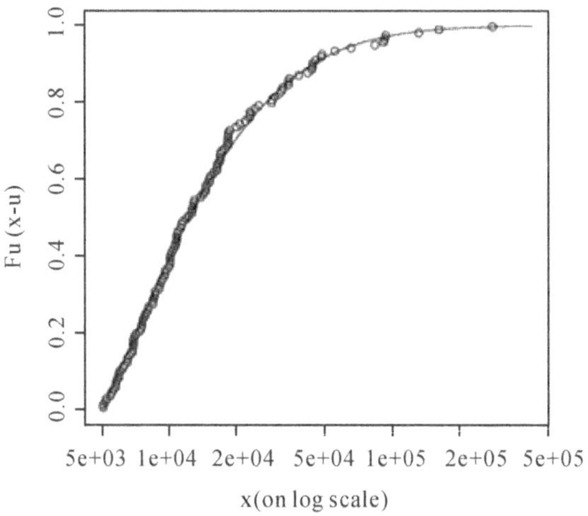

图 6-7　内部欺诈损失的超阈值数据分布图

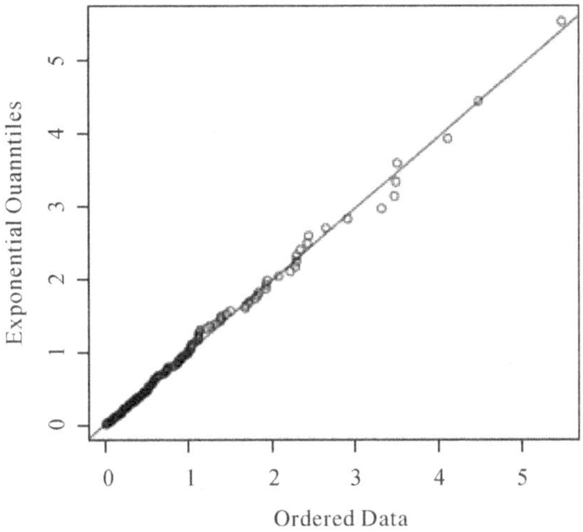

图 6-8　内部欺诈损失的残差 QQ 图

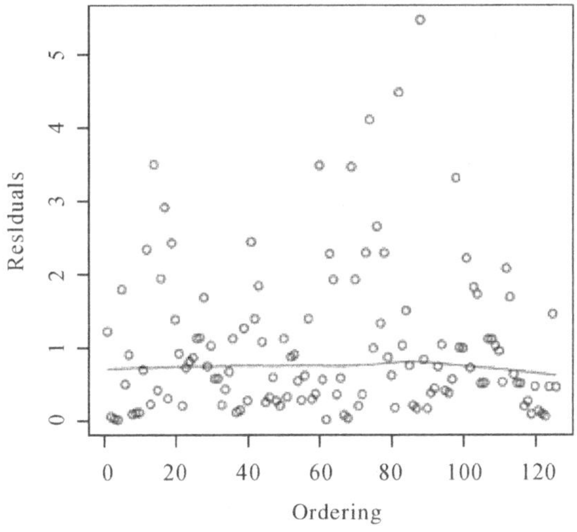

图 6-9　内部欺诈损失的残差图

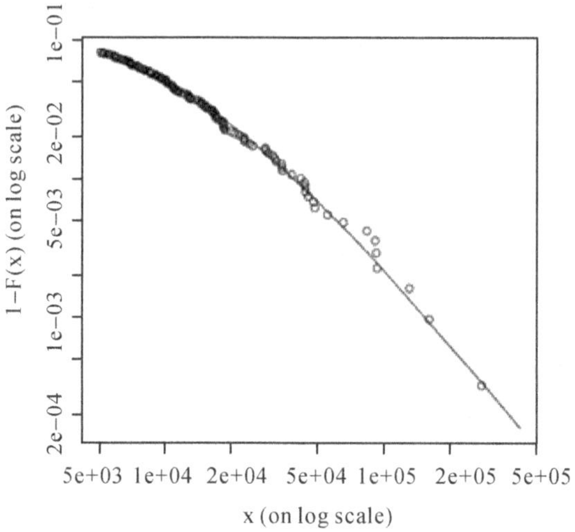

图 6-10　内部欺诈损失的尾部分布图

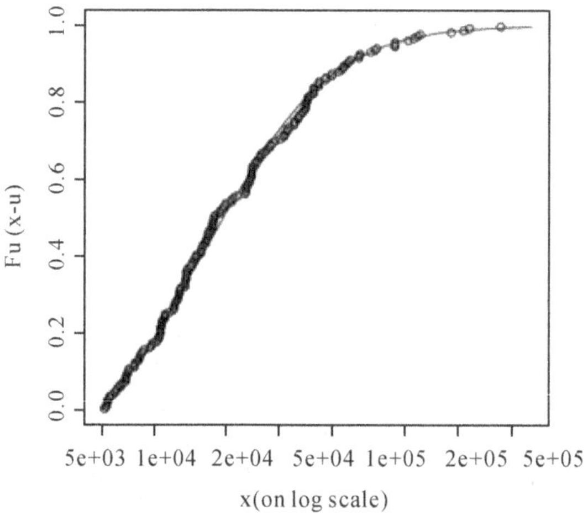

图 6-11 外部欺诈损失的超阈值数据分布图

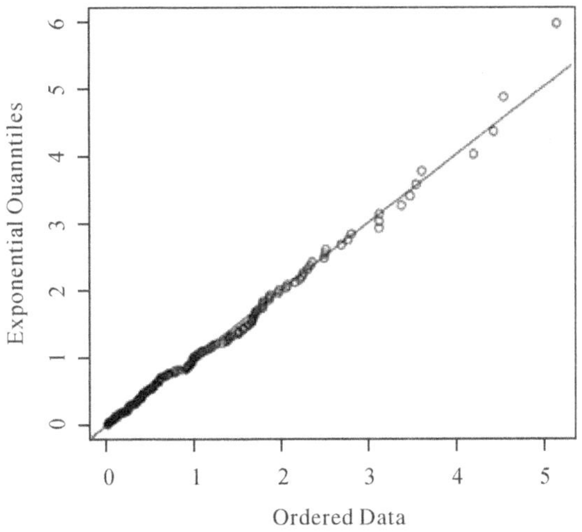

图 6-12　内部欺诈损失的残差 QQ 图

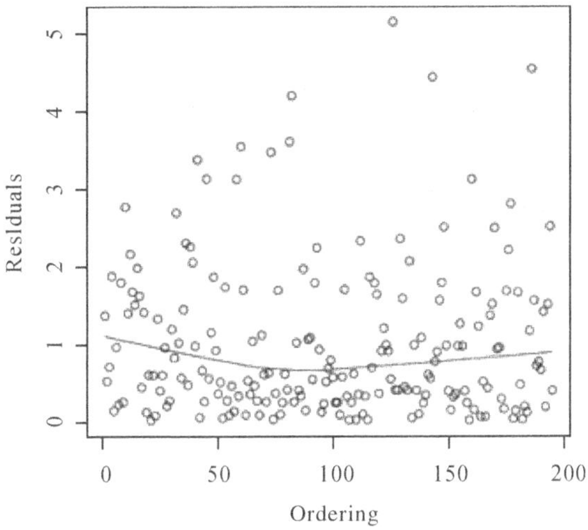

图 6-13　外部欺诈损失的残差图

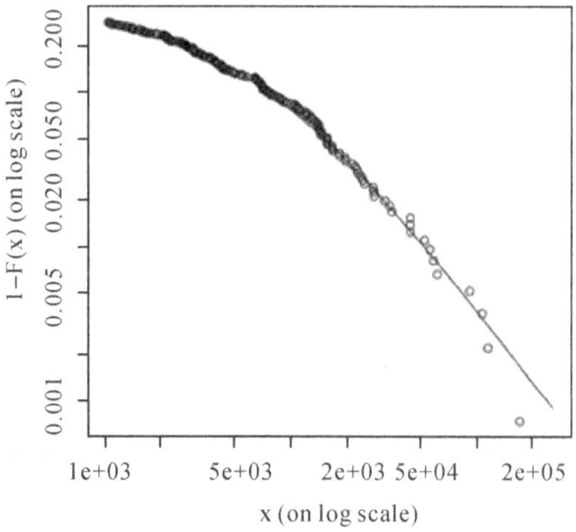

图 6-14 外部欺诈损失的尾部分布图

由内部欺诈损失样本数据和外部欺诈损失样本数据的上述四种图形可以看出，广义帕累托分布对这两种数据的尾部拟合效果较好，且两种类型样本数据的阈值选择也是较为合理的。

6.3 损失频度分布函数的参数估计及两种损失的风险值

6.3.1 损失频度分布函数的参数估计

本节主要介绍对内部欺诈损失频度（即一年期内部欺诈导致的操作风险发生的次数）和外部欺诈损失频度（即一年期外部欺诈导致的操作风险发生的次数）分布函数的参数估计。由已有的对内、外部欺诈损失频度的定义以及其分布的假设可知，本文对内、外部欺诈损失频度分布函数的假设是设其服从泊松分布。故这里要估计的参数分别为内部欺诈损失频度分布中的 λ_1 以及外部欺诈损失频度分布中的 λ_2 。众所周知，对泊松分布而言，其分布函数对应的期望值即为其参数 λ 的值。故对上述两个参数的估计一般采取矩估计法，即首先分别将一年期内、外部欺诈损失发生次数的历史数据作为内、外部欺诈损失频度的样本数据，然后分别利用内、外部欺诈损失频度的一阶样本原点矩来估计各自的总体期望，由此即可得到参

数 λ_1 和 λ_2 的估计值。

首先，由获取的样本数据统计并整理得到内部欺诈损失频度和外部欺诈损失频度的部分样本数据如表 6-3 所示。

表 6-3　各年内外部欺诈损失发生的次数

时间（年）	1994	1995	1996	1997	1998	1999	2000	2001	2002	2003	2004	2005	2006	2007	2008	2009	2010	2011
内部欺诈损失次数	13	29	28	49	44	70	101	101	128	169	212	252	149	70	59	41	11	9
外部欺诈损失次数	5	8	8	8	10	16	39	46	43	48	87	121	90	67	34	31	13	6

表 6-3 中只列出了 1994 年到 2011 年间内部欺诈损失次数和外部欺诈损失次数的数据。将该表中 18 年间内部欺诈损失次数和外部欺诈损失次数进行对比可知，总体来说，内部欺诈损失发生的次数比外部欺诈损失发生的次数要多得多。同时，不管是内部欺诈损失发生的次数还是外部欺诈损失发生的次数，都具有一定的聚集性，由上述 1994 年到 2011 年间个损失次数发生的数据可以看出，与其他年份相比，19 世纪末到 20 世纪中下叶的几个年份里，内部欺诈操作风险损失和外部欺诈操作风险损失发生的次数均明显高于其他年份。这一方面可能是由于与前几年相比，随着这几年经济的发展，银行业的发展日益壮大、业务规模不断扩张、经济资本不断增强，而在这种良好的发展势头下，银行业对操作风险的意识程度还不够深，导致各种类型的操作风险事件频繁发生。另外，1997 年的亚洲经济危机导致整个东南亚地区的金融风暴发生，该经济危机波及面广，影响范围大，影响程度深，而在这场金融风暴中，银行业作为主要的金融机构，首先受到各方面的冲击，因此，由这场经济危机以及其他类似的经济方面原因导致的银行业操作风险事件发生次数增多也是合理的；另一方面，最近几年随着科学技术和经济全球化的发展，以及在前车之鉴下银行业越来越意识到操作风险的重要性，也越来越学会用科学的方法来预防和应对操作风险的发生，因此，与前些年相比，银行操作风险发生的次数有所减少。

通过内部欺诈损失频度样本数据和外部欺诈损失频度样本数据，利用矩估计法，可以得到，内部欺诈损失频度分布函数的参数 λ_1 和外部欺诈损失频度分布函数的参数 λ_2 的估计值如表 6-4 所示：

表 6-4　内外部欺诈损失频度分布函数的参数估计

	参数 λ
内部欺诈	70
外部欺诈	35.84

6.3.2　内、外部欺诈损失的 VaR 值

将上述内、外部欺诈损失频度分布函数的参数估计值，以及之前得到的内、外部欺诈损失强度分布函数的参数估计值，内部欺诈损失样本数据的阈值 u_1、外部欺诈损失样本数据的阈值 u_2 的值，内部欺诈损失和外部欺诈损失总体样本数据个数 n_1，n_2 的值，内部欺诈损失样本数据中超过阈值 u_1 的样本个数 $N_1^{u_1}$ 和外部欺诈损失样本数据中超过阈值 u_2 的样本个数 $N_2^{u_2}$ 的值，分别代入上一章节得到的内部欺诈总体损失分布函数和外部欺诈总体损失分布函数的近似式中，计算后通过四舍五入保留小数点后两位，即可得基于一阶近似内部欺诈总体损失分布函数和外部欺诈总体损失分布函数的近似表达式分别为：

$$\hat{F}(x) = 1 - 5.72(1 + 5.85 \times 10^{-5}(x - 5\,000))^{-1.93} \tag{6.3.1}$$

$$\hat{G}(y) = 1 - 10.26(1 + 1.41 \times 10^{-4}(y - 1\,000))^{-1.59} \tag{6.3.2}$$

基于二阶近似的内部欺诈总体损失分布函数和外部欺诈总体损失分布函数的近似表达式为：

$$\hat{F}(x) = 1 - 5.72(1 + 5.85 \times 10^{-5}(x - 5\,000))^{-1.93}(1 - 1.17 \times 10^{-3}(1 + 5.85 \times 10^{-5}(x - 5\,000))^{-1.93}), \tag{6.3.3}$$

$$\hat{G}(y) = 1 - 10.26(1 + 1.41 \times 10^{-4}(y - 1\,000))^{-1.59}(1 - 7.99 \times 10^{-3}(1 + 1.41 \times 10^{-4}(y - 1\,000))^{-1.59}). \tag{6.3.4}$$

下面分别对上一章节中提出的内部欺诈总体损失分布函数和外部欺诈总体损失分布函数近似解的三种求解方法下，内部欺诈总体损失的 VaR 值和外部欺诈总体损失的 VaR 进行求解，得到基于一阶近似模型的、基于均值修正模型的以及基于二阶近似模型的内、外部欺诈总体损失分布函数对应的，置信水平分别为 90%、95%、99%、99.9% 和 99.99% VaR 值如表 6-5、6-6 所示：

表 6-5　不同模型和置信水平下内部欺诈总体损失的 VaR 值

置信水平	90%	95%	99%	99.9%	99.99%
一阶近似	127033.2	187150.4	446625	1500357	4974640
均值修正	472033.2	532150.4	791625	1845357	5319640
二阶近似	125931.7	185849.3	444724.5	1489375	4958938

表 6-6　不同模型和置信水平下外部欺诈总体损失的 VaR 值

置信水平	90%	95%	99%	99.9%	99.99%
一阶近似	124420.7	195735.4	549280.2	2357187	10050385
均值修正	159260.7	230575.4	584120.2	2392027	10085225
二阶近似	123914.3	194930.4	548977.4	2356886	10048769

由不同模型和置信水平下，内部欺诈总体损失的 VaR 值以及外部欺诈总体损失的 VaR 值可以看出，均值修正模型下的 VaR 表达式比一阶近似模型下的 VaR 表达式多一项，所以在均值修正模型下，内部欺诈总体损失和外部欺诈总体损失的 VaR 值都比一阶近似模型下对应的值要大；而二阶近似模型下的 VaR 值比一阶近似和均值修正模型下对应的 VaR 值都要小。这说明二阶近似模型能够有效地降低混业经营下商业银行的风险监管资本。

6.4　总体操作风险度量结果

这一节主要介绍基于上一章中给出的操作风险总体损失分布函数解析解的形式，对总体操作风险进行度量的结果。首先，由上一章中得到的总体损失分布函数的解析解表达式，以及本章前面几节中得到的各参数的估计值得到总体损失分布函数的表达式。其次，以该表达式为基础，得到基于解析解的不同情形下总体操作风险的 VaR 值。下面首先对内外部欺诈间相互独立的情形下总体操作风险的值进行求解。

6.4.1　内外部欺诈相互独立的情形下总体操作风险的值

由内外部欺诈相互独立情形下，操作风险总体损失分布函数的表达式以及各参数的估计值可得，在内外部欺诈相互独立的情形下，操作风险总体损失的分布函数的近似表达式为：

$$\hat{\Phi}(z)=1-[205.13(1+5.85\times 10^{-5}(z-5\,000))^{-1.93}+718.38(1+1.41\times 10^{-4}(z-1\,000))^{-1.59}] \tag{6.4.1}$$

根据该表达式可得到，在内外部欺诈相互独立的情形下，操作风险总体损失在 90%、95%、99%、99.9% 和 99.99% 置信水平下的 VaR 值分别如表 6-7 所示：

表 6-7　内外部欺诈独立情形下总体损失的 VaR 值

置信水平	90%	95%	99%	99.9%	99.99%
VaR	2137021	3257874	8714782	36008747	150304962

将表 6-7 中总体损失的 VaR 值与上一节中得到的内部欺诈损失和外部欺诈损失在同一置信水平下的 VaR 值进行对比可以看出，总体损失的风险值普遍比内部欺诈损失和外部欺诈损失的风险值要大得多，特别是当置信水平增大到接近 1 时，这种差距更加明显。

6.4.2　二元 Copula 参数的估计

上面的小节中已经给出了边际分布函数中各参数的估计值，要得到相依情形下总体操作风险的值，还要先对前面给出的三种不同二元 Copula 的参数进行估计。根据上一章给出的各 Copula 参数估计的方法和步骤，利用内部欺诈一年期总体损失和外部欺诈一年期总体损失的样本数据，得到基于不同方法的二元 t Copula、二元 Gumbel Copula 和二元 Clayton Copula 各参数的估计值如表 6-8 所示。

表 6-8　基于不同方法的不同二元 Copula 的参数估计值

Copula 类型	itau 法	ml 法	irho 法
t Copula	0.8711	3.11061,0.89056	0.8369
Gumbel Copula	3.060	3.5761	2.766
Clayton Copula	4.120	2.8634	3.573

该表列出的三种方法中，itau 表示 Kendallτ 反函数法，ml 表示极大似然估计法，irho 表示 Spearman ρ 反函数法。其中，二元 t Copula 模型在 ml 法下得到的两个参数估计值分别为自由度 ν 的估计值及其相关系数矩阵中

两个变量之间的相关系数 ρ 的估计值，由于对二元 t Copula 中自由度参数 ν 的估计只用了极大似然估计法，故这里只在 ml 法下给出了其参数估计的值。对于其他各参数来说，由于每种方法下得到的参数估计值都不一样，因此，这里首先对各参数在不同估计方法下得到的不同估计值所对应的标准差取倒数，再以每个倒数在所有倒数和中所占的比例作为该参数在不同方法下得到的估计值的权重，最后将不同方法下得到的不同参数估计值与其对应的权重相乘再求和，并以该加权和作为该参数最终的估计值。也即，设参数 θ 在三种不同估计方法下得到的参数估计值分别为 $\hat{\theta}_1, \hat{\theta}_2, \hat{\theta}_3$，这三个估计值对应的标准差分别记为 a_1, a_2, a_3。为了确定最终的参数估计值，将上述估计值和标准差按照下面的步骤进行处理：

(1)分别对三种方法下各估计值对应的标准差求倒数，即分别令 $b_1 = 1/a_1, b_2 = 1/a_2, b_3 = 1/a_3$；

(2)分别令 $c_1 = b_1/(b_1 + b_2 + b_3), c_2 = b_2/(b_1 + b_2 + b_3), c_3 = b_3/(b_1 + b_2 + b_3)$，即可得到各参数估计值的权重 c_1, c_2, c_3；

(3)将不同方法下参数的估计值与上述权重的乘积相加得到参数的最终估计值，即令 $\hat{\theta} = \hat{\theta}_1 \cdot c_1 + \hat{\theta}_2 \cdot c_2 + \hat{\theta}_3 \cdot c_3$，即可得到参数 θ 最终的估计值 $\hat{\theta}$。

表 6-9 给出了基于不同方法的不同 Copula 模型中各参数估计值的标准差，其中二元 t Copula 模型在不同方法下的标准差值指的是该模型中参数 ρ 在不同方法下的估计值对应的标准差值。

表 6-9　基于不同方法的参数估计值的标准差

Copula 类型	*itau* 法	*ml* 法	*irho* 法
t Copula	0.1002	0.04461	0.1236
Gumbel Copula	1.217	0.7146	1.109
Clayton Copula	2.434	0.7851	2.240

表 6-9 中各值分别为表 6-8 中各参数估计值对应的标准差值。

根据上面介绍的方法和步骤，得到各二元 Copula 在不同方法下参数估计值对应的权重分别如表 6-10 所示：

表 6-10　不同方法下参数估计值的权重

Copula 类型	itau 法	ml 法	irho 法
t Copula	0.25	0.55	0.20

续 表

Copula 类型	itau 法	ml 法	irho 法
Gumbel Copula	0.26	0.45	0.29
Clayton Copula	0.19	0.60	0.21

表 6-10 中各值分别为表 6-8 中各参数估计值对应的权重。由上面给出的权重计算方法，以及该表中各权重的值与表 6-9 中各标准差的值相对照可知，参数估计值的标准差越大，其在最终参数估计值的计算中所占的权重越小；相反，参数估计值的标准差越小，其在最终参数估计值的计算中所占的权重越大。由于在参数估计的过程中，估计值的标准差越小，表明该估计值的有效性越好，因此，上面的方法相当于根据各不同方法下参数估计值的有效性对其进行加权，有效性越好的估计值权重越大，有效性越差的估计值权重越小。

根据上述权重以及前面给出的方法，得到不同二元 Copula 模型中各参数的估计值如表 6-11 中所示。

表 6-11　不同二元 Copula 模型的参数估计值

Copula 类型	各参数的估计值
t *Copula*	$\nu = 3.11, \rho = 0.874983$
Gumbel Copula	$\theta = 3.206985$
Clayton Copula	$\theta = 3.25117$

6.4.3 内外部欺诈相依情形下总体操作风险的值

根据上一节各二元 Copula 参数的值可以得到不同二元 Copula 模型下内部欺诈总体损失和外部欺诈总体损失联合分布函数的近似解析表达式分别如下：

二元 t Copula 模型下：

$$\hat{C}(u_1, u_2) = \int_{-\infty}^{t_{3.11}^{-1}(u_1)} \int_{-\infty}^{t_{3.11}^{-1}(u_2)} 0.21[1 + 0.32(x_1^2 + 1.75x_1x_2 + x_2^2)]^{-2.55} dx_1 dx_2。$$

二元 Gumbel Copula 模型下：

$$\hat{C}(u_1, u_2) = \exp(-((-\ln u_1)^{3.21} + (-\ln u_2)^{3.21})^{0.31})。$$

二元 Clayton Copula 模型下：

$\hat{C}(u_1, u_2) = (u_1^{-3.25} + u_2^{-3.25} - 1)^{-0.31}$。

其中，上述表达式中的边际分布函数 u_1，u_2 分别为：

$$u_1 = \hat{F}(x) = 1 - 5.72(1 + 5.85 \times 10^{-5}(x - 5\,000))^{-1.93}(1 - 1.17 \times 10^{-3}(1 + 5.85 \times 10^{-5}(x - 5\,000))^{-1.93}), \tag{6.4.2}$$

$$u_2 = \hat{G}(y) = 1 - 10.26(1 + 1.41 \times 10^{-4}(y - 1\,000))^{-1.59}(1 - 7.99 \times 10^{-3}(1 + 1.41 \times 10^{-4}(y - 1\,000))^{-1.59})。 \tag{6.4.3}$$

根据上述不同二元 Copula 模型下内部欺诈总体损失和外部欺诈总体损失联合分布函数的近似解析表达式，以及前面章节中给出的对各边际分布函数和不同二元 Copula 的蒙特卡罗模拟方法和步骤，得到不同二元 Copula 模型及不同置信水平下，总体操作风险 VaR 值分别如表 6-12 所示：

表 6-12　不同二元 Copula 模型及置信水平下的 VaR 值

置信水平	t *Copula*	Gumbel Copula	Clayton Copula
90%	1923319(10%)	1923408(10%)	2051544(4%)
95%	2964668(9%)	2899509(11%)	3094998(5%)
99%	8017602(8%)	7669013(12%)	8279203(5%)
99.9%	32767961(9%)	31327603(13%)	33848182(6%)
99.99%	138280567(8%)	130765319(13%)	139783573(7%)

表 6-12 中不仅给出了不同二元 Copula 模型及置信水平下总体操作风险的 VaR 值，还在各 VaR 值后的括号中给出了其相对于独立情形下、相同置信水平对应的 VaR 值减少的比例。如置信水平为 90%的情况下，二元 t Copula 模型下总体操作风险的 VaR 值为 1923319。而由上一节中的内容可知，在置信水平为 90%的情况下，当内部欺诈与外部欺诈之间相互独立时，总体操作风险的 VaR 值为 2137021。由此可知，在置信水平 90% 的情况下，二元 t *Copula* 模型下总体操作风险的 VaR 值与内外部欺诈相互独立的情形下总体操作风险的值相比，减少的比例为 (2137021 − 1923319)/2137021 = 0.99991110，四舍五入并保留小数点后两位数即可得到表中 VaR 值 1923319 后括号内的减少比例值。

由表中各模型和置信水平下的总体操作风险 VaR 值及括号内的减少比例值可以看出，在考虑内外部欺诈相依的情形下，总体操作风险的值普遍比内外部欺诈独立情形下的操作风险值要小。这说明在考虑内外部欺诈间相依关系的情形下对总体操作风险进行度量，不仅能提高风险度量的准确性，还能有效地降低监管资本。且由风险值减少的比例可知，上述三种二元 Copula 模型中，Gumbel Copula 模型下总体操作风险值的减少量最多，五种置信水平下，其总体操作风险值的减少比例均在 10% 以上；Clayton Copula 模型下总体操作风险值的减少量相对来说最少；而 t Copula 模型下总体操作风险值的减少比例基本处于其他两种二元 Copula 模型中间。

6.5 基于参数 Bootstrap 的 Copula 拟合优度检验

前面通过不同方法下各估计值的加权平均值得到了三种不同二元 Copula 模型中各参数的估计值，并根据各参数的估计值，利用蒙特卡罗模拟的方法得到了最后操作风险的值。下面主要对上述二元 Copula 模型的参数估计结果进行拟合优度检验。通过该拟合优度检验，除了对参数估计的结果进行验证以外，还可以根据检验的结果对商业银行内部欺诈和外部欺诈间的相关结构和相关程度进行分析。在对二元 Copula 模型参数的拟合优度进行检验时，主要采用参数 Bootstrap 方法进行检验。下面先对 Copula 拟合优度检验及两种拟合优度检验法的概念进行简单的介绍。

6.5.1 检验统计量及 p 值

Copula 拟合优度检验的主要思路为：首先，由原始样本数据得到其所属 Copula 族的参数估计值；其次，给出原始数据的经验 Copula 函数与估计出的 Copula 函数之间的某种距离定义，并将该距离作为拟合优度检验的统计量；最后，计算检验统计量的值及其对应的 p 值，并根据该值对拟合的优度进行检验。

上述过程包含以下几个步骤：(1)由原始样本数据估计出其所属 Copula 族的参数值。该步骤即为上一节中给出的对 Copula 参数的估计，且对各 Copula 参数进行估计的不同方法及结果已经在上一节中给出；(2)将估计出的 Copula 函数与由原始样本数据得到的经验 Copula 函数代入到检验统计量中进行计算，并由检验统计量的值计算其对应的 p 值。对 Copula 的拟合优度进行检验的统计量有很多，下面将会对其中主要的几种检验统计量进行介绍。

设 $\boldsymbol{X}_1=(X_{11},X_{12},\cdots,X_{1d}),\cdots,\boldsymbol{X}_n=(X_{n1},X_{n2},\cdots,X_{nd})$ 为原始样本数据，$\boldsymbol{U}_1=(U_{11,\cdots,U_{1d}}),\cdots,\boldsymbol{U}_n=(U_{n1,\cdots,U_{nd}})$ 表示由原始样本数据得到的新

的样本数据，其中，$U_{ij} = R_{ij}/(n+1) = n\hat{F}_j(X_{ij})/(n+1)$，$\hat{F}_j(t) = \frac{1}{n}\sum_{i=1}^{n}1(X_{ij} < t)$，$R_{ij} = n\hat{F}_j(X_{ij})$ 表示 X_{ij} 在 $X_{1j},\cdots,X_{nj}$ 中的等级。令

$$C_n(\boldsymbol{u}) = \frac{1}{n}\sum_{i=1}^{n}1(U_{i1} \leqslant u_1,\cdots,U_{id} \leqslant u_d), \tag{6.5.1}$$

其中，$\boldsymbol{u} = (u_1,u_2,\cdots,u_d) \in [0,1]^d$，

设由 $\boldsymbol{U}_1,\boldsymbol{U}_2,\cdots,\boldsymbol{U}_n$ 得到的 Copula 参数 θ 的估计值为 θ_n，定义经验过程

$$\mathbb{C}_n = \sqrt{n}(C_n - C_{\theta_n}),$$

其中，C_{θ_n} 表示参数为 θ_n 的 Copula 函数，也即通过原始数据估计得到的 Copula。在该经验过程的基础上，得到 Copula 拟合优度检验的统计量有基于等级排列的 Cram′{e}r-von Mises 和 Kolmogorov-Smirnov 统计量，即

$$S_n = \int_{[0,1]^d}\mathbb{C}_n(\boldsymbol{u})^2\,\mathrm{d}C_n, \tag{6.5.2}$$

$$T_n = \sup_{\boldsymbol{u}\in[0,1]^d} |\mathbb{C}_n(\boldsymbol{u})|. \tag{6.5.3}$$

除了上面两种检验统计量以外，还有与上述统计量类似的以基于 Kendall 转换思想的经验过程为被积函数的 Cramer-von Mises 和 Kolmogorov-Smirnov 统计量，以及与上述两种检验统计量类似的其他检验统计量，这里就不一一介绍。本节对 Copula 的拟合优度进行检验的过程中，使用的是基于等级排列的 Cramer-von Mises 统计量，即(6.5.2) 式中给出的 S_n。

在拟合优度检验的过程中，除了要计算检验统计量的值，还要计算检验统计量对应的 p 值。检验统计量 S_n 对应的 p 值定义如下：

$$p = \sum_{k=1}^{N}1(S_{n,k}^* > S_n)/N, \tag{6.5.4}$$

其中，$S_{n,k}^*$ 是以 Copula 函数 C_{θ_n} 通过模拟得到的第 k 个样本数据 $\boldsymbol{Y}_{1,k}^*,\boldsymbol{Y}_{2,k}^*,\cdots,\boldsymbol{Y}_{n,k}^*$（其中，$k \in \{1,2,\cdots,N\}$）为新的样本数据，根据式(6.5.2) 得到的模拟样本数据的检验统计量的值。S_n 是由原始样本数据按照上面的计算方法得到的检验统计量的值。在 p 值的计算过程中，需要用到 Bootstrap 法，也即自助抽样法。

Bootstrap 方法主要包括参数 Bootstrap 和非参数 Bootstrap，其中参数 Bootstrap 是在对样本数据所属的分布进行假设的前提下进行的，而非参数 Bootstrap 则不需要对样本数据所属的分布进行假设。这里主要利用的是参数 Bootstrap 方法。下面给出根据样本数据计算检验统计量 S_n 以及利用参数 Bootstrap 法对 p 值进行计算的算法和步骤。

6.5.2 基于 Bootstrap 的检验统计量及 p 值的算法和步骤

首先，对统计量 S_n 进行计算的算法和步骤为：

(1)根据样本数据 $\boldsymbol{X}_1, \boldsymbol{X}_2, \cdots, \boldsymbol{X}_n$ 及式(6.5.1)，得到 C_n，并由该样本数据得到 Copula C_θ 的参数估计值 θ_n；

(2)若 Copula C_θ 具有解析表达式，则根据式(6.5.2) 计算出 S_n 的值，否则，按照后面的步骤得到 S_n 的值；

(3)若 Copula C_θ 不具有解析表达式，则首先利用参数 Bootstrap 法，由估计出的 Copula 函数 C_{θ_n} 产生 m 个样本 $\boldsymbol{U}_1^*, \boldsymbol{U}_2^*, \cdots, \boldsymbol{U}_m^*$，其中 $m \geqslant n$；

(4)得到估计出的 Copula 函数的 m 个样本数据以后，利用该样本数据得到 C_{θ_n} 的近似值如下：

$$B_m^*(\boldsymbol{u}) = \frac{1}{m}\sum_{i=1}^{m} 1(\boldsymbol{U}_i^* \leqslant \boldsymbol{u}), \quad \boldsymbol{u} \in [0,1]^d \tag{6.5.5}$$

(5)由上面的式子，得到 S_n 的近似值如下：

$$S_n = \sum_{i=1}^{n} \{C_n(\boldsymbol{U}_i) - B_m^*(\boldsymbol{U}_i)\}^2 \tag{6.5.6}$$

由上述算法可得到检验统计量 S_n 的值，要得到其对应的 p 值，则需要借助于参数 Bootstrap 的方法。利用参数 Bootstrap 法对 p 值进行计算的具体算法和步骤为：

(1)利用参数 Bootstrap 法，对估计出的 Copula 函数 C_{θ_n} 进行重复抽样，重复次数为 N，且每次抽样均得到 n 个样本数据。记第 k 次抽样得到的样本数据为 $\boldsymbol{Y}_{1,k}^*, \boldsymbol{Y}_{2,k}^*, \cdots, \boldsymbol{Y}_{n,k}^*$，其中 $k \in \{1,2,\cdots,N\}$；

(2)对每次抽样得到的样本数据中的每个分量均按照上节中给出的方法，得到其在该次样本数据中的等级 $R_{i,j}$，将所有分量的等级作为新的样本数据，得到每次样本数据的等级向量，记为 $\boldsymbol{R}_{1,k}^*, \cdots, \boldsymbol{R}_{n,k}^*$；

(3)令 $\boldsymbol{U}_{1,k}^* = \boldsymbol{R}_{1,k}^*/(n+1)$，其中 $i \in \{1,2,\cdots,n\}$，再令 $C_{n,k}^* = \frac{1}{n}\sum_{i=1}^{n} 1(\boldsymbol{U}_{i,k}^* \leqslant \boldsymbol{u}), \quad u \in [0,1]^d$，即可得到估计出的 Copula 函数 C_{θ_n} 的样本数据的经验 Copula，且对每次抽样得到的样本数据 $\boldsymbol{U}_{1,k}^*, \boldsymbol{U}_{2,k}^*, \cdots, \boldsymbol{U}_{n,k}^*$，都估计出 Copula 函数 C_θ 对应的参数估计值，记为 $\theta_{n,k}^*$；

(4)若 Copula C_θ 具有解析表达式，则令

$$S_{n,k}^* = \sum_{i=1}^{n} \{C_{n,k}^*(\boldsymbol{U}_{i,k}^*) - C_{\theta_n,k}^*(\boldsymbol{U}_{i,k}^*)\}^2, \tag{6.5.7}$$

$S^*_{n,k}$ 即为 Copula 函数 C_{θ_n} 每次抽样得到的样本数据对应的检验统计量的值；

（5）若 Copula C_θ 不具有解析表达式，则首先产生 Copula 函数 $C_{\theta^*_{n,k}}$ 的 m 个随机样本数据 $\boldsymbol{Y}^{**}_{1,k},\cdots,\boldsymbol{Y}^{**}_{m,k}$，其中 $m \geqslant n$。再令

$$B^{**}_{m,k}(\boldsymbol{u}) = \frac{1}{m}\sum_{i=1}^{m} 1(\boldsymbol{Y}^{**}_{i,k} \leqslant \boldsymbol{u}), \quad \boldsymbol{u} \in [0,1]^d, \tag{6.5.8}$$

然后由下式得到每次 Bootstrap 抽样的样本数据对应的检验统计量 $S^*_{n,k}$ 的值，

$$S^*_{n,k} = \sum_{i=1}^{n} \{C^*_{n,k}(\boldsymbol{U}^*_{i,k}) - B^{**}_{m,k}(\boldsymbol{U}^*_{i,k})\}^2. \tag{6.5.9}$$

（6）由下式即可得到 p 值的近似值，

$$p = \sum_{k=1}^{N} 1(S^*_{n,k} > S_n)/N. \tag{6.5.10}$$

6.5.3　基于参数 Bootstrap 的 Copula 拟合优度检验结果及分析

根据上面给出的基于 Bootstrap 的 Copula 拟合优度检验方法和步骤，利用 R 软件，对上节中得到的各二元 Copula 模型在极大似然估计法下的参数估计值进行拟合优度检验，得到的各检验统计量的值及其对应的 p 值如表 6-13 所示。

表 6-13　基于 Bootstrap 的 Copula 拟合优度检验结果

Copula 类型	检验统计量的 S_n 值	p 值
t *Copula*	0.038467	0.005495
Gumbel Copula	0.032822	0.504
Clayton Copula	0.080079	0.04845

之所以只给出对各二元 Copula 在极大似然估计法下得到的估计值的拟合优度进行检验，主要是因为在 Copula 拟合优度检验的过程中，用极大似然估计法对参数进行估计时，不需要提前假设样本数据所属的分布类型。并且，用上述方法对其他几种估计法下的估计值进行拟合优度检验的结果与对极大似然估计法下的估计值进行拟合优度检验的结果类似，这里就不一一列出。另外，在对 Copula 函数的拟合优度进行检验时，是以样本数据的联合分布函数对应的 CopulaC 属于 Copula 族 C_θ 为原假设的，也就

是说，在 Copula 拟合优度检验的过程中，原假设为：$C \in C_\theta$ 。

根据拟合优度检验的结果，不仅能够看出各 Copula 模型对样本数据的拟合效果，还可以在其基础上对总体操作风险中内部欺诈与外部欺诈之间的相依程度和相依结构进行分析。由表 6-13 中的检验统计量对应的各数据可知，三种二元 Copula 模型在对样本数据的拟合优度上具有一定的差异，其中 Gumbel Copula 的拟合度最好，其次是 t Copula 的拟合度，最差的的是 Clayton Copula 的拟合度。由该表中各检验统计量对应的 p 值可知，在 0.05 的显著性水平下，只有 Gumbel Copula 通过了拟合优度的检验。根据这些结果可知，在总体操作风险中，内部欺诈操作风险与外部欺诈间操作风险具有非对称的上尾相关性，且这种相关性非常显著。又由前面得到的参数估计值可知，内部欺诈操作风险与外部欺诈操作风险之间具有条件正相关性，且该相关性较强。

由上述结果可知，在商业银行操作风险总体损失分布的尾部，内部欺诈损失与外部欺诈损失间的协同运动与总体损失分布的其他位置相比要强得多。且在总体损失分布的尾部，这两种损失之间的相关程度也较其他位置显著。并且两种损失在尾部的相关性是不对称的，上尾部的相关性比下尾部的相关性要高得多。在总体操作风险中，内部欺诈操作风险与外部欺诈操作风险之间的这种相关性特性说明，与商业银行操作风险的总体损失为小额损失时相比，当商业银行的操作风险总体损失为大额损失时，内部欺诈与外部欺诈间的相关程度更高。这一点与实际观测到的情况是相符的。例如，在商业银行操作风险事件的调查中，会出现商业银行内部人员与外部人员或机构相互勾结，导致商业银行发生巨额损失的情况，在这种情况下，一旦损失发生，该商业银行往往面临着破产或者倒闭的风险。由此可知，在混业经营下，商业银行在对操作风险的管理中，要建立良好的制度和规范，尽量预防这中内部人员与外部人员相勾结，对银行的利益造成重大损失的风险事件发生。

参考文献

[1] Aas K, Czado C, Frigessi A, et al. Pair-Copula constructions of multiple dependence[J]. Insurance Mathematics and Economics, 2009, 44(2): 182-198.

[2] Abbate D, Gourier E, Farkas W. Operational risk quantification using extreme value theory and Copulas: from theory to practice[J]. Social Science Electronic Publishing, 2008, 4(3): 3-26.

[3] Acharya V, Pedersen L, Philippon T, et al. Measuring systemic risk [R]. Working paper, New York University, 2010.

[4] Acharya V V, Saunders A, Hasan I. The effects of focus and diversification on bank risk and return: evidence from individual bank loan portfolios[J]. Cepr Discussion Papers, 2002(4): 561-562.

[5] Agnolucci P. Volatility in crude oil futures: a comparison of the predictive ability of GARCH and implied volatility models[J]. Energy Economics, 2009, 31(2): 316-321.

[6] Akhavein J D, Berger A N, Humphrey D B. The effects of megamergers on efficiency and prices: evidence from a bank profit function[J]. Review of industrial organization, 1997, 12(1): 95-139.

[7] Allena L, Raib A. Operational efficiency in banking: an international comparison[J]. Journal of Banking and Finance, 1996, 20(4): 655-672.

[8] Amihud Y, Lev B. Risk reduction as a managerial motive for conglomerate mergers[J]. Bell Journal of Economics, 1981, 12(2): 605-617.

[9] Andriosopoulos K, Nomikos N. Risk management in the energy markets and Value-at-Risk modelling: a hybrid approach[J]. The European Journal of Finance, 2015, 21(7): 548-574.

[10] Ang J S, Richardson T. The underwriting experience of commercial bank affiliates prior to the Glass-Steagall Act: A reexamination of

evidence for passage of the act[J]. Journal of Banking and Finance, 1994, 18(2): 351-395.

[11] Asli D K, Laeven L, Levine R. Regulations, market structure, institutions, and the cost of financial intermediation[J]. Journal of Money, Credit and Banking, 2003, 21(23): 593-622.

[12] Basel Committee on Banking Supervision. Results from the 2008 loss data collection exercise for operational risk[Z]. Bank for International Settlements, Basel, Switzerland, 2009.

[13] Bedford T, Cooke R M. Probability density decomposition for conditionally dependent random variables modeled by vines. [J]. Annals of Mathematics and Artificial Intelligence, 2001, 32(1): 245-268.

[14] Benston G J. The Separation of Commercial and Investment Banking: the Glass-Steagall Act Revisited and Reconsidered[M]. New York: Oxford University Press, 1990.

[15] Berg K A D. Models for construction of multivariate dependence-a comparison study[J]. European Journal of Finance, 2009, 15(7): 639-659.

[16] Berger A N, Young R D, Udell G F. Efficiency barriers to the consolidation of the European financial services industry[J]. European Financial Management, 2001, 7(1): 117-130.

[17] Berger P G, Ofek E, Yermack D L. Managerial entrenchment and capital structure decisions[J]. The Journal of Finance, 1997, 52(4): 1411-1438.

[18] Bernard C, Jiang X, Wang R. Risk aggregation with dependence uncertainty[J]. Insurance Mathematics and Economics, 2014, 54(1): 93-108.

[19] Bocker K, Sprittulla J. Operational VAR: meaningful means[J]. Risk, 2006, 19(12): 96-98.

[20] Boyd J H, Smith B D. Moral hazard under commercial and universal banking[J]. Journal of Money Credit and Banking, 1998, 30(3): 426-468.

[21] Brechmann E C, Czado C, Aas K. Truncated regular vines in high dimensions with application to financial data[J]. Canadian Journal of Statistics, 2012, 40(1): 68-85.

[22] Brockmann M, Kalkbrener M. On the aggregation of risk[J]. Journal of Risk, 2010, 12(3): 45-68.

[23] Cabedo J D, Moya I. Estimating oil price 'Value at Risk' using the historical simulation approach[J]. Energy Economics, 2003, 25(3): 239-253.

[24] Canals J. Universal Banking: International Comparisons and Theoretical Perspectives[M]. Oxford University Press, 1997.

[25] Carbno C. Uncertainty analysis with high dimensional dependence modelling[J]. Technometrics, 2006, 49(1): 108.

[26] Cassidy C, Gizycki M. Measuring traded market risk: value-at-risk and backtesting techniques [J]. Rba Research Discussion Papers, 1997.

[27] Chan J S K, Choy S T B, Lee A B W. Bayesian analysis of constant elasticity of variance models[J]. Applied Stochastic Models in Business and Industry, 2006, 23(1): 83-96.

[28] Chapelle A, Crama Y, Hübner G, et al. Practical methods for measuring and managing operational risk in the financial sector: a clinical study[J]. Journal of Banking and Finance, 2008, 32(6): 1049-1061.

[29] Chen D, Mao T, Pan X, et al. Extreme value behavior of aggregate dependent risks[J]. Insurance Mathematics and Economics, 2012, 50(1): 99-108.

[30] Chen Z L, Zhou Q. Hitting Probabilities and the Hausdorff Dimension of the Inverse Images of a Class of Anisotropic Random Fields [J]. 数学学报(英文版), 2015, 31(12): 1895-1922.

[31] Chong B, Liu M, Altunbas Y. The impact of universal banking on the risks and returns of Japanese financial institutions[J]. Pacific-Basin Finance journal, 1996, 4(2): 181-195.

[32] Chow C, Kwan Y K. Rational expectations is not generally valid for econometric models: evidence from stock market data[J]. Pacific Economic Review, 1997, 2(3): 149-163.

[33] Christian G, Ivan K, Johanna N, Yan J. A goodness-of-fit test for bivariate extreme-value Copulas [J]. Bernoulli, 2011, 17 (1): 253-275.

[34] Cornalba C, Giudici P. Statistical models for operational risk man-

agement[J]. Physica A Statistical Mechanics and Its Applications, 2004, 338(1-2): 166-172.

[35] Coe M P, Genest C. A Copula-based risk aggregation model[J]. Canadian Journal of Statistics, 2014, 43(1): 60-81.

[36] Cruz M G. Modeling, measuring and hedging operational risk[J]. Letras Do Pensamento, 2002.

[37] Cummins J D, Embrechts P. Introduction: special section on operational risk[J]. Journal of Banking and Finance, 2006, 30(10): 2599-2604.

[38] Dalla V L, Fantazzini D, Giudici P. Copulae and operational risks [J]. Social Science Electronic Publishing, 2008, 9(3): 1-11.

[39] Damico G, Petroni F, Prattico F. Operational risk of a wind farm energy production by extreme value theory and Copulas[J]. Eprint Arxiv, 2014.

[40] Degen M, Embrechts P, Lambrigger D D. The quantitative modeling of operational risk: Between G-and-H and EVT[J]. Astin Bulletin, 2007, 37(2): 265-291.

[41] Denuit M, Genest C, Marceau E. Stochastic bounds on sums of dependent risks[J]. Insurance: Mathematics and Economics, 1999,25 (1): 85-104.

[42] Deyoung R, Rice T. Erratum: noninterest income and financial performance at U. S. commercial banks[J]. Financial Review, 2006, 41 (3): 449-450.

[43] Deyoung R, Rice T. Noninterest income and financial performance at U. S. commercial banks[J]. Financial Review, 2004, 39(1): 101-128.

[44] Dhaene J, Linders D, Schoutens W, et al. A multivariate dependence measure for aggregating risks[J]. Journal of Computational and Applied Mathematics, 2014, 263(1): 78-87.

[45] Director J G-, Ernst, Young. Quantitative modeling of operational risk losses when combining internal and external data[J]. Journal of Financial Transformation, 2012, 35: 179-185.

[46] Dobric J, Schmid F. A goodness of fit test for Copulas based on Rosenblatts transformation[J]. Computational Statistics and Data

Analysis, 2007, 51(9): 4633-4642.

[47] Dowd K. Measuring Market Risk[M]. Wiley, 2005.

[48] Omey E. On the difference between the distribution function of the sum and the maximum of real random variables[J]. Publications De Linstitut Mathematique, 2002, 71(85): 63.

[49] Embrechts P, Hoing A, Juri A. Using Copulae to bound the Value-at-Risk for functions of dependent risks[J]. Finance and Stochastics, 2003, 7(7): 145-167.

[50] Embrechts P, Puccetti G, Rüschendorf L. Model uncertainty and VaR aggregation[J]. Social Science Electronic Publishing, 2013, 37(8): 2750-2764.

[51] Embrechts P, Furrer H, Kaufmann R. Quantifying regulatory capital for operational risk[J]. Derivatives Use, Trading and Regulation, 2003(9): 217-233.

[52] Embrechts P, Puccetti G. Aggregating risk capital, with an application to operational risk[J]. Geneva Papers on Risk and Insurance Theory, 2006, 31(2): 71-90.

[53] Emberchts P, Kluppelberg C, Mikosch T. Modelling Extremal Events for Insurance and Finance, Springer [M]. Springer-Verlag Berlin Heidelberg, 1997.

[54] Emura T, Lin C W, Wang W. A goodness-of-fit test for Archimedean Copula models in the presence of right censoring[J]. Computational Statistics and Data Analysis, 2010, 54(12): 3033-3043.

[55] Fama E F. Stock returns, real activity, inflation, and money[J]. American Economic Review, 1981, 71(4): 545-565.

[56] Fernandez C, Steel M F J. On Bayesian modeling of fat tails and skewness[J]. Journal of the American Statistical Association, 1998, 93(441): 359-371.

[57] Fields L, Fraser D. On the compensation implications of commercial bank entry into investment banking[J]. Journal of Banking and Finance, 2013, 23(8): 1261-1276.

[58] Figini S, Gao L, Giudici P. Bayesian operational risk models[J]. Dem Working Papers, 2013.

[59] Fontnouvelle P D, Dejesus-Rueff V, Jordan J S, et al. Capital and

risk: new evidence on implications of large operational losses[J]. Journal of Money Credit and Banking, 2005, 38(7): 1819-1846.

[60] Frei, Harker, Hunter. Inside the Black Box, What Make a Bank Efficient[M]. Cambridge University Press, 2000.

[61] Genest C, Remillard B, Beaudoin D. Goodness-of-Fit tests for Copulas: a Review and a Power Study[J]. Insurance Mathematics and Economics, 2009, 44(2): 199-213.

[62] Ghislaine G, Karine T. A goodness-of-fit test for Copula densities [J]. TEST, 2011, 20(3): 549-573.

[63] Giot P, Laurent S. Market risk in commodity markets: a VaR approach[J]. Core Discussion Papers, 2003, 25(5): 435-457.

[64] Giot P, Laurent S. Modelling daily Value-at-Risk using realized volatility and ARCH type models[J]. Journal of Empirical Finance, 2004, 11(3): 379-398.

[65] Giuseppe T. Value at Risk (VaR): the new benchmark for managing market risk[J]. Journal of Financial Management and Analysis, 2002, 15(1): 16-26.

[66] Goodhart C. Financial markets, money and the real world[J]. Economica, 2004, 71(282): 322-323.

[67] Graham F C. Inflation, real stock returns, and monetary policy[J]. Applied Financial Economics, 1996, 6(1): 29-35.

[68] Gregoriou G N, Rachedi O, Fantazzini D. Operational Risk toward Basel III: Best Practices and Issues in Modeling, Management, and Regulation[M]. John Wiley and Sons, Inc., 2011.

[69] Guo W W. An empirical research on dependence mode of style assets in china based on vine Copula Model[J]. Journal of Applied Sciences, 2013, 13(11): 1941-1947.

[70] Half C. Evolving trends in the supervision of financial conglomerates: A comparative investigation of responses to the challenges of cross-sectoral supervision in the United States, European Union, and United Kingdom[D]. Harvard Law School, 2002.

[71] Half C. NOTE-funding growth: leasing and small and medium enterprise financing in russia[J]. Harvard International Law Journal, 2002, 43(2): 469-503.

[72] Harald K, Niklas W. Multiple-period market risk prediction under long memory: when VaR is higher than expected[J]. 2014, 15(1): 4-32.

[73] Hashorva E. Exact tail asymptotics of aggregated parametrised risk [J]. Journal of Mathematical Analysis and Applications, 2013, 400 (1): 187-199.

[74] Heilpern S. Aggregate dependent risks-risk measure calculation[J]. Mathematic Economics, 2011, 7(14): 107-122.

[75] Hennessy D A, Lapan H E. The use of Archimediean Copulas to model portfolio allocations[J]. Mathematical Finance, 2002, 12(2): 143-154.

[76] Hu J, Chen Z. A unit root test against globally stationary ESTAR models when local condition is non-stationary [J]. Economics Letters, 2016, 146:89-94.

[77] Hogarty T F. The profitability of corporate mergers. [J]. Journal of Business, 1970, 43(3): 317-27.

[78] Hou A, Suardi S. A nonparametric GARCH model of crude oil price return volatility[J]. Energy Economics, 2010, 34(2): 618-626.

[79] Huang W L, Artem P. A goodness-of-fit test for Copulas[J]. Econometric Reviews, 2014, 33(7): 751-771.

[80] Hull J. Risk Management and Financial Institutions[M]. Pearson Education, 2007.

[81] Hung J C, Lee M C, Liu H C. Estimation of value-at-risk for energy commodities via fat-tailed GARCH models[J]. Energy Economics, 2008, 30(3): 1173-1191.

[82] Innocent S, Hlatywayo C K, Efendic A, et al. A risk metric assessment of scenario-based market risk measures for volatility and risk estimation: evidence from emerging markets[J]. South East European Journal of Economics and Business, 2015, 9(2): 21-32.

[83] Jing L U, Zhang J. Measurement of commercial bank's operational risk based on extreme value theory and multivariate Copula functions [J]. Chinese Journal of Management Science, 2013.

[84] Joe H, Li H, Nikoloulopoulos A K. Tail dependence functions and vine Copulas[J]. Journal of Multivariate Analysis, 2010, 101(1):

252-270.

[85] Junker M, May A. Measurement of aggregate risk with Copulas[J]. Econometrics Journal, 2005, 8(3): 428-454.

[86] Kaas R, Laeven R J A, Nelsen R B. Worst VaR scenarios with given marginals and measures of association[J]. Insurance Mathematics and Economics, 2009, 44(2): 146-158.

[87] Karakaya A, Er B. Noninterest (nonprofit) income and financial performance at Turkish commercial and participation banks[J]. International Business Research, 2013, 6(1): 106-117.

[88] Kelly E M. The profitability of growth through mergers[J]. Journal of Finance, 1968, 23(3): 546-547.

[89] Kwan S H, Laderman E S. On the portfolio effects of financial convergence-a review of the literature[C]// Economic Review. Federal Reserve Bank of San Francisco. Number. 1999: 18-31.

[90] Kwan S, Eisenbeis R A. Bank risk, capitalization, and operating efficiency[J]. Journal of Financial Services Research, 1997, 12(2-3): 117-131.

[91] Lang G, Welzel P. Efficiency and technical progress in banking empirical results for a panel of German cooperative banks[J]. Journal of Banking and Finance, 1996, 20(6): 1003-1023.

[92] Leonard C M, Alex R. Aggregate risk measures for dynamic systems from operational data[J]. International Journal of Reliability Quality and Safety Engineering, 2012, 19(4): 125-148.

[93] Li J, Zhu X, Lee C F, et al. On the aggregation of credit, market and operational risks[J]. Review of Quantitative Finance and Accounting, 2015, 44(1): 161-189.

[94] Li Z, Yan X, Tian Z, et al. Introduction to the Extreme Value theory applied to operational risk [J]. Measurement, 2013, 3 (1): 249-254.

[95] Luciana Dalla Valle. Erratum to: bayesian Copulae distributions, with application to operational risk management[J]. Methodology and Computing in Applied Probability, 2012, 14(4): 1121-1121.

[96] Luo C Q, Xie C, Yu C, Xu Y. Measuring financial market risk contagion using dynamic MRS-Copula models: the case of Chinese and

other international stock markets[J]. Economic Modelling, 2015, 51(C): 657-671.

[97] Ma M W, Ren L L, Song S B, et al. Goodness-of-fit tests for multidimensional Copulas: expanding application to historical drought data[J]. Water Science and Engineering, 2013, 6(1): 18-30.

[98] Mainik G. Risk aggregation with empirical margins: latin hypercubes, empirical Copulas, and convergence of sum distributions[J]. Journal of Multivariate Analysis, 2015, 141: 197-216.

[99] Markowitz H. Portfilio selection[J]. Journal of Finance, 1952, 7(1): 77-91.

[100] McNeil A J, Frey R, Embrechts P. Quantitative Risk Management: Concepts, Techniques, Tools[M]. Princeton University Press, Princeton, 2005.

[101] Melike Bildiriciand Ou, Ersin M. Improving forecasts of GARCH family models with the artificial neural networks: An application to the daily returns in Istanbul Stock Exchange[J]. Expert Systems with Applications, 2009, 36(4): 7355-7362.

[102] Mendes B V D M, Semeraro M M, Leal R P C. Pair-Copulas modeling in finance[J]. Financial Markets and Portfolio Management, 2010, 24(24): 193-213.

[103] Moscadelli M. The Modelling of Operational Risk: Experience with the Analysis of the Data Collected by the Basel Committee[R]. Bank of Italy, working paper No. 517-July, 2004. Available from http://ssm. com/abstract=557214.

[104] Nadarajah S, Afuecheta E, Chan S. GARCH modeling of five popular commodities[J]. Empirical Economics, 2014, 48(4): 1-22.

[105] Naranjo L, Perez C J, Martin J. Bayesian analysis of some models that use the asymmetric exponential power distribution[J]. Statistics and Computing, 2014, 25(3): 1-18.

[106] Nomikos K A N. Risk management in the energy markets and Value-at-Risk modelling: a hybrid approach[J]. European Journal of Finance, 2015, 8330(1): 1-17.

[107] Omar R, Dean F, Gregoriou G N. Multivariate models for operational risk: a Copula approach using extreme value theory and pois-

son shock models[J]. Social Science Electronic Publishing, 2008, 25(5): 197-218.

[108] Omey E, Willekens E. On the difference between distributions of sums and maxima[J]. Lecture Notes in Mathematics, 2006, 1233 (1): 103-113.

[109] Omey E, Willekens E. Second order behaviour of the tail of a subordinated probability distribution [J]. Stochastic Processes and Their Applications, 1986, 21(2): 339-353.

[110] Philipp A. Bayesian Copulae distributions, with application to operational risk management—some comments[J]. Methodology and Computing in Applied Probability, 2013, 15(1): 105-108.

[111] Politou D, Giudici P. Modelling operational risk losses with graphical models and Copula functions[J]. Methodology and Computing in Applied Probability, 2009, 11(1): 65-93.

[112] Puccetti G, Ruschendorf L. Computation of sharp bounds on the distribution of a function of dependent risks[J]. Journal of Computational and Applied Mathematics, 2012, 236(7): 1833-1840.

[113] Rime B, Stiroh K. The performance of universal banks: evidence from Switzerland[J]. Journal of Banking and Finance, 2003, 27 (4): 2121-2150.

[114] Rocco M. Extreme valkue theory in finance: a survey[J]. Journal of Economic Surveys, 2014, 28(1): 82-108.

[115] Ruschendorf L. Random variables with maximum sums[J]. Advances in Applied Probability, 1982, 14(3): 623-632.

[116] Santos J A C. Commercial banks in the securities business: a review[J]. Journal of Financial Services Research, 1998, 14(1): 35-60.

[117] Saunders A, Walter. Universal Banking in the United States: What could We Gain? What could We Lose? [M]. Oxford University Press, 1994.

[118] Saunders A , Walter I. Conflicts of Interest: An Economic View. // In Ingo Walter, ed. , Deregulating Wall Street: Commercia Blank Penetration of the Corporate Securities Market[M]. New York: John Wiley and Sons, 1985.

[119] Sitima I, Hlatywayo C K. A risk metric assessment of scenario-based market risk measures for volatility and risk estimation: evidence from emerging markets[J]. South East European Journal of Economics and Business, 2015, 9(2): 21-32.

[120] Skoglund J, Erdman D, Chen W. A mixed approach to risk aggregation using hierarchical Copulas[J]. Journal of Risk Management in Financial Institutions, 2013, 2: 188-205.

[121] Stiorh K J. Diversification in banking[J]. Journal of Money, Credit and Banking, 2004, 36(5): 853-882.

[122] Suarez A, Carrillo S. Computational tools for the analysis of market risk[J]. Computational Economics, 2003, 21(1-2): 153-172.

[123] Szkutnik T, Basiaga K. The application of generalized pareto distribution and Copula functions in the issue of operational risk[J]. Econometrics, 2013, 1(39): 133-143.

[124] Tardivo G. Value at risk(VaR): the new benchmark for managing market risk[J]. Journal of Financial Management and Analysis, 2002, 15(1): 16-27.

[125] Teply P. The application of extreme value theory in operational risk management[J]. Ekonomicky Casopis, 2012, 60(7): 19.

[126] Tiao, George C. Bayesian Inference in Statistical Analysis[M]. Wiley, 1992.

[127] Touboul J. Goodness-of-fit tests for elliptical and independent Copulas through projection pursuit[J]. Algorithms, 2011, 4(2): 87-114.

[128] Vacca L. Market-implied archimedean Copulas[J]. Risk, 2008, 21(1): 104-109.

[129] Valle L D. Bayesian Copulae distributions, with application to operational risk management[J]. Methodology and Computing in Applied Probability, 2009, 11(1): 95-115.

[130] Valle L D. Erratum to: Bayesian Copulae distributions, with application to operational risk management[J]. Methodology and Computing in Applied Probability, 2012, 11(1): 95-115.

[131] Vukovic O. Operational risk modelling in insurance and banking[J]. Journal of Financial Risk Management, 2015(4): 111-123.

[132] Wang B, Wang R. The complete mixability and convex minimization problems with monotone marginal densities[J]. Journal of Multivariate Analysis, 2011, 102(10): 1344-1360.

[133] Wang B, Wang R. Extreme negative dependence and risk aggregation[J]. Journal of Multivariate Analysis, 2015, 136: 12-25.

[134] Wang R, Peng L, Yang J. Bounds for the sum of dependent risks and worst Value-at-Risk with monotone marginal densities[J]. Finance and Stochastics, 2013, 17(2): 395-417.

[135] Wang Y, Wu C. Forecasting energy market volatility using GARCH models: can multivariate models beat univariate models?[J]. Energy Economics, 2012, 34(6):2167-2181.

[136] White E N. Before the glass-steagall act: an analysis of the investment banking activities of national banks[J]. Explorations in Economic History, 1986, 23(1): 33-55.

[137] Yao F, Wen H, Luan J. CVaR measurement and operational risk management in commercial banks according to the peak value method of extreme value theory[J]. Mathematical and Computer Modelling, 2013, 58(s 1-2): 15-27.

[138] Yao F G, Zhang P. The measurement of operational risk based on CVaR: a decision engineering technique[J]. Systems Engineering Procedia, 2012(4): 438-447.

[139] Yang Y, Wang K, Leipus R, et al. Tail behavior of sums and maxima of sums of dependent subexponential random variables[J]. Acta Applicandae Mathematicae, 2011, 114(3): 219-231.

[140] Yun K K. Relative prices and improvement of real factor rewards in several sectors[J]. Economics Letters, 1997, 55(3): 379-382.

[141] Zhou Q, Chen Z L, Ming R X. Copula-based grouped risk aggregation under mixed operation[J]. Applications of Mathematics, 2016, 61(1): 103-120.

[142] Zhou Y J, Peng J, Wang Z R. Measurement of operational risk in commercial bank based on bayesian-Copula method[J]. Chinese Journal of Management Science, 2011(2): 648-651.

[143] 车家伟. 我国商业银行混业经营模式研究[D]. 长春:东北师范大学, 2010.

[144]陈振龙，郝晓珍. 基于藤 Copula 分组模型的金融市场风险度量研究[J]. 统计研究，2018，35(6)：77-84.

[145]陈振龙，郝晓珍. 基于藤 Copula 分组模型的股票市场风险优化研究[J]. 商业经济与管理，2018，(8)：89-97.

[146] 陈振龙.独立随机场的多重相交性与 Hausdorff 维数[J]. 中国科学：数学,2016,46(9):1279-1304.

[147] 杜子平，汪寅生，张丽. 基于混合 C 藤 Copula 模型的外汇资产组合 VaR 研究[J]. 技术经济与管理研究，2013(6)：99-103.

[148] 丰吉闯. 商业银行操作风险与系统性风险度量研究[D]. 合肥:中国科学技术大学，2012.

[149] 胡俊娟，陈振龙，章迪平,等. 局部平稳性未知条件下基于 ESTAR 模型的单位根检验[J]. 商业经济与管理，2015(9)：89-96.

[150] 回春野. 关于商业银行混业经营模式的研究[D]. 上海:复旦大学，2008.

[151] 李磊，叶五一，缪柏其. 基于 C 藤 Copula 的收益率自相依结构估计以及条件 VaR 计算[J]. 中国科学技术大学学报，2013，43(9)：745-753.

[152] 明瑞星，谢铨. 尾相关 Copula 在操作风险计量中的应用[J]. 统计与决策，2013.(1)：86-88.

[153] 裴晓兰. 北京农商行被骗贷 7.08 亿[N]. 京华时报，2010-08-25.

[154] 邵蔚. 齐鲁银行骗贷案[N]. 文汇报，2011-01-05.

[155] 谢衡，张胜男，赵红梅. 项俊波：农行的传奇掌门人[N]. 路透中文网，2010-06-09.

[156] 薛鸿健. 解析美国商业银行的非利息收入[J]. 国际金融研究，2006(8)：20-25.

[157] 周艳菊，彭俊，王宗润. 基于 Bayesian-Copula 方法的商业银行操作风险度量[J]. 中国管理科学，2011(4)：17-25.